年轻人必知的

500个

文化常识

典藏版

墨 菲◎编著

千年中国文化集粹

中国华侨出版社

图书在版编目（ＣＩＰ）数据

年轻人必知的 500 个文化常识 / 墨菲编著. —北京：中国华侨出版社，2013.4

ISBN 978-7-5113-3443-5

Ⅰ. ①年… Ⅱ. ①墨… Ⅲ. ①中华文化—通俗读物 Ⅳ. ①K203-49

中国版本图书馆 CIP 数据核字（2013）第 061838 号

● 年轻人必知的 500 个文化常识

编　　著 / 墨　菲
责任编辑 / 棠　静
责任校对 / 孙　丽
装帧设计 / 昇昇设计
经　　销 / 新华书店
开　　本 / 710 毫米×1000 毫米　1/16　印张 /21　字数 /356 千字
印　　刷 / 北京联兴华印刷厂
版　　次 / 2013 年 6 月第 1 版　2020 年 5 月第 2 次印刷
书　　号 / ISBN 978-7-5113-3443-5
定　　价 / 68.00 元

中国华侨出版社　北京市朝阳区静安里 26 号通成达大厦 3 层　邮编：100028
法律顾问：陈鹰律师事务所　　　　　编辑部：(010) 64443056　　64443979
发行部：(010) 64443051　　　　　传　真：(010) 64439708
网　址：www.oveaschin.com　　E-mail：oveaschin@sina.com

前 言
PREFACE

在漫长的历史长河中，华夏民族创造了伟大的物质文明和精神文明。随着历史的演变，逐渐形成了具有深厚文化底蕴，能够代表中华民族精神气节，能够秉承发扬传统文化知识的常识。这些文化常识涉及人们生活中的方方面面，如俗语称呼、风俗礼仪、科学技术、社会经济等，它代表着中华民族的灵魂，象征着中华名族的精神，关乎中华民族的未来。

继承人类文明，发扬传统文化，是我们每个人最光荣、最神圣的职责。文化是在一定时期内形成的所有物质财富和精神财富的总和。文化本身所具有的传承性，造就了人类社会源远流长的历史和光辉灿烂的文明。掌握一些必知的文化常识，不仅可以开阔视野、增长智慧、扩充知识储备，还能提高个人的涵养、提升对世界观的认知度、增强个人能力。

事实上，很多人对一些文化常识仅仅懂点皮毛而已，并没有深入了解它的历史渊源，因此往往难以体会到其人其事的趣味性。一个人若是对最基本的文化常识缺乏了解，在工作或者生活中难免会出现一些不必要的尴尬和错误，从而影响自己的判断和形象。因此，掌握一些必不可少的文化常识是非常必要的。

本书综合了多方面的知识，内容翔实，充满趣味性，语言细腻、精练，具有很强的浓缩性、针对性和知识性。其中涵盖了风俗礼仪、科学技术、典故成语、社会经济、教育常识等领域，诸如，春节为什么要"放鞭炮"？"吹牛皮"和牛有什么关联？如果你对这些常识还有什么疑问和不懂的地方，阅读此书，必定能够找到你想要的答案。善于寻根探源，才能学到更多的灿烂文化；喜欢谈古论今，方能涉猎更多的文化知识。希望这本书给你以灵魂和心智上的启迪，帮你充分感受到中国文化的深邃内涵。

目 录
CONTENTS

第一章 称呼趣谈

第二章　成语典故

第三章　社会经济

第四章　节日节气

第五章　地理名胜

第六章 医疗卫生

第七章　教育常识

第八章　科学技术

第九章　衣食住行

第十章　民俗礼仪

第一章

称呼趣谈

1. 为何称呼古代的皇帝为"陛下"？

"陛下"是对古代皇帝的一种尊称。人们可能要问，一人之下万人之上的皇上，为什么会被称为"陛下"呢？

经历史考证，"陛下"并不是称呼皇帝本人的，像"殿下"、"阁下"等一些称谓都不是称呼本人的。那么到底是怎么回事呢？原来，"陛下"中的"陛"指的是帝王宫殿的台阶，东汉时期的大文学家蔡邕曾经对此做过解释说，古代的皇帝命令他信得过的臣子手拿着兵器站在宫殿的台阶下，以防发生什么意外。所以，"陛"的下面是皇帝比较信任的臣子，蔡邕对此作了进一步解释说："谓之陛下者，群臣与天子言，不敢指斥天子，故呼在陛下者而告之，因卑达尊之意也。"意思是说，皇帝乃文武至尊，臣子不敢直接同他直接交谈，只好让皇帝亲近的臣子转告。所以"陛下"并非叫的是皇帝，而是叫那位传话的臣子的。不过，规矩是死的，人是活的，臣子不能直接与皇帝说话也不是绝对的，但是礼节不能省，所以，叫皇帝一声"陛下"，表示的是一种恭敬之意。

2. "驸马"是称呼谁的？

"驸马"是中国古代皇帝对女婿的称谓。那么，为什么要称为"驸马"呢？这里面是有一定的历史渊源的。

据史料记载：秦始皇建立了秦王朝后，每次出巡时都是前呼后拥的，场面特别隆重。有一次，在博浪沙（今河南原阳）时，秦始皇遭到了张良等人的阻击，虽然只击中了副车，但是使秦始皇非常震惊。因此，以后的每次巡游，秦始皇乘坐的车辆经常变换，同时安排有许多副车。他还特地找了一个替身来掩人耳目，为的是制造皇帝在"副车"上的假象。自此，历代皇帝出巡时，都模仿秦始皇的做法，亲自选好一个替身，而这个替身几乎都是自己的女婿。因为女婿和皇室比较亲密，所以不会损害皇帝的威仪和尊严，而且女婿又比较可靠。即使发生什么意外，女婿是外姓，死了也不过是一件牺牲品，"副车"的乘坐者绝对不会是皇子。因为皇帝的女婿经常作为替身坐在副车上，跟随皇帝到各地出巡。所以，后来人们就把皇帝的女婿称作"驸马"。

3. 皇帝的父亲怎么就成了"太上皇"？

我们都知道"太上皇"是皇帝父亲的尊号，那么为什么要称皇上的父亲为"太上皇"呢，到底"太上皇"是怎么来的呢？这就要从汉朝的建立者刘邦说起。

据记载：刘邦建立汉朝，成为皇帝以来。每当朝会，皇帝一到，文武百官都会向皇帝进行朝拜。虽然起兵前，刘邦只做过亭长（管理十里地方的小官），但是也可以享受一下高高在上的感觉了。不过，有一件事损害了皇帝的尊严。那就是由于受传统孝道的影响，刘邦要对家中的父亲刘太公行父子礼。对于这件事情，太公的管家觉得不太妥当，就对太公说："皇帝虽然是您的儿子，但是现在他也是天下万民之主；您虽然是他的父亲，但是也只是臣子，怎么能让皇帝拜见自己的臣子呢？如果再这样下去，皇帝就会失去了威严。"太公认为管家说得很有道理。

刘邦再来看望父亲时，他的父亲就拿着扫帚恭敬地站到门口，然后向后倒退几步，就像奴仆迎接主人那样。刘邦见到很惊讶，急忙搀扶太公。太公于是就把管家向他说的一番话重述给了刘邦。刘邦听了心里自然很高兴，不但重赏了管家，还尊称太公为"太上皇"。后来，就有了"太上皇"一词。

4. "乘龙快婿"是一种什么样的女婿？

在古代，乘龙快婿指的是才貌双全的女婿，乘龙快婿还可以用来称呼别人的女婿。这个词来源于春秋时期弄玉和萧史的爱情故事。

相传，春秋时期，秦穆公有个小女儿，因为这个小女儿对西戎国贡献一块碧玉钟爱有加，所以，穆公便将女儿取名为"弄玉"。弄玉公主十几岁时就已经非常漂亮，十分聪慧，但性格孤僻，喜欢一个人品笛吹笙。穆公见此景，就命名匠以那块美玉为材料，做成了一支碧玉笙送给弄玉。从此，公主吹笙的技艺变得更加精湛。

在一个月光明亮的夜晚，公主听到了远处传来一阵悦耳的箫声，好像在和自己的笙应和，连着几个晚上都是这样。公主就找机会把这件事情告诉了父亲。于是，秦穆公便派人依照女儿说的方向寻找，一直找到了华山，一个樵夫告诉他说："有一个名叫萧史的青年，就住在华山的中峰明星崖。这位青年人的确喜爱吹箫，并且箫声传得非常远。"后来，秦穆公找到了这位吹箫的青年，见到他时觉得言谈举止优雅，非常欣赏他，于是将公主嫁给了她。

从此，萧史教弄玉吹箫和学凤鸣叫。十几年过后，弄玉的箫声甚至引来了凤凰。穆公为他们两个建造了凤凰台，萧史和弄玉就住在凤凰台，几年二人都不吃不喝。一天晚上，萧史对公主说："我很想念华山宁静的生活。"公主也说："我也很厌恶宫廷的生活，并愿意与你过宁静的生活。"二人于是就隐居在了华山的中峰。一天，弄玉和萧史二人分别乘上了彩和金龙，双双飞入了空中。后来，人们就称呼那些才貌双全的女婿为"乘龙快婿"。

5. "小姐"一词在古代都能称呼谁？

"小姐"是对未婚女子的一种敬称。我们看的很多的古装剧中就有很多的小姐的称呼。

其实古代的"小姐"在不同的时期，称呼的意思是有一定的差别的。

宋元时期，称呼谁为小姐，说明这个女子的地位较低。"小姐"最早是指宫婢。宋朝时期"小姐"的含义，可能和宋代的"小籍"一词有关，"小籍"的谐音是"小姐"。

宋代以后，"小姐"是用来称呼那些生活在豪门大户家的女儿的，体现出了一种尊重的含义。为什么这样称呼，无从考证。宋代名将岳飞的女儿叫作"银瓶小姐"。元杂剧中"小姐"一词使用得非常频繁。如《西厢记》中小姐崔莺莺的形象让人记忆深刻。

明清时期，有了"千金小姐"的称谓，尤其是在文学作品中。明清小说中"小姐"一词是对大家闺秀的称呼，至少也必须是小家碧玉，并不是每个人都可以使用"小姐"一词的。历史时期不同，"小姐"一词的含义也不一样，所以要弄清楚了再用，不可闹出笑话。

6. 古代的"先生",你知道几个?

先生是称谓,字面意思是指:出生得比较早。对地位、学识、资格比较高的人也可以称为先生。

"先生"这个称呼的历史也比较悠久了。历史上不同的时期,"先生"这个称呼对不同的人意思是不一样的。《论语·为政》:"有酒食,先生馔。"注解说:"先生,父兄也。"意思是将酒肴用于孝敬父兄。

在古代,这个词第一个是用来称呼老师的,见于《曲礼》:"从于先生,不越礼而与人言。"先生,即老人教学者。从前老师大多数是男性,所以慢慢地"先生"就成为了一种对有一定身份地位的成年男子以及对知识分子的尊称。我们看明黄道周《节寰袁公传》:"董先生(董其昌)曰:'公(袁可立)才兼数器,心运四虑。'"处于明朝时期的董其昌与黄道周的老师兼主考官袁可立是在同一年出生的,文中"先生"一词仍然保留着传统称呼的含义。再看明董其昌《节寰袁公行状》:"呜呼哀哉!念其昌与公(袁可立)同举于兰阳陆宗伯先生之门。"此处的"先生"同样是指董其昌和袁可立的恩师陆树声。

清初,"老先生"变成了对相国的一种称呼。乾隆以后,"老先生"一词就很少用了。到了辛亥革命以后,"老先生"的称呼又开始盛行了。尤其是交际中,大家见了面,都称呼老成的人为"老先生"。

现在"先生"一词的用法也比较多。一般结了婚的女性可以将自己的丈夫或者是别人的丈夫称为"先生"。

7. 为什么花钱买到的是"东西"?

我们常常把物品称作"东西",怎么不叫"南北"呢?这两个本来表示方向的字怎么就在一起成了一切物品的通俗代称了呢?

我国古代哲学有"五行"的理论,五行即木、火、金、水、土,世间万物都可以看作由这五种物质组成,同时,"五行"对应着东、南、西、北、中五个方位。这样一来,我们可以看出,东方对应着木,而木是一切植物的代表和总称;西方和金对应,代表了金、银、铜、铁等所有的金属。南方的火是一种自然的现象或者说是一种化学的现象；北方的水是一种自然界存在的普遍物质，但是仅指水这一种物质，不具有广泛的代表性，严格意义上说，水也是一种化学变化的产物。人们自然不可能把水火推而广之用来做天地万物的通指，这样一来，代表木和金方位的东和西自然就连在一起，被人们用来代表这个大千世界的一切的物品。

其实这也只是一家之言，有关"东西"作为物品的通指还有很多不同的说法和传说，在这里我们再列举一些，以供阅读参考。

也有人说这个词发源于唐朝，当时的京城长安是世界上最繁华的国际性都市，东西方商队骆驿不绝，更是闻名世界的丝绸之路的东方起点。长安城东西两面设有市场，人们在这里相互交易，购买自己需要的物品。或东出潼关，进入中原，或西出阳关出走西域，做买卖，买东买西同时也是卖东卖西。慢慢地，就简化成了今天的"买东西"。

还有人说是来源于东汉时期，东汉和西汉合称汉朝。西汉都长安，东汉都洛阳。东汉时虽然京城迁到了洛阳，但是，长安依然是当时最繁华的城市之一，贸易发达，人们买卖商贸于西都长安和东都洛阳之间，"买东买西"，长久下来，就逐渐地简称为了"东西"，用来代表各种的货物，物品的泛指，一直到今天。

8. "马大哈"是用来称呼什么样的人？

"马大哈"是指那些做事情马马虎虎、嘻嘻哈哈的人。20 世纪 50 年代，"马大哈"一词来源于马三立表演的相声《买猴》。在现实生活中，的确有一些人生来马虎，办事丢三落四，不认真，并且懒于认真检讨自己的言行举止，常一笑了之。我们称这些人为"马大哈"是非常贴切的。

那段名字为《买猴》的相声，20 世纪 50 年代在全国是非常有名的。故事讲的是一位叫"马大哈"的干部，因为做事粗心大意、不认真而出名。据说他写了一个公告，意思是要通知"到（天津市）东北角，买猴牌肥皂五十箱"。但是他写得非常草率，写成"到东北买猴儿五十只"了。结果，马大哈的领导们也不认真看写的内容，就下笔给予批准；而马大哈这边呢，带领自己的同事和下属，就开始出差执行任务，结果闹出了令人捧腹大笑的事情。后来他们跑到全国采购猴子。这个相声之后，"马大哈"一词便流传开来，全国人民都知道。

现在人们提到"马大哈"一词，大多数人都知道是什么意思。可见，马大哈这个词的影响力还是比较大的。

9. 古人为什么把旅费称为"盘缠"？

现在，在民间上了年纪的老人口中或者在历史小说、电视剧中我们会经常听到或看到人们把外出时的旅费资金叫作"盘缠"，为什么会有这样的称呼呢？

水有源，树有根，凡事必有因果。"盘缠"的叫法和我国古代使用的钱币有直接的关系。从秦始皇统一中国以后，中国漫长的封建社会使用的是一种圆形方孔的金属硬币。实际的生活中，人们常常用绳子把一个个的钱币穿起来，这样很方便携带。当外出的时候，人们把钱币缠在自己的腰上，不但方便，也很安全。根据这种钱币的特点和生活语言的方便简化需要，慢慢地就用"盘缠"来代表旅费了。一直到现在，口语中还经常这么说。

虽然我国纸币出现得很早，北宋时就已经出现，但是圆形方孔的钱币使用历史悠久，早已深入人心，所以这个叫法就这么一直传了下来。

10. "黄粱梦"是好梦还是坏梦？

唐朝沈既济《枕中记》中有黄粱梦的相关记载，说的是卢生在梦中享受到了富贵荣华，但是醒来之后，什么都没有了，只是发现主人蒸的黄粱还没有熟，故称为黄粱梦。这是为了比喻不真实的事情以及人的欲望就像一场美梦瞬间破灭了。

黄粱梦还可以称作"梦觉黄粱"，如《莲池大师七笔勾》："多少枉驰求，童颜皓首，'梦觉黄粱'，一笑无何有，因此把富贵功名一笔勾。"或者是称作"梦熟黄粱"，如徐枕亚《玉梨魂·第二十六章鹃化》："天鸡唱午，'梦熟黄粱'。"

"邯郸一梦"，也和黄粱一梦有相同的意思，明王九思《水仙子带过折桂令·归兴》："一拳打脱凤凰笼，两脚蹬开虎豹丛，单身撞出麒麟洞。望东华人乱拥，紫罗澜老尽英雄。参详破'邯郸一梦'，叹息杀商山四翁，思量起华岳三峰。"

现在人们用黄粱一梦比喻荣华富贵就像梦一般，非常短促并且虚幻；或者比喻再美好的事物也只是停留不久的时间，转眼成空；或者比喻梦寐以求的欲望骤然落空时，也常用到这个词语。

11. 为什么要用"乱七八糟"形容很乱呢？

我们常常说很乱的场面是横七竖八或乱七八糟的，为什么是七八而不是五六或者别的数字呢？

我国的历史悠久，历史典籍也相当地丰富，很多的习语、成语都是从历史典籍或者历史中流传下来，乱七八糟这个词也和我国历史上的两个重要的历史事件有关。

西汉汉景帝时期，汉景帝为了加强中央集权，采纳了晁错的建议，削减藩王的势力。这样一来，就触动了众藩王的利益，他们迅速地结成同盟，以吴国和楚国为首，七国联合发动武装的叛乱，企图颠覆汉景帝。朝廷调兵遣将，经过奋战，平定了诸藩王的叛乱，史称"七国之乱"，这就是"乱七"的由来。

西晋司马炎死后，为了争夺最高的皇权宝座，先后有八个皇族藩王参与皇位的争夺，历时 16 年之久。这场混战，比西汉的"七国之乱"有过之而无不及。旷日持久的混战，人们的家园被焚，田地荒芜，流离失所，到处满目疮痍的萧条景象，被人们称之为"八糟"。

后来，人们根据这两个历史事件组成了一个形容混乱局面的成语，就叫"乱七八糟"。

12. "染指"有什么样的喻义？

"染指"一词是用来比喻获取非法的利益。这个词和食指是有一定的关系的。

在《左传》中有记载，说郑国的公子宋的手指和一般人的不一样，有特异功能。他每次吃食物的时候，食指就会有反应，而且动作幅度比较大，这时就对他有一定的提示。

据说有一次，他吃饭时手指一直动个不停，结果他就被皇上召进宫中，一上朝就看见有一个特别大的大鼋被绑在了堂柱上。郑灵公知道公子宋的手指有预知食物的本领，所以故意不给他吃鼋的肉，而其他在场的官员都得到了这样的美食。所以公子宋就非常不高兴，径直向郑灵公的方向走去，将手指伸进鼎中，尝了一下味道，就立刻出去了。

这下惹怒了郑灵公，觉得公子宋非常不懂得君臣之礼，当着众人的面对自己不尊，就扬言要将公子宋从严治罪。谁知公子宋比郑灵公早了一步，将郑灵公杀了。这件事情导致了郑国的内乱，公子宋也死于战乱之中，归根到底还是他的嘴馋惹的祸。

"染指"一词是从这样一个故事得来的，起初是指为了尝到美食，后来的人们就把染指比喻对什么有非分的想法或者是企图要参与到某件事之中。

13. "胡搅蛮缠"是怎么来的？

我们的国家简称中国，或叫中华，"中"这个字在我们国家的历史和文化上可谓是意义深远。我国最初的夏、商、周三代基本都在黄河中下游建国，受时代局限，人们错误地以为自己就处在天地的中央，最文明、最富足，用一种蔑视的眼光看待四周的众多少数民族，把他们生活的地区看作是不懂礼教和文明的化外之地，并把东、西、南、北四个方向的少数民族统称为东夷、西戎、南蛮、北狄。

后来，北狄也习惯上被人们叫作北胡，而把自己称作华夏。从字面上我们就可以看出华夏这个词比蛮夷好听多了，事实上就是这样的。华夏怎么理解呢？"冕服华章曰华，大国曰夏"。意思就是衣服的华彩美丽称作华，广大辽阔的疆域和文明的礼仪是夏，可见华夏是个极美好的词汇。再看看蛮是什么意思，野蛮、粗俗的，没有礼仪。

但是，纵观中国历史，北方勇武彪悍的少数民族不止一次地入主中原。赵国的李牧大将军长年在北部抵御匈奴；秦始皇不惜动用百万人力物力修筑长城，防御匈奴；汉高祖刘邦有"白登之围"的耻辱，作为大汉王朝的建立者，面对强大的匈奴也束手无策。

再后来，鲜卑族建立北魏，迁都洛阳；契丹族建立大辽国，割占北宋的幽云十六州；女真人建立金朝，靖康之变，掠走皇帝和大批的王室大臣，赵家天下偏安于东南一隅；蒙古族灭掉了包括南宋在内的众多的民族和国家。

我国最后一个封建王朝清朝也是少数民族建立的政权，而且是第二次入主中原，满族就是历史上建立金国的女真族，这就是为什么清朝前期叫后金的原因。

关于古时南方的少数民族，传说中炎黄二帝两大部落的联军大战蚩尤，几天几夜不分胜负，最后侥幸胜利，但作为南方九黎蛮人部落首领的蚩尤被后人尊为"战神"，和炎黄二帝一样被尊为中华的三大人文始祖。三国时期，诸葛武侯五月渡泸，七擒孟获，安定南部。

综上可以看出，在中原王朝统治阶级的眼中，南北方的这些少数民族，是难以统治和驯服的，让历代的统治阶级大伤脑筋，所以才有了"胡搅蛮缠"的感叹。

14. "和尚"一词从何而来？

"和尚"一词来源于梵文，意思是"师"。和尚本来是对人的尊称，有一定资格而且能够成为人师的人，才能够被人称为和尚。但是这个称呼并不是男子的专用词，出家的女性同样有资格称为和尚。到了后来，和尚一词多用于出家人的称呼，而且一般是出家的男性群体专用的名词，和之前的意思有点不太一样。现在人们称呼出家人为"法师"。

和尚这个词，是由西域语言的音转得来的。在印度，人世间的博士通称为"乌邪"，在于阗国称和社或和沙，中国人把它翻译成了和尚。所以印度的外道也有和尚以及尚尼的。和尚一词，并不是佛教专用的名词，但是在佛教中，的确是有它的依据，佛教中的律藏、剃度师以及传戒师都被称作邬波驮耶，"和沙"一词，就是从此处得来的。

"和尚"一词，是汉文的讹误，在汉文中最早出现的，可能是石勒崇信佛图澄而叫佛图澄为"大和尚"。但在律中通常不用和尚，而是用"和上"，这样是和流俗的讹误区别开来，因为，根据邬波驮耶的本意，应该被翻译为亲教师。只有那些受了比丘戒十年以上，而且对比丘及比丘尼的二部大律特别熟悉之后，才有资格为人剃度、为人授戒，然后才能被叫作邬波驮耶。这不但和印度俗称博士的乌邪不同，也和中国误传的和尚不同。

15. 为什么人们要说"三十年河东三十年河西"呢?

"三十年河东三十年河西"这句话很常说。表达了人们对于世事沧桑变化的一种感叹。得意之时用这句话警醒自己盛衰易交替,居安莫忘思危,要未雨绸缪。失意之时也不要一蹶不振,要知道福祸无常,还有时来运转的那一天。

"三十年河东三十年河西"中的河指的是黄河。之前黄河河道不固定,经常会改道,历史上曾经无数次地发生。某个地方原来在河的东面,若干年后,因为黄河水流改道,这个地方便变为河的西面。后来,人们便将这种变化无常的现象,来比喻人事的盛衰兴替,事物会向反面转变,让人难以预料。

16. "尼姑"一词是怎么来的?

现在人们称呼出家的人为"法师",是一种尊称。古代的时候称呼女子出家为尼姑是怎么回事呢?

古代尼姑指的是那些归入佛门,受持具足戒的女子。尼姑是中国人对出家女子的一种俗称,并不符合佛制的要求。印度用尼音代表女性,其中有尊贵的含义,而不仅仅限于佛教的出家女性单独使用。对于佛教出家的女性,小的叫沙弥尼,大的叫比丘尼。

在中国,将未出嫁的处女称为姑,所以把佛教的沙弥尼及比丘尼称为尼姑,这里还没有贬义的意思,所以在《传灯录》中,佛门大德常把师姑称为尼姑;但是明朝陶宗仪的《辍耕录》中,尼姑已经被列在三姑六婆之中,这时就有轻贱的意思了。自从尼姑有了贬义的意思之后,出家的女众姐妹们就不乐意别人当面称呼自己为尼姑了。

17. 斟酌是什么意思呢?

我们常常把反复地仔细考虑一件事情叫作斟酌再三,为什么这么说呢,这两个字的原本意思是什么呢?原来,在我国古代宴饮时,人们喝的酒不是像现在直接一瓶瓶的,那时候酒先要盛在一个叫作樽的盛酒容器内,然后再用勺子舀到喝酒用的酒杯里。李白诗云："人生得意须尽欢，莫使金樽空对月"，这个樽字就是盛酒的大中型容器。斟这个字右边是个斗字，斗是我国古代的一种测量容器，用来测量粮食，酒具体有多少，比勺子要大得多，可以理解成盆子，当然，樽就可以看作是缸了。

在这里，斟就表示用斗这个大容量的器具往樽里面舀酒，由于樽是比较大的，所以要一斗一斗地舀。再看这个酌字，右边是个勺子，这个我们容易理解，日常生活中我们也天天见到，大到做饭的饭勺，小到我们吃饭用的小调羹，总之是不算很大的，古时候也是这样的。酌的意思就是拿着勺子从樽里面舀酒到喝酒的杯子里面。直到这个时候才算是酒到嘴边，可以饮用了。

在这个斟酒酌酒的过程中，不论是用斗来斟还是用勺来酌都是要小心翼翼的，尽量不要洒了，不能急，要稳，这个过程才不会有失误。如果毛手毛脚地把酒倒洒在桌面上，不但有损场面礼仪，同时也是一种浪费。我国古代长期粮食匮乏，谷物本来就很珍贵，用谷物酿造的酒也就愈加地弥足珍贵了，浪费不得。说到这里，我们就大致了解了斟酌的过程和含义。这本来就是个反复而又小心稳重的过程，一斗一斗地把酒倒进樽里面，再一勺一勺地舀进饮酒的杯子里面，饮完后再一勺一勺地舀，每一步都按部就班，反复而又稳重，这本身就已经和斟酌现在所代表的意思很相近了。

后来，樽这种盛酒的器具自春秋时期后就不再使用了，人们就"斟"这个字简化理解为倒酒，而把"酌"理解成饮酒了。后来人们就把斟酌合在一起，表示做事反复考虑，以达到最合适的处理结果。

18. "沉鱼落雁"指的是哪两位美人？

春秋末期，越国有一个美丽的女子，名字叫西施。她是一个浣纱的女子，五官端正，相貌出众，才智过人。一次她在河边浣纱时，她俊俏的身影经过清澈河水的映照，使她看起来更加美丽迷人。此时，鱼儿看见西施美丽的倒影，忘记了游水，渐渐沉到河底。此后，西施这个"沉鱼"的代称便开始在人间流传开来。直至今天，提到"沉鱼"一词，我们就会想到美丽的西施。

汉元帝在位期间，南北交战，边界一直得不到安宁，百姓苦不堪言。汉元帝为了和匈奴能够永远保持良好的关系，采取了和亲的政策，将昭君嫁给了匈奴国的单于。昭君在一个秋高气爽的日子里，挥泪告别了故土，起程到匈奴国。一路上，马嘶吼，雁鸣叫，几乎要撕裂她的心。昭君顿生悲切之情，心情非常复杂。昭君在坐骑上，开始弹奏起离别悲伤的歌曲。这时空中飞翔的大雁听到了这般美妙的琴声，又看到骑在马上的女子是如此漂亮，竟然忘记了挥动翅膀，一下子就从天而降，落到了地上。此后，王昭君成了"落雁"的代名词。

19. "瓜田李下"是在告诫我们什么？

"瓜田李下"是"瓜曰不纳履，李下不正冠"的简称。履是鞋子的意思，从原话看出大致意思就是说不要在瓜田里穿鞋、提鞋；不要在李子树下整理自己的帽子。可是为什么不能在这两个场合做这样的动作呢？

其实原因说出来是很容易理解的。稍微一想我们就可以想到，瓜长在地上，假如我们看到有人在瓜田里弯下腰，我们一定认为那人是在摘瓜，谁会想到那个人弯下腰是为了穿鞋？谁会相信弯腰不是在摘瓜呢？即便真的是弯腰穿鞋。这是人们的一种思维定式，是一种保护自己的生命物品的本能意识。同样地，在李子树下伸手整理自己的帽子，也会被怀疑为摘李子。这都是我们本能的一种思维，但是我们可以改变自己的行为，不在瓜田里提鞋子，也不在李子树下整理自己的帽子，这样也就不会引起别人的怀疑和产生误会了。

推而广之，"瓜田李下"就是告诫我们在为人处世上注意自己的行为，不要处在容易产生误会的事情和情况中，为别人留下误会和怀疑的把柄，要注意主动地避嫌，远离那些有理难辩的争议之地。这是一种明智的做法，值得我们每一个人在实际的生活中注意，并身体力行。

20. 什么样的女子可以称为"出水芙蓉"？

"出水芙蓉"原本指的是刚刚绽开的荷花，而常被人们用来形容女子美丽的容貌，你想知道其中的缘由吗？

其实，"芙蓉"最开始的名字就是"莲"的别称。从古至今，有不少的文人墨客对芙蓉喜爱赞美有加。特别是宋代的周敦颐，他写的《爱莲说》中有这样的描写"出淤泥而不染，濯清涟而不妖，中通外直，不蔓不枝，可远观而不可亵玩焉"，诗句中对莲花的喜爱之情以及把莲高洁的品质描绘得非常贴切，给人留下了深刻的印象。

南朝梁钟嵘的《诗品》卷中，有这样的描写"谢诗如芙蓉出水，颜如错彩镂金"。该诗句把谢灵运的诗比喻成了刚出水的芙蓉，清新脱俗，文笔优美，不用任何雕饰就已经很优美了。"出水芙蓉"的这种特点非常符合刚出浴的女子，所以后人就把"出水芙蓉"比喻女子娇美的容貌以及纯洁的品质了。

21. "做一天和尚撞一天钟"是什么意思？

今天的人们常常用"做一天和尚撞一天钟"来形容浑浑噩噩、无所事事的混日子的生活态度和人，这是人们后来对这句话的含义的扩展，其实做和尚可没有想象的那么轻松，他们也是很辛苦的。

比如说撞钟，我们知道，佛门里的撞钟肯定是有规定和规律的，不是随意撞的，什么时候撞、怎么撞、撞几下都是不能错的。这里要掌握好时节点，要懂得撞钟的节奏、频率，要撞得钟声悠扬回荡、抑扬顿挫。这恐怕不是那么容易掌握的，只有那些聪明心细、手脚灵巧、有节奏感、有责任心的和尚才能做好撞钟这个工作，才能当好撞钟的和尚。一般人只是表面肤浅地觉得和尚撞钟没什么要动脑子的地方，只是到时间了机械性地撞几下就行了，这是普通人最容易犯的眼高手低的毛病，绝知此事要躬行，自己身体力行地做做看，才能真正地感受到不是想象的那回事。

虽然说和尚撞钟不是想象的混日子那么简单，但人们的看法却沿袭下来，"做一天和尚撞一天钟"也就成了没有热情、不求上进的混日子的意思了。

22. "阁下"是一种什么样的称呼？

阁下是对人的一种敬称，和足下的意思比较接近。古时经常用于口语，后来出现了"您"这一敬词，阁下一词就不再用于称呼，而用于了外交场合，比如对法官的称呼就从"法官大人"变成了"法官阁下"。

古时候都是以"上"为尊，为什么要用"下"呢？比如还有称呼皇帝用"陛下"，称呼皇太后、皇后、太子等为"殿下"等。前文已对此作了详细介绍，喊一声"陛下"是对皇上的一种尊称。

"阁下"与"殿下"的称呼也是同样的道理，也是表示自己不敢和比自己地位高很多的人说话，需要中间有人转达，叫的就是那个转达的人，这是表示对人的一种尊称。所以说"阁下"是对一般人的尊称，而现在一般多用于外交场合。

23. 为何将男女之间的忌妒称为"吃醋"呢？

汉语词汇的意思真的是太丰富了，还真不能单从字面上理解。就拿吃醋来说，我们知道这是形容男女之间的一种特有的感情情绪，是表达忌妒、紧张、生气等内容的一种丰富的心理感情。但是这种男女之间特有的感情和醋有什么关系呢？

当然是有关系的，谁让咱泱泱大国历史悠久、典故众多呢？

话说我国的大唐太宗李世民时期，有个宰相很有才、很能干，为李世民的登基和贞观之治局面的形成都立下了汗马功劳。但这个一人之下万人之上的宰相却是个"妻管严"，朝堂之上，他领导百官，秉承民意，辅佐天子，但在自家的一亩三分地上却是个被领导和管制的角色，唯老婆之命是从。他就是大名鼎鼎的贞观名相和李世民的亲家房玄龄。

作为劳苦功高的社稷之臣，又恰逢太宗李世民这样的英明之主，被赏赐是理所当然的。据说有一次，太宗赏赐了房玄龄几个妙龄美女，但是房大人的反应却是出乎人的意料，他坚辞不受。李世民很纳闷，他哪里知道房大人是害怕家里的房夫人呢！

后来，太宗知道了房玄龄不肯接受美女赏赐的原因。于是太宗就派人去房玄龄家，劝导房大人的夫人，做她的思想工作。宰相夫人油盐不进，滴水不漏，皇帝的面子也不给，硬是给顶回去了，好一个巾帼英雄！这下太宗有些生气了，就想出了个新方法。

太宗钦赐房夫人一壶酒，其实壶里面装的是醋，并下诏，大意就是房大人为国劳累，功不可没，朕特此赏赐给他几个美女，如果夫人想抗旨，那么就饮下这杯毒酒，自己了断。谁知房夫人极为刚烈，宁为玉碎不为瓦全，毅然决然地端起酒壶，一饮而尽。当然，房夫人没有死，太宗也只是想试探一下她的胆魄和决心。从此以后，太宗再也不提房玄龄纳妾的事儿了。

可以想象，连皇帝的命令都敢违抗的女人，再加上有"惧内"的宰相作为噱头，在当时的朝野上，这绝对是个人人议论、广为谈笑的事情。以至于后来人们就用吃醋来形容男女之间的忌妒之情了。

24. "古稀"是高龄还是低龄?

唐代大诗人杜甫曾经在《曲江二首》吟咏道:"人生七十古来稀。"意思就是人生苦短,自古以来能活到七十岁的人十分稀少。"古稀"其实就是古来稀少、而今也不多的含义。杜甫的这首诗就是把古稀看作七十岁的最早记录。

明朝时期,杜甫的这首诗被著名的书画家唐寅读到了,唐寅已经过了"古稀",于是就发出了感叹,突发灵感填了一首新诗:"人生七十古稀,我年七十为奇。前十年幼小,后十年衰老。中间止有五十年,一半又在夜里过了。算来止有二十五年在世,受尽多少奔波烦恼。"这首诗表达了唐伯虎虽然活过了"古稀"的年龄,但是自己并没有多么大的成就,所以依然感叹人生苦短。

据史书记载,古时能够活过"古稀"的老人的确很少,尤其是那些著名的诗人或者是大学问家,活到七十岁的人更是少之甚少。不过随着经济的发展,社会在不断地进步,生活质量和医疗水平也随之提高,人们的寿命长度也增加了。比如一些超过七十岁的名家有著名书画家郑板桥、《三国演义》的作者吴承恩等。后来,人们就用"古稀"指代七十岁的老人。

25. "皇帝"一词是怎么来的?

在中国的历史上,皇帝无疑是各朝各代的重要角色。人们常说:"家不可一日无主,国不可一日无君。"可见,皇帝在古代社会的政治体制当中拥有绝对的领导权。但并非古代所有君王都被称为皇帝,"皇帝"一词在大多时候是"贤明"、"仁政"的象征,相反那些"无道"、"残暴"的君主都被称为"昏君"。

中国历史上所称的"皇帝"其实是对"三皇五帝"的统称。对于三皇的说法不一,但大都以"伏羲、女娲(燧人)、神农"为三皇居多,"帝"本意指"天帝",古人认为"天帝"是宇宙万物的主宰。在历史发展进程中区域征战,领导者各自称帝,曾有"东帝、西帝、北帝、中帝"之说。根据《史记·五帝本纪》的记载,"五帝"就是指黄帝、颛顼、帝喾、尧、舜。

古代社会的最高统治者称"王"、"后"或单称"皇"和"帝",如唐帝尧、夏后启、商王纣、周文王、周武王等。春秋战国时期，周王室衰微，诸侯争霸，一些国力强大的诸侯国的国君也自称为王，如楚庄王、齐威王、秦惠文王、赵武灵王、燕昭王等。公元前 221 年，秦王赵政灭掉六国，平定天下。赵政自认为这是亘古未有的功业，甚至连三皇五帝也比不上他，如果不改变"王"的称号，"无以称成功，传后世"，于是让李斯等人研究一下怎么才能改变自己的称号，以显示自己的"丰功伟绩"。李斯等人商议后报告秦王说，上古有天皇、地皇、泰皇，泰皇最贵，可改"王"为"泰皇"。秦王反复考虑，认为自己"德兼三皇，功过五帝"，决定兼采"帝"号，称为"皇帝"，以彰显自己的尊贵。秦王政自称"始皇帝"，后世俗称"秦始皇"。

26. 为何称呼学生为"桃李"？

"桃李满天下"就是指老师的学生比较多。其中"桃李"指的就是学生。"桃李"一词来源于魏国一位名叫子质的大臣的故事。

据《韩诗外传》记载，春秋时期，魏国有一位叫子质的大臣得罪了魏文侯而丢了官职。后来，他一个人来到京城并结交了一个名叫简子的人。他就向简子诉苦，说自己曾经栽培的人才在自己处于困境的时候不愿意帮助自己。简子就笑着告诉子质说："如果在春天种上桃树和李树，夏天就能在树下乘凉，到了秋天，还有果实可以吃。但是，如果春天种下的是蒺藜，夏天不但不能乘凉，秋天还会长出刺来扎人。所以，君子在培养人才时，一定要像选择树种一样，选好对象，然后再培养呀！"后来人们就把培养出来的优秀人才叫作"桃李"。因为学生就是教师辛辛苦苦培养出来的优秀人才，所以人们就用"桃李"代指学生。

27. "巾帼英雄"是男英雄还是女英雄？

我们有时候形容某个女孩子很了不起，就说她是"巾帼英雄"。为什么用"巾帼"来代指女性呢？巾帼和女性有什么关系呢？

巾帼这个词应该分开来看，巾就是头巾的意思，帼指的是发饰品，都是女性的一种装饰用品，所以就用"巾帼"来指代女性了。巾帼还含有尊贵的意思，这是因为巾帼的头巾常常是珍贵的丝织品，其上还配有珍贵的金、银、玉石类的发饰品，做工精良，价格昂贵，代表着身份和地位，所以，巾帼不仅仅是泛指妇女，更是一种尊敬、尊贵的称呼。

28. 古人有"名"为何还要"号"？

号是中国古代人除了名字之外的自称。号有很强的实用性，不但可以让人称呼自己，还可以用于文章、字画和书籍的署名。那么，什么时候古人开始为自己起号的呢？

据可靠史料记载，大概在春秋时期，已经有起号之风了。比如可以视为是中国最早的别号"老聃"、"鬼谷子"。到了东晋时期，陶渊明就有了自己的号"五柳先生"。南北朝时期，起号之风更加盛行，越来越多的人为自己起号。唐宋时期，起号已经形成了一种普遍的风气。

到了元、明、清时期，起号之风达到鼎盛，几乎是每个人都有号。不仅如此，有的人还拥有很多的号。特别典型的例子就是明朝画家陈洪绶，一共有 6 个号，分别是"老莲"、"小净名"、"老迟"、"悔迟"、"悔僧"、"云门僧"。到了近代，起号用号的风气一直没有减弱，如苏玄瑛号"曼殊"、齐璜号"白石"、何香凝号"双清楼主"。直到现代，笔名的出现才渐渐取代了文人的号。

29. 风骚只有贬义吗？

风骚不单单是说女人媚态百出，作风轻浮，风骚还指《诗经》和《楚辞》。这是因为在《诗经》中，"国风"部分是最精华的，而《离骚》是楚辞中最优秀的部分，因此，人们就用这两部分的精华的名称来指代《诗经》和《楚辞》。《诗经》是我国的首部诗歌总集，收录了春秋中期之前的约五百年间的诗歌，是我国先秦时期黄河流域的文化集成；《楚辞》是长江流域楚文化的精髓，一北一南，分别代表着我国文学诗歌史上现实和浪漫两个方面的源头，所以在中国文章里就把风骚一词指代文学，这也就是为什么文人墨客又叫作"骚客"或者"骚人"了。

后来人们就用"独领风骚"来形容那些在各个领域内出类拔萃的杰出人物。有一句很有名的诗"江山代有才人出，各领风骚数百年"，毛主席在他那首著名的《沁园春·雪》里有"唐宗宋祖，稍逊风骚"的诗句，体现了一代伟人的豪迈气势。这里的风骚就是指的文学、文采。

30. 古代的"名"和"字"怎么分开了？

名字是人与人之间的一种特定称谓。称呼某人的名字就是在称呼某人，它是一个人的符号标志。中国人的名字很简单，就是姓氏加上名字。"姓"是随祖辈的姓氏，代表血缘关系，"名"寄托了长辈对晚辈的希望。

中国古代，名和字不在一起，而是分开的。"名"带有鲜明的个人色彩，是一个人在社会上的符号；"字"则往往是对名的解释和补充。更值得一提的是，古人并不是可以随便地取字，只有成年了才可以有字。在《礼记·檀弓上》就有记载，说："幼名，冠字。"这里的"冠"指的就是古代男子的成人礼。所以，男孩只有到了成人时才能取字。取字的目的是出于对成年男子的尊重和避讳，等到成年男子有了字，大家就不能直呼其名了。女孩也是到了成年后才能取字。

31. 丹青除了指颜色还指什么？

有时候人们也把画称作"丹青"，这是为什么呢？

丹青指的是两种颜色，丹是红色的意思，丹青就是红色和青色，因为我国古代的时候，人们常用这两种颜色绘画，所以就称画为"丹青"。丹是用丹砂这种矿物制作的红色颜料，青是用青腹这种矿物制作的颜料。

在我国，人们在建筑的木质部分上用颜料描绘上各种不同颜色的美丽花纹，也称作是丹青。这层丹青不但像一层油漆，保护了木质部分，延长了木头腐烂的年限，而且美丽的花纹也使得整个建筑本身更加地美观。

32. "咏絮之才"是用来形容什么样的女子？

人们常常形容特别有才华的女子为"咏絮之才"。"咏絮之才"这个词语的用法是怎么来的呢？

这个词语的用法和东晋的女诗人谢道韫有关。谢道韫是一名著名的才女，她可谓是一位奇女子。她是东晋后期安西将军的女儿，还是大书法家王羲之的二儿媳妇，即王凝之的媳妇，还是东晋后期一代名将谢安的侄女。

在一个寒冷的冬天，谢太傅在给侄辈们讲解经文的时候，突然下起了大雪。谢太傅非常高兴地问："这纷纷扬扬的大雪看起来像什么呢？"谢朗，即太傅哥哥的儿子，说："可以比作撒在天空中的盐。"这时谢道韫说："不如将其比作随风飘扬的柳絮。"谢太傅听了非常满意，认为谢道韫非常有才华，不停地夸赞这个有才的姑娘。这个"柳絮因风起"被刘义庆写在了《世说新语》中，逐渐流传开来，人们称谢道韫是才女，所以后人就用"咏絮之才"来形容女子在诗文创作方面非常具有才华。

33. "二百五"的典故是如何来的？

为什么人们用"二百五"这个数字来形容犯傻的人而不是其他的数字呢？和其他的很多的俗语一样，这里面都有个历史典故。"二百五"的故事发生在我国的战国后期。事情是这样的：

战国末年，西边的秦国经过商鞅的变法改革，以及历代秦王的不懈努力，秦国终于具有了问鼎中原的实力，成了战国七雄中最强大的国家。这引起了东方六国的担忧，苏秦这个人很是了不起，他当时是六个国家的丞相。由于他顺应六国国君为求自保的心理，从中穿针引线，组建了六国联盟，共同攻打秦国。于是引起了秦国的害怕和仇视，最后就派刺客把苏秦刺杀了。临死之前，苏秦给齐王献上了抓住刺客的方法。

那就是让齐王把自己的头颅悬挂在城门之上，并贴出告示，说自己是个奸细，误国误民，死有余辜。值得庆幸的是现在有义士为民除害，杀死了苏秦，齐王很是高兴，下诏奖励黄金千两，望义士领取。

有四个人前来领赏，坚定地说自己就是杀死苏秦的英雄！这四人来到了齐王的面前，齐王平静地问道："四个人一千两黄金，怎么分？"这四个死到临头的人还兴奋地回答说每人二百五十两。

最后，一切该来的终归来了，齐王怒声喝道，把这四个二百五都推出去砍了。手起刀落，就这样砍出了"二百五"的称呼。这四个自称杀死苏秦的人不一定是真正的刺客，但是这四个人却让人想起了一句古语，人为财死，鸟为食亡。这就是二百五的来历，鉴古知今，凡事不为利焚身，三思后行。

34. 为何称皇帝的死为"驾崩"？

现代的人死亡称呼为"死"、"去世"，在古代对死的叫法也有很多，而且对死的称呼还有等级的区别，即不同等级的人，死的称谓也不同。

据《礼记》□记载，天子死为"驾崩"、"薨"；士卒死叫作"卒"；诸侯死为"毙"；士死为"不录"，等等。唐代礼制中还规定了"凡丧，二品以上称毙，五品以上称卒，后六品与庶人称死"。那么，为什么称呼皇帝的死为"驾崩"？之所以称皇帝的死为"驾崩"，是因为皇帝是处在万人之上的九五之尊，得到了万民的称颂和爱戴，他拥有足够的权力来驾驭和支配任何一个臣民来治理自己的国家，使自己的国家更加稳定和强大，也是万民的一种精神支柱。当皇帝突然死了，一时间没有人来治理国家和处理所有的政事，万民就像失去了精神支柱一样，感觉少了这个精神支柱，整个国家就会崩塌似的，使人比较哀伤和惶恐。所以人们就把皇帝的死称为"驾崩"了。

35. "老百姓"这一称呼是怎么来的？

古代对人民的称呼有很多，比如庶民、平民、臣民、村民等，而"老百姓"是中国人的一种自称。那么，"老百姓"一词是怎么得来的呢？

说起"老百姓"的来历，我们先说一下"姓"这个字，它是由"女"和"生"组成的，母亲和孩子的姓有密切的联系。相传，黄帝姓姬，那是因为黄帝的母亲当时在姬水边上产下的黄帝。舜姓姚，是因为当时舜的母亲住在姚虚。当时，孩子的姓氏并不是跟随父亲的，比如说黄帝的后代就有 12 个不同的姓。所以那时候只有王公贵族才有姓，"百姓"也就是指的"百官"。当时的平民只能称为"黎民"或者"庶民"。

战国以后，出现了一个阶级，这个阶级的人数既不是贵族也不是奴隶，即这个阶级处于贵族和奴隶之间。因为这个等级的人也有姓，所以就用"百姓"来称呼他们了。这样一来，"百姓"、"黎民"、"庶民"都是对平民的称呼。也就有了"黎民百姓"这一词语。至于"老百姓"这一称呼不能在古书中查到，可能是某个朝代不会写书的"庶民"们开始自称"老百姓"，当时

"老百姓"只能在百姓之间才敢说。这就是"老百姓"一词的来历。

36. "黄花闺女"是什么样的女孩？

我国的民间常把未婚的年轻姑娘叫"黄花闺女"，也就是我们现在所说的处女。可黄花是什么意思呢？是一种什么花呢？还记得《木兰辞》中的那两句关于木兰在窗台前梳妆打扮的话吗？"当窗理云鬓，对镜贴花黄"。"贴花黄"也叫"贴黄花"，我国古时候的未婚女孩子的一种梳妆打扮，类似今天的化妆。爱美之心，人皆有之，古来有之。古时候的女孩子们和现在的女性一样，也很喜欢打扮。她们用一种黄色的颜料涂抹在额上，或者在额上描绘出各种好看的花纹，也有剪黄色的纸花贴在额上的，所以人们就把年轻女孩的梳妆打扮叫"贴花黄"了。

我国人民历来喜欢菊花，菊花也称黄花，传统上一直认为菊花是纯洁、深秋时节傲霜耐寒的象征，这也是人们所喜爱和最终的人物品格，所以后来就用来形容未婚的年轻女孩子。象征她们的心灵洁净，品行纯洁。随着岁月的流逝，人们就逐渐用"黄花闺女"来特指未婚的少女了。

37. "闭月羞花"为何能形容美丽的女子？

闭月羞花一词中，"闭月"指的是貂蝉的容貌赛过月亮，"羞花"指的是杨贵妃的容颜能让鲜花害羞。这个词常用来形容女子的美貌。

三国时，汉献帝的大臣司徒王允家有一个歌妓貂蝉。一次，貂蝉在花园赏月时，恰巧有一朵云彩把皎洁的月亮挡住了。王允正好见到了这样的场面，王允为了让更多的人知道自己干女儿的美貌，见到人就夸赞说，自己女儿的美貌使月亮见了都害羞，赶忙躲在了云彩后面。后来，貂蝉就成了"闭月"的代名词了。

"羞花"指的是杨贵妃。唐朝开元年间，唐明皇放纵奢侈，荒淫无度，经常派人在全国寻求美女。当时，有一惊艳无比的女子叫杨玉环被选进宫来。一天，杨玉环到御花园赏花，看见绮丽无比的牡丹、月季，而自己却只能待在皇宫内浪费青春，不禁扼腕而叹："花呀，花呀！你年年岁岁还有怒放之时，我什么时候才有出头之日？"声泪俱下，她刚一摸花，花就立刻缩住了。但是当时杨贵妃摸的是含羞草。这样的情景被一个宫娥看见了，她到处宣扬说，杨玉环的美丽连花朵都比不过，见了杨玉环都低下了头。不久，这件事就传到了唐明皇的耳朵里。唐明皇立刻召见杨玉环，一见到杨玉环，果然名不虚传，的确貌美如花。再加上杨玉环善于俘获皇上的欢心，不久就被封做了贵妃。后来，人们就用"闭月羞花"形容女子的容貌美丽。

38. "大学士"怎么就变成了"中堂"？

"学士"是唐代设置的一种管理文学著作的官职。在当时，"学士"是属于宰相的管辖范围内，所以又把宰相称为"大学士"。

宋代，"大学士"不再是宰相了，而是指的"学士"中资历和声望特别高的人，才可以被称为"大学士"。明代，大学士可以帮助皇帝批阅奏章，可以参与政务的商议，官阶五品。另外，如果还兼任侍郎和尚书的职位，就可以加官到一品的级别，成为真正的宰相，就是"阁老"。到了清代，"大学士"官阶为正一品，成为了内阁的主官，一般称为"中堂"。

其实，"中堂"的说法，有人说是起始于北宋，另一种说法是开始于唐朝。唐宋时期政事堂被设置在了中书省内，这里是宰相用于处理政务的地方。宰相之所以出名，原因就是因为宰相在中书省内办公，后来宰相也被称为中堂。

到了元代，中堂的这个称呼并没有发生很大的变动。明朝时期，统治者不再设立宰相、中书省等机构，目的是为了集中权力。这个时期，宰相的权力转移给了内阁，因而国家政务的处理就成为了内阁的职责。但是，明代大学士实际上掌握的还是宰相的权力，只不过办公的地点变成了内阁，中书位于东西两房，大学士在中间，所以就称大学士为中堂。

39. "九五之尊"的说法是怎么来的？

"九五"一词来源于《周易》，易经中的首卦就是乾卦，乾代表天，乾卦六爻皆为阳，乃极阳、极盛之相，第五爻称为九五，九即为阳。此爻，正应"九五"之数，为六十四卦三百八十四爻之第一爻，应帝王之相。意思就是在

《周易》前九卦中最好的运势是"极阳"，如果要保持这种运势，即要用后五来中和，五在阳数中处于居中的位置，有调和之意。这两个数字组合在一起，既尊贵又调和，无比吉祥，实在是帝王最恰当的象征。《辞海》中对"九五"一词也有同样的解释："《易经》中卦爻位名。九，阳爻；五，第五爻。《易·乾》：'九五，飞龙在天，利见大人。'孔颖达疏：'言九五阳气盛至于天，故飞龙在天……犹若圣人有龙德，飞腾而居天位。'后因以'九五'指帝位。"

古代多以九五之尊称帝王。古代的九和五两数，象征着至高无的尊贵，不仅反映在称谓上，皇亭的建筑、日常使用的器具等方面都有所展现。根据史料记载，清朝皇帝的龙袍绣九条金龙。不过从能见的图案来看，前后相加只有八条金龙，与文字记载的少了一条。有人认为皇帝本身就是真龙天子。事实上，缺失的那条龙纹被绣在衣襟里面，一般轻易不会被看到。这样一来，每件龙袍的实际绣龙数还是九条，单从正面或背面来看，所见都是五条（两肩之龙前后都能看到），与九五之数恰好吻合。

40. 县官老爷的办公地为何叫"衙门"？

古装影视剧中当两人产生纠纷，或是某人犯了王法就会被带到衙门"说理"，据此人们对"衙门"有了一定的了解。不错，"衙门"就是古代官员的官署，官员办案、审案都要在衙门进行。但"衙门"一词的由来却有着一段相当有趣的"插曲"。

衙门其实是由"牙门"转化而来的。六扇门是衙门的另一个别称。古代常用猛兽的利牙来象征武力。"牙门"最早是古代军事用语，代指军旅营门。俗话说"天下合久必分，分久必合"，古代社会的发展就是在不断的战争中挣扎前进，当时战事频繁，今天你来打天下，明日我来守江山，全凭真枪实刀的征战讨伐，因此有才能的军事长官就特别被器重。军事将领们以此为荣，常常将猛兽的爪、牙放在办公的显眼处，以示军功。后来感觉此举太烦琐，索性就在军营门外立起几根大木头，把兽牙的图案绘于木头之上，有时还会把战旗的形状剪成兽牙状，战旗边缘剪裁成锯齿形的牙旗。于是，营门也被形象地叫作"牙门"。汉朝末年，"牙门"正式成为了军旅营门的别称。随后这一称谓逐渐被官府移用。《武瓦闻见记》中记载："近俗尚武，是以通呼公府为'公牙'，府门为'牙门'，字稍讹变转而为'衙'也。"唐朝以后，"衙门"一词广为流行。到了北宋以后，人们就几乎只知道"衙门"而不知有"牙门"了。由"衙门"派生出许多词，如"衙役"，指衙门里的差役；"衙内"，指衙门里的警卫官，因多为官吏之子弟充任，所以称官吏之子弟为"衙内"，如《水浒传》里陷害林冲的高衙内。

41. "吹牛皮"吹的真是牛皮吗?

对于那些说大话、夸海口的人，我们常常对他们嗤之以鼻，称他们是在"吹牛"或"吹牛皮"，为什么会这么说呢?

说起吹牛皮，我们先从吹羊皮和猪皮说起。屠夫们宰羊杀猪时，放完血之后，有时候会在猪羊的蹄子附近划开一个小口子，用一个长铁棍子插进去，来回地捅一捅，然后用嘴使劲地往里面吹气。一直吹到猪羊的全身都圆鼓鼓的，之所以这么做，是为了剥皮时候更加容易，到时候，轻轻一拉，就剥掉了。

但是杀牛是不用这种方法的，牛的躯体庞大，皮下脂肪也少，一般的人是没有办法把整头的牛像吹羊皮一样吹胀起来的，所以谁如果说自己能吹胀牛皮，那一般大家是持怀疑的态度的，认为这是在说大话。后来，吹牛皮就成了说大话的代名词。

42. 为什么称呼婢女为"丫鬟"?

丫鬟是中国封建社会对婢女的一种称呼。丫鬟的身份地位很低，处于封建社会的最低阶层。那么为什么把婢女称为丫鬟呢?

古代的女子到了15岁，头发就不再剪短了。等到头发长了，她们就会梳起左右对称的双髻，双髻的形状就和树枝的丫杈差不多，翘于头顶，所以这种发式又被古人称作"髻丫"，还有一些地区的方言中称为"丫头"。关于"髻丫"的历史记载有很多，如宋代陆游《浣纱女》中就记载了"江头女儿双髻丫，常随阿母供桑麻"。

后来，考古学家在出土文物中也发现了"丫头"发式，其中最典型要数出土于扬州北郊扬庙乡一座唐代墓葬中的一个做舞蹈动作的陶俑，这个女子的头上就有"丫"字形的两个发髻，年龄也就有十二三岁。

"丫鬟"是由"丫头"演变过来的，在程宗洛的《扬州竹枝词》中就有:

"巧髻新盘两鬓分，衣装百蝶薄棉温。"其中写的就是这个发式。另外，在一座发现于扬州邗江的南朝时梁代的墓葬中也有很多的画像砖，在砖上就塑有二十个女性供养人，其中有四个大像，十六个小像。大像梳着高髻，看上去像是贵妇人，而小像梳着双髻，很明显就是侍候贵妇人的"丫鬟"了。这就是古代"丫鬟"这一称呼的来历。

43. 为什么能用"高堂"称呼自己的父母？

高堂可以指高大的厅堂，即大堂，也可以表示对父母的一种尊称。那么，为什么要把自己的父母称为高堂呢？

古人称呼父母为高堂已经有很长的历史了。在李白的《将进酒》中就有相关记载："君不见高堂明镜悲白发，朝如青丝暮成雪"；还有在《送张秀才从军》中也提到了"高堂"一词，如"抱剑辞高堂，将投霍将军"。这里的"高堂"就是指的"父母"。用高堂称呼自己的父母是一种尊称，表达了古人对自己父母的一种尊敬。因为在古代的家庭之中，父母亲的居室一般是在堂屋，堂屋在整个家的中间，并且和其他的房间相比，堂屋不管是地面还是屋顶都比其他的房间要高。所以为了表示对自己父母的一种尊敬，孩子就在外人面前称呼自己父母为"高堂"。因此，人们就称呼自己的父母为"高堂"。

44. 将岳父尊称为"泰山"是怎么来的？

泰山是我国的一座名山，在山东省境内。但为什么男士称自己妻子的父亲为"泰山"呢？这里面有个历史典故。

唐朝玄宗的时候，有一年唐玄宗到泰山举行封禅大典，命令一个叫张说的人担任封禅使，全权负责泰山封禅的相关事宜。张说当时担任丞相之职，可谓是位高权重，位极人臣。因为按照传统的习惯，凡是有幸跟随皇帝到泰山参加封禅的官员，除了三公外，都可以再晋升一级，这么便宜的事情，张说就带上了自己的女婿郑镒。本来按照常理，这点私心尚可理解，可是张说太大胆，竟然给自己的女婿连升了四级，短短的时间内，郑镒从区区的九品芝麻官升到了五品官，着大红官服，一时春风得意，趾高气扬。这么明目张胆的任人唯亲，实在令人气愤，朝堂上对这件事情也是议论纷纷。

最后唐玄宗乜知道了，就质问张说关于此事的详细情况，张说任人唯亲，滥用职权，自然是做贼心虚，不敢作声。这个时候，旁边一个对此事的来龙去脉都非常清楚的人说："此乃泰山之力也。"这真是个巧妙的回答，一语双关，既暗指泰山封禅这件事本身，也暗指张说本人。此事一时传为笑谈。

此后，人们便把妻子的父亲称作"泰山"，泰山同时又是我国著名的"五岳"中的"东岳"，所以妻父也被称作"岳父"。其实唐朝以前人们把妻子的父亲称作"舅"或者"妇翁"，唐代以后就是现在这样的称呼了。

45. "王老五"为什么可以形容单身汉？

"王老五"是对民间没有老婆的男人的一种俗称，该词的来历无法考证。有一句俗语："王老五，命真苦，裤子破了没人补。"或许就是这句俗语使王老五成了单身汉的代名词。后来一部《王老五》的故事片使王老五这个词真正出名了。

《王老五》塑造了一个名字叫作王老五的单身汉，即片中的主人公，因为家庭条件特别贫医，所以到了三十多岁还没有成家。后来老家那边邻居家的老父亲去世，他尽心尽力地帮忙，那家的姑娘对他产生了好感，后来两人就结为了夫妻。婚后，两人的生活更加地贫困，后因被汉奸诬陷，王老五遭到大家的误解，后来中了敌机掷下的炸弹身亡。这个影片不但捧红了当时的流行歌曲，也使"王老五"一词成为了街头传诵的词汇，后来单身汉们就有了名字，一直沿用至今。

不过，现在的"王老五"意思发生了改变，不再形容单身汉，而是形容那些事业有成，但是仍然没有步入结婚殿堂的男性同胞，就是常说的"钻石王老五"。

第二章

成语典故

46. "难兄难弟"是形容很困难的两兄弟吗?

"难兄难弟"是一个多音词。该词原意是说兄弟的关系非常好,如南朝宋刘义庆的《世说新语·德行》中有"元方难为兄,季方难为弟"。

这个含义的由来源于一个典故:有两个人分别是长文和孝先,他们各自的父亲是非常有才干的,一天他们都在夸赞自己的父亲非常有能力,非常优秀。两人一直争执不断,于是就去找来祖父帮忙。他们的祖父看到两个孩子如此争执,告诉说他们的父亲都是非常棒的,并发出感叹:"元方难为弟,季方难为兄!"从此,这句感叹就被人们浓缩成"难兄难弟"这样一个成语了,意思就是说,两个兄弟都非常优秀,实力相当,差距不大。但是"难兄难弟"原本的比喻义人们渐渐淡忘了,后来出现了一个意思,和它原本的意思恰恰相反,带有一种讽刺的意味,比喻两个兄弟都非常坏。

还有一个故事发生在清朝初年,有一名抗清的勇士,在战争中,由于孤立无援,后因无力抵抗敌军,英勇牺牲。死后不久,他的妻子在生育的时候因为难产,生下了一对双胞胎,没有名字,孤苦伶仃。人们也不知道他们哪个是兄哪个是弟。后来两人被一位义士分别送到了五台山和峨眉山,二十年后,他们两个都成长为武功高强的勇士,在江湖上名气非常大。最后兄弟二人相见之时,都不能叫出对方的名字,明明是亲兄弟,却不知如何称呼对方。后来二人以比武的方式决定谁长谁幼,但是成败难分,最后少林寺的方丈叹了口气说:"事至今日,老衲也无计可施,你们二人难为兄,难为弟。"

从这之后,人们就把"难兄难弟"这句话引申为彼此之间患难与共的兄弟,由原来的讽刺之意变成了褒义。

47. "门当户对"是一种什么样的婚姻呢?

"门当户对"一词,在古代指男女双方在社会地位和经济情况等方面相差不大,是比较般配的一对,很适宜成亲。门当户对有一定的文献记载,如元朝王实甫《西厢记》第二本第一折:"虽然不是门当户对,也强如陷于贼中。"

古人对"门当户对"解释是有一定道理的。恋爱和结婚不一样,恋爱时只关系到两个人，而结婚则关系到两个家庭，甚至是两个家族。恋爱双方的家庭氛围、生活方式以及家庭文化可能相差悬殊。如果结婚双方的家庭环境差距太大，势必会影响二人的婚姻关系，因为固有的环境不是轻易就能改变的，没有相当的家庭背景，二人的婚姻关系很难确立；相反如果两个家族对事物的看法有很多共同点，那样家族之间才会有共同的语言和话题。这样两个人的婚姻关系才可能幸福长久。

虽然"门当户对"的婚姻观念符合当时人们所处的大环境，但是这样的思想观念反而会把真正相爱而且有缘分的情侣分开。我们现在已经生活在文明社会，像这些陈旧的思想观念必须摒弃，不应该让它们左右我们的婚姻观。对于"门当户对"的争议还有很多，不同的人看法是不一样的，没有一个统一的答案。

48. "座右铭"是指什么？

"座右铭"古义是指古人写出来的格言，现在泛指人们用于激励、警戒自己的话语。

关于"座右铭"有这样一个传说，和大教育家孔子有关。一次，孔子召集自己的学生到庙里进行朝拜，见到一种器皿，觉得很惊讶，于是就问庙里管香火的人。结果得知，这是欹器。孔子想到了齐桓公的故事。他指着欹器告诉学生说："欹器空着的时候就倾斜，把酒或水倒进去，到一半的时候就直立起来，欹器装满了就又会倾斜。所以过去齐桓公总是把欹器放在他座位的右侧，用来警告自己决不可以骄傲自大。自满就会像欹器里装满了水，必然要倾斜倒覆。"讲完，他就让学生把欹器注满了水。的确像孔子所说的那样。孔子又告诉学生说："读书也是一样，谦受益，满招损。你们一定要牢牢记住。"

到家之后，孔子立即请人做了个欹器，把它放在自己座位的右侧，时刻提醒自己要有永不满足的精神，不能忘记学习。后来，这种欹器消失了，也有可能后人更喜欢用文字的方式来激励自己。欹器慢慢地被刻在金属上面的文字取代了，书房里面的铭文中也包含了许多的格言警句。一直到今天，我们还在使用"座右铭"一词。

49. "下马威"和"马"有什么关系？

"下马威"，本意是指官吏刚上任时要向下属显露一下自己的厉害，后泛指一开始就向对方展示自己的威风。

在《汉书·叙传》中有"畏其下车作威，吏民竦息"一句，意思是说，民众害怕班伯刚上任时会对下属显示自己的威风，所以做事必须把握好度，注意自己的行为。班伯出生在豪门，是一个贵族少年，他主动请求到社会环境比较混乱的定襄担任太守一职。他刚到任，当地的豪绅大姓都和他作对，当地从前犯事的人都被他们藏了起来。班伯刚上任就请当地的豪绅大姓吃饭，并且和他们成为朋友，等到自己掌握了犯事之人详细的藏身地点后，就立刻下令将他们杀了，班伯很快就平定了定襄的混乱。

古人习惯用"下马"或者"下车"来表示新上任的官员，所以后来慢慢演变成了"下马作威"，再后来为了读起来顺口就成了"下马威"，意思简单明了，该词一直沿用到今天。

50. "南柯一梦"究竟是个什么样的梦？

"南柯一梦"意思是形容人的一场梦，或比喻空欢喜一场。南柯一梦出自唐朝李公佐的《南柯太守传》。其中记载了关于"南柯一梦"这个有趣的故事：

有一个名叫淳于棼的人，生性嗜酒，他家有一棵枝叶繁茂的大槐树，盛夏是一个乘凉的好地方。一次他过生日，亲朋好友都来祝贺，因为心情非常好，就多喝了几杯，晚上，当亲友们都离去的时候，自己就在院中的大槐树下睡着了。由于很惬意，他就做起了梦。在梦中，他报名参加了官员选拔的考试，等到结果出来，他竟然考了第一名，然后就要见皇帝，皇帝见了非常喜欢他的才华，还把公主嫁给了他。

婚后，夫妻感情十分美满。不久，淳于棼又担任了南柯郡的太守。淳于棼勤政爱民，受到当地百姓的赞扬。几十年过去了，淳于棼的政绩非常突出，生活十分惬意。皇帝几次想把淳于棼调走，当地百姓都热情挽留，在街上挡住太守的车，让他继续留在南柯继续担任太守，所以他只好留了下来。

有一年，擅萝国和大槐国之间有了矛盾，大槐国几次作战都以失败告终。皇帝非常气愤，立即召来文武官员们商量对付敌军的办法。大臣们一时都想不到好的办法。皇帝看了大臣的样子，十分恼怒地说："你们平时养尊处优，享尽荣华，一旦国家有事，却都成了没嘴的葫芦，胆小怯阵，要你们有什么用？"这时一名宰相向皇帝举荐了南柯太守淳于梦。皇帝立即下达命令，要淳于梦率全国最精锐的士兵去和敌军作战。淳于梦奉命立即出战，可是他对兵法一窍不通，所以战争败得很惨。所以皇帝非常气愤。一怒之下将他贬为庶民，把他送回了老家。他想想自己所有的功绩瞬间化为乌有，这时大叫一声，突然梦醒了。原来这一切都只是梦中的情景，不是事实。所以，后来人们就用"南柯一梦"来形容一场梦或者是比喻人们的希望落空，空欢喜一场。

51. "舍生取义"具体指什么？

"舍生取义"是孟子提出的儒学道德典范，原文出自《孟子·告子上·鱼我所欲也》："鱼，我所欲也；熊掌，亦我所欲也。二者不可得兼，舍鱼而取熊掌者也。生，亦我所欲也；义，亦我所欲也。二者不可得兼，舍生而取义者也。生亦我所欲，所欲有甚于生者，故不为苟得也；死亦我所恶，所恶有甚于死者，故患有所不避也。如使人之所欲莫甚于生，则凡可以得生者何不用也？使人之所恶莫甚于死者，则凡可以避患者何不为也？由是则生而有不用也，由是则可以避患而有不为也。是故所欲有甚于生者，所恶有甚于死者。非独贤者有是心也，人皆有之，贤者能勿丧耳。"

其主旨就是：虽然生存是我所欲求的，但是，因为我所喜爱的东西还有比生存更重要的，所以，我不能苟活于世；虽然死亡是我所厌恶的，但是，我所厌恶的东西还有比死亡更甚的，因此对于死亡我不会刻意躲避。这里所说的"甚于生者"就是指"义"；所说的"甚于死者"就是"不义"。于是，为了"义"，可以"舍生"；即使死掉，也不做"不义"的事。如果人们所喜爱的东西没有超过生命的，那么，凡是可以保全生命的手段，有什么不可以用的呢？如果人们厌恶的东西没有超过死的，那么，凡是可以躲避死亡之患的办法，有什么不可以用的呢？这里隐含的意思是，一旦将爱惜生命和惧怕死亡发展到极端，那么在生命受到考验的时候，人的行为就会失去准则，做出让人所不齿的事情来，最终，人的价值和尊严丧失殆尽。

52. "纸上谈兵"能谈出什么样的"兵"？

"纸上谈兵"的字面意思是在纸面上谈论打仗，比喻意是只会大谈理论，却不解决现实的问题。也比喻空谈是不能变成现实的。

这个典故出自《史记·廉颇蔺相如列传》，其中记载了战国著名将领赵奢的儿子赵括的故事。赵括自幼学习兵法，喜欢谈论如何用兵打仗的事，他觉得自己很厉害，天下无人能够战胜自己。他曾经跟赵奢谈论过关于用兵打仗的事，虽然赵奢语言上说不过自己的儿子，但是也不说赵括好。赵括的母亲便问赵奢原因，赵奢解释说："打仗是要以命相搏的事，但是赵括把它说得轻而易举。假使赵国不让赵括做将军也就算了，如果一定要他担任将军，那么毁掉赵国军队的一定是赵括。"当赵括将要起程离开后，他母亲上书告诉赵王说："赵括不可以让他做将军。"

后来，赵括成为了抗秦的一名大将，他把原有的纪律和规定都做了更改，而且还把军官进行了调整和整顿。当秦国大将白起得知此事之后，他就立即发动军队，和赵括进行了殊死搏战。因为赵括只会谈论书上的用兵方法，没有实际的作战经验，所以最后战败，几十万的士兵都向秦国投降了，结果都被活埋，赵括也被杀死。

自此，人们就用"纸上谈兵"比喻只会空谈理论，不能够解决现实的问题，或者是空谈没有用，不可能变成现实。

53. "江郎才尽"中的"江郎"是谁？

"江郎才尽"，泛指一个人的智慧和能力到了穷竭的时候，再也使不出任何新颖的招数以及智谋了。根据历史记载，此成语出自《南史·江淹传》："淹乃探怀中得五色笔一以授之。尔后为诗绝无美句，时人谓之才尽。"此外，《南史·江淹传》中还记载了这样一个故事：

南朝时期，有个文人叫江淹，字文通。江淹在童年的时候，在文学造诣上就有颇高的成就，蜚声大江南北，是一个赫赫有名的文学家，他的文章以及诗歌在当时有着极高的评价。但是，好景不长，随着时间的推移，江淹的年龄也渐渐变大了，更加令人难以置信的是，江淹的诗文根本没有以前写得好了，而且还有着非常明显的退步。江淹的文章更加让人觉得索然无味，而且提笔吟握许久，依旧写不出半个字来；有时候灵感来了，虽然能把诗写出来几句，但文章依旧枯涩难懂，没有内涵。

因而，就有人谣传：江淹有次在禅灵寺河边乘船游玩，睡觉休息的时候，在梦里梦见一个自称叫张景阳的人，向江淹讨还一匹绸缎，于是，江淹就毫不犹豫地拿出些许绸缎给了张景阳。至此以后，江淹的文章以及诗词就变得大不如从前那么吸引人了。另外，还有人传说：江淹有一次在凉亭中小憩，同样也是做梦。这次是梦见一个叫郭璞的人，走到江淹的身边，向江淹索要他常用的笔，于是，郭璞对江淹说："文通兄，我有一支笔在你那儿已经存放很久很久了，现在我有事急需那支笔，应该可以还给我了吧！"江淹听后，就立即拿出一支五色笔还给了郭璞。据说从此以后，江淹就变得文思枯竭，再也想不出什么好的思路了，再也写不出什么好的文章了。

历史典故往往存在很多争议，还有一种考证说是：并不是江淹的才华已经用完了，而是他当官以后，整日要不停地操劳政务，再加上仕途得意，不需自己动笔，劳心费力。时间一长，江淹的文章自然会一日不如一日，缺乏原有的才华和水平。

54. 战败为什么叫"败北"？

"败北"，顾名思义就是打败仗的意思。在我国古代的战争中，凡是战败的都统称为"败北"。其实，"北"就是"背"的古文。我们通过查询《说文解字》中有关"败北"的解释就可以知道："北，背也，二人相背。"因而，我们可以得知，"北"引申为人体的部位——与胸相对的背部。古人常讲的败北，意思就是在战争打败以后转背逃亡的悲惨现象。那么，打败仗为何叫"败北"而不叫"败南"呢？

据可靠的史料《孙子兵法》记载："佯北勿从。"著名的军事理论家孙武所讲的"北"即是"败"或"败逃"的意思，这句话的意思为"敌人假装败逃，不要盲目追赶"。无独有偶，在西汉贾谊的《过秦论》一文中也有"追亡逐北"这样的记载，意思同样是"追杀败逃的敌军"。另外还有唐人李邕的

《陇关游弈使任令则碑》中的记载："胡虏久摧，战辄北。"

大致在秦汉以后，"败北"不仅仅指军事战争上的失败，而且还延伸发展到各种事情的失利上。而在现代汉语中，"败北"还常常被用来泛指在各种竞赛、格斗、竞争中失败。话说回来，两军打仗，输了的一方叫作"败北"；运动场上的比赛，负方也叫作"败北"，那么，是不是就应当认为凡是战败的一方都统统向北方逃走呢？答案显然是否定的。纵观中国历史上的一些重大战役，战败之后，落荒而逃的偏偏是向南的占据大多数。但是历史上从来没有人传言失败叫作"败南"的。

可见，这"败北"之"北"，并不等于东南西北方位上所指的北。优胜劣败，从古至今都与方位无关。这个"北"字从象形字的角度来讲很像两个人背靠背，一个向左，一个向右，这个"北"字即古之"背"字，"背"字是后人为它加上肉旁而演变成的。北既为背，"败北"就不难懂了。当两军相接时，是正面相向的，经过一番鏖战之后，败方落荒而逃，就成了背向敌方，这就是"败北"了。胜方朝着败军背后奋勇追击，这就是"追奔逐北"、"逐其背也"的由来。因而，凡是战败的人，其所逃的方向不管方位中的哪个方向，都被称为"败北"。

55. "一不做二不休"是指坏事还是好事？

"一不做二不休"，通俗地讲就是：人们在做事的时候，要么不做，既然做了就索性做到底。意思是指事情既然做了开头，就索性做到底。常常用来形容下最后的决心来完成一件事情。它究竟是怎么得来的呢？这还要从一个名叫张光晟的历史人物说起：

唐朝时期，节度使安禄山起兵叛乱，全国一片混战，民不聊生。在与叛军的一次浴血奋战中，朝中猛将王思礼不幸受伤倒地，就在这命悬一线危急时刻，一个名叫张光晟的骑兵把王思礼拉上战马，救了他一命。待到叛乱平定后，王思礼升了官，但他不忘张光晟的救命之恩，于是和张光晟义结金兰。

然而，历史的发展从来都不会一帆风顺。十几年后，一支军队在京师长安突然叛变。德宗帝仓皇逃到奉天，叛兵立即推崇太尉朱泚当皇帝。见风使舵的张光晟看到唐朝的气数已尽，便毅然投靠了朱泚。次年，朱泚又改国号为汉，自称汉元天皇，并册封张光晟为宰相。这时，出乎意料的是，唐军将领李晟已经派兵数万兵临长安城城下。张光晟见朱泚大势已去，便再次出卖旧主，暗中派人与唐军将领李晟取得联系，希望归降朝廷。李晟表示欢迎，同时指挥军队顺利攻取了长安。

之后，李晟经常邀请张光晟参加宴会，但是，其他宾客们对张光晟非常厌恶，甚至有人公开反对张光晟，表明自己不愿与反贼同席。李晟见众怒难犯，只得将张光晟搁置起来，等待朝廷发落。不久，德宗颁下诏书，处死叛逆者张光晟。李晟无法再为张光晟说情救命，只好执行。在最后的关头，张光晟悲愤、无奈地说："把我的话传给后世的人：第一不要做，第二做了就不要罢休！"

56. "立子杀母"是怎么回事？

汉武帝是汉朝在位时间最长的一个皇帝，其做了54年皇帝，然而他在晚年却疑心病很重。在佞臣江充制造的巫蛊事件中，他废黜了戾太子，逼得戾太子最后自杀身亡。汉武帝虽有六个儿子，但戾太子死后，他却对其他儿子都不太满意，因此为嗣君问题伤透了脑筋。最后他只能把眼光锁定在晚年所得的非常像自己的幼子刘弗陵身上，但其时刘弗陵还只有五六岁，因此他又担心刘弗陵的母亲会专权而动摇刘氏的天下，于是就盟生了立子杀母的念头。汉武遗嘱，令立太子刘弗陵，是为昭帝，而杀其生母钩弋夫人，当时有人提出疑问，汉武帝说，往古国家所以变乱，往往是由于主少母壮。女主独居骄蹇，淫乱自恣，没有什么力量可以制约，你们没有听说过吕后事件吗？对此，早有论者指出"自古帝王遗命多矣，要未有如汉武之奇者"。（明人张燧《千百年眼》）钩弋夫人赐死后，有人对杀母立子的做法不能理解，《资治通鉴》记载了武帝的一段注解："是非儿曹愚人所知也。往古国家所以乱，由主少母壮也。女主独居骄蹇，淫乱自恣，莫能禁也。汝不闻吕后邪！故不得不先去之也。"

"立子杀母"从本质上说是一种残酷的制度，无辜母亲的生命被王权无情地抹杀了，这在封建的古代社会中无疑是人性极大的扭曲。

57. "对牛弹琴"指的是什么?

"对牛弹琴",是用来讥笑听话的人不理解说话人要表达的意思。它可以用来比喻对一些天生蠢笨的人谈论高深的道理,只是浪费时间。还可以用来嘲讽说话之人不懂得选择交谈的对象。那么对牛弹琴这个词语是怎么来的呢?不言而喻,肯定和琴有关。

战国时期,有一个音乐家名叫公明仪。他的琴艺非常高超,不仅能作曲,而且还会演奏,尤其是七弦琴弹得非常好。他弹奏出来的曲子优美动听,大家都很喜欢听他弹琴,所以人人都很尊敬他。

公明仪对琴喜爱有加。除了在屋里弹琴,有时碰上好天气,他还会带琴常去户外弹奏。一天,他来到郊外,清风徐徐地吹着他的脸庞,杨柳曼妙地摆动着身姿,一头黄牛正在草地上静静地吃草。公明仪此时很有雅兴,摆上琴,拨动着琴弦,便开始向这头牛弹起了乐曲《清角之操》。公明仪弹得很深情,但是老黄牛在那里没有任何的反应,只是埋头吃草。公明仪想,或许是曲子过于高雅,老黄牛听不懂,所以没有反应。决定换个曲调试一试,老黄牛仍然没有丝毫反应,依然悠哉地吃草。

于是,公明仪拿出自己的看家本领,弹奏出自己最擅长的曲子。这一次,老黄牛稍微动了一下,摇了下尾巴,然后又接着吃草了。不久,老黄牛便离开了,换到其他的地方吃草去了。而公明仪很是失望,因为老黄牛听了那么好听的琴声始终无动于衷,人们就宽慰他说:"不是曲子不够好,而是你没有对着牛的耳朵弹。"公明仪无趣地抱着琴离开了。

后来,人们就用"对牛弹琴"比喻与不能理解自己话的人讲道理,根本就是在浪费自己的时间;也常用来嘲笑说话看不清对象的人。

58. "东施效颦"和西施有什么渊源?

"东施效颦",用于比喻胡乱模仿,产生了不好的结果。这个成语出自《庄子·天运》:"故西施病心而颦其里,其里之丑人见而美之,归亦捧心而颦其里。其里之富人见之,坚闭门而不出;贫人见之,挈妻子而去之走。彼知颦美而不知颦之所以美。"这个故事讲述的是西施和东施的事情。

春秋时期，越国有一位尽人皆知的美女，名叫西施。西施的每一个表情，每一个微笑，都会让人觉得非常美丽。西施只要稍微化一下妆，穿着朴素的衣服，每走过一个地方，人们都会抬头看她，因为西施真的是太漂亮了，她的美貌可以说没有人能够抵挡的了。

西施有一个心口疼的毛病，有一次，她的病发作了，就用自己的手捂着胸口，眉毛都快皱到一块儿了，身上散发着一种娇柔的女性美。当她经过乡间小路时，乡里的人们都目不转睛地看着她。乡间有个说话粗鲁、动作粗俗的丑女人，成天做着美女梦，希望自己哪一天能够成为美女，那天正好看见了西施的样子，并且看到了很多人都喜爱西施。于是回去后，她就开始模仿西施走路的样子，结果她的走姿比以前更难看了，人们只要一见到她，就马上带着自己的老婆和孩子远离那个丑女人，仿佛就像见了怪物一样。这个丑女人只知道西施皱眉以及捂着胸口的样子美，却不知道为什么那么美，美在什么地方，就盲目地模仿西施，结果被大家嘲笑不说，还被当作怪物看待。

后来，人们为了拿那个丑女人和西施做鲜明的对比，把她叫作东施。人们浓缩了"东施效颦"这个成语，用于比喻那些盲目地模仿他人的人，结果却适得其反。

59. "露马脚"中的"马脚"为什么指事情的真相？

"露马脚"的意思是露出事情的破绽，暴露事情的真相。据史料记载，唐代就已经有了"露马脚"一词，原本是古代的一种游戏。每逢节日庆典，人们便把画好的麒麟皮放置在驴或马的身上，作为一种装饰，达到为节日助兴的目的。但是把马脚或驴脚包起来是有一定难度的，一不小心马脚或驴脚就会露出来，借指弄虚作假，"露马脚"一词由此得来。关于"露马脚"的来源还有一个关于明太祖朱元璋的妻子马皇后的故事：

明太祖朱元璋从小家境就比较贫困，幼年时还在庙里当过和尚，等到成年后，娶了马氏。马氏没有裹足，就长了一双大脚。当马氏成了皇后之后，觉得自己的大脚很难为情，每次和宾客见面的时候，她都会将自己的大脚用衣服裹得严严实实的，生怕被别人看见。

有一次，马皇后坐着轿子到了金陵的街头游览。轿帘的一角突然被一阵大风吹了起来，马氏放在踏板上的两只大脚，就暴露在了众目睽睽之下。马氏这时立刻将脚退了回去，但是已经无济于事了，人们都已经看到了她的两只大脚。这样事情马上就在民间传开了，整个京城的人都知道了这件事情，因为马皇后姓马，所以就叫作"露马脚"。自此，"露马脚"一词就在民间广泛流传。一直到今天人们依然在用这个词语，人们把"露马脚"用来指真相的暴露以及一些事情露出了破绽。

60. "管中窥豹"指的是什么意思？

"管中窥豹"的意思，就是从竹管的小孔里来观察豹子，结果只能看到豹身上的一小块斑纹。常常被人们用来比喻看事情不全面，只能看到事物的某一部分，泛指对很多事情的认识以及见解不够深刻，仅仅是略有所得而已。也可用来比喻从观察的某一部分进而推测到整体状况，常和"可见一斑"连着使用。

名著《世说新语·方正》中记载有："王子敬（王献之）数岁时，尝看诸门生樗蒱，见有胜负，因曰：'南风不竞。'门生毕轻其小儿，乃曰：'此郎亦管中窥豹，时见一斑。'"说的是这么一个有趣的故事：

东晋时期，著名书法家王羲之的儿子王献之，他童年时就异常聪明，书写水平同样也超出常人很多。可想而知，王献之在长大后他也成为了一位著名的书法家，与父亲被别人并称为"二王"。正所谓"金无赤足，人无完人"，任凭再聪明的人也肯定会有他不懂的东西。有一次，王献之看到几个人正在玩樗蒱（樗蒱是古代的一种游戏，但是王献之对此几乎是一窍不通），他就在旁边不停地呼来喝去，指手画脚地说："你要输了。"因而被王献之说的那个人非常反感地瞥了他一眼，然后不耐烦地说了一句："这个小孩就像从管子里看豹，只看见豹身上的一块花斑，而根本看不到整个豹子长什么样。"王献之听到他们这样数落自己，不禁恼羞成怒地说："远惭荀奉倩，近愧刘真长。"于是就悻悻而去。

61. "小巫见大巫"中的"巫"指什么？

"小巫见大巫"古时候指那些利用装神弄鬼的把戏，以帮人祈祷的方式骗取他人钱财的人。原意指的是小巫法术比不上大巫的法术，当小巫见到大巫的时候，没有能力施展自己的法术。后来比喻两个事物相比，一个远不如另一个。这个成语出自汉代陈琳《答张纮书》："今景兴在此，足下与子布在彼，所谓小巫见大巫，神气尽矣。"

关于这个成语有一个小故事，故事发生在三国时期，有两个人，他们是同乡的好友，一个名叫陈琳，一个叫张纮，陈琳在魏国做官，张纮是东吴孙权的谋士。两人都很有才华，虽然各司其职，但是都非常仰慕对方的才华，经常利用写信的方式，交流对作品的看法。

有一次，张纮看见一个栩榴枕，非常喜欢，就特意为枕作了赋。相隔千里的陈琳见到了这篇赋后，一直夸赞个不停。在一次宴宾宴席上，陈琳专门拿出了张纮写的那篇文章给在座的各位宾客观看，嘴里还不停地夸赞文章写得如何好。

没过多久，张纮也看到了陈琳写的《应机论》以及《武库赋》，特别地喜欢，立刻给陈琳写了一封信。信上不停地夸赞陈琳的见解非常独到，文辞十分清新，还说一定要好好地向陈琳学习。陈琳见了他的信后感到特别地感慨，立刻给张纮回了一封信，谦虚地说道："我生活在北方，和这里的文人交往比较少，并且这里的消息不灵通，也没有见过什么大的场面，只是这里写文章的人不多才显得我比较冒尖。得到大家这样的夸赞，真是受宠若惊。你过于夸奖我了，我和你的才华比起来就像小巫见到大巫，没有能力施展自己的法术了。"

62. "朝三暮四"是用来形容什么的？

"朝三暮四"一词出自庄周《庄子·齐物论》中，该词原意是指玩弄手法欺骗人。后用来比喻人们常常不守信用，变化无常。

关于"朝三暮四"有一个小故事，据说宋国（今商丘）有一个特别喜爱养猕猴的老人，他养了很多猕猴。凡是这些可爱的猕猴们心中想些什么，老人都能猜出七八分，并且猕猴们对老人的心思也比较了解。由于猕猴们平时吃的东西比较多，家中的粮食没有那么充足，所以老人为了让猕猴们能够吃饱，减少了全家人的粮食。但是时间长了，家里的粮食实在没有那么多，老人就想到了一个办法，那就是每天少给猕猴们一些橡栗的数量，可是老人担心猕猴们不听自己的话，看出老人的心思后和他生气。于是老人就欺骗猕猴们说："如果我早上给你们三颗橡栗，晚上给你们四颗橡栗，你们觉得怎么样？"猕猴们一听气得都跳了起来。没一会儿，老人又说："那早上我给你们四颗橡栗，晚上给你们三颗橡栗呢，这样你们觉得如何呢？"猴子们听了之后，个个欢呼雀跃，以后对老人的话言听计从，没有丝毫反抗之意。

这则故事告诉我们，要善于通过现象去看事物的本质，不管形式有几种，本质只有一种。后来人们用"朝三暮四"来比喻人的行为没有定数，反复无常。同时也告诫我们不能只看问题的表面，要看到问题深层的含义，不能被表面现象迷惑，应该认真思考，看出事物的本质。

63. "九牛一毛"是怎么得来的？

"九牛一毛"，顾名思义九头牛身上的一根毛。我们常用来比喻极大数目中极微小的数目，不值得一提。出自西汉司马迁《报任安书》："假令仆伏法受诛，若九牛亡一毛，与蝼蚁何以异？"这个成语的由来要从汉朝说起。

汉武帝时期，武帝听说李陵的部队打到匈奴的国境，士气非常高，心里特别激动。这时很多大臣都为皇上祝贺，并称赞皇上特别擅长用人。后来，李陵打了败仗，武帝非常恼怒，以前向皇上表示祝贺的大臣，这时态度发生了一百六十度大转弯，竟反过来责骂李陵没有用，对皇上没有忠心。这时站在旁边的司马迁没有说一句话，武帝就问他对此有什么看法，司马迁直率地说："李陵虽然只率领了五千步兵，却和拥有八万骑兵的匈奴展开殊死的搏战，连打了十几天仗，消灭敌军上万，也可以称得上一位了不起的将军了。最后，因失去了粮食和弓箭，又被敌军截断了归路。况且李陵不是真正向敌军投降，只是找机会为国家再尽自己的一份力。他取得战功是可以弥补他在战争中的失误的。"武帝听他为李陵说话，而且还认为皇上近亲李广利从正面进攻匈奴一事做的是无用功，一气之下将司马迁关在了牢狱之中。

第二年，又传出了李陵为匈奴练兵一事，武帝不弄清事实的真相，就下令杀了李陵的母亲和妻子。廷尉杜周为了迎合皇帝，就在一旁煽风点火，说司马迁诬陷皇帝，结果皇上非常恼怒，司马迁被施行了"腐刑"。遭到了这种摧残和侮辱的司马迁想到了自杀，但转念一想，像自己这种身份比较低的人死去，对于那些大富大贵的人来说就像"九牛亡一毛"，他们是不会同情自己的，还会嘲笑自己。于是他就打消了自杀的念头，决心忍受耻辱，用自己的余生完成一部伟大的历史著作，也就是我们现在的《史记》。经过他艰苦的努力，终于完成了这部著作。在狱中，司马迁把他的思想转变以及思想活动写在了信中，告诉了自己的好友任少卿，在他的信中提到了"九牛亡一毛"。

后来人们就把它引申成了"九牛一毛"这个成语，用于比喻某些人或者某些事只是大多数人和事中非常少的一部分，根本不值得一提，就像九头牛身上的毛发中的一根毛发。

64. "走后门"和"走前门"有什么区别？

"走后门"这个典故是指利用一些不正当的手段和方法，达到自己做事的目的。关于"走后门"有两个说法。

第一个说法"走后门"的意思是褒义的，这个典故和包公有关系。传说包拯在开封做府尹的时候，百姓很久都不来告状了。之后不久，包拯终于明白了百姓不来告状的原因，原来是官府大门戒备森严，百姓想要进来，就必须给守门的官吏一些钱才能进来，就是人们常说的"衙门朝南开，有理没钱莫进来"。包公对这些守门的官吏进行惩罚之后，便打开后门，百姓可以自由进来告状。因此就有了"方便之门"和"走后门"的说法，这里的"走后门"还是褒义的。之后，"走后门"的意思发生了非常大的变化。

第二个说法是洪迈《夷坚志》中记载的一则小故事：一次宋徽宗与蔡京等大臣正在看戏，一个装扮成宰相的伶人坐在那里一直赞扬朝政的好。有一个僧人过去请他签署一份文件，这份文件的内容就是可以准许僧人去游方，扮演宰相的人一看僧人的戒牒，时间是元祐三年，当即没收并毁掉了，而且让僧人还俗。没一会儿，宰相家掌管财库的官员贴在宰相的耳朵旁边小声告诉宰相说："今天在国库，申请了一千贯的料钱，但是时间全是元祐年间的钱，我特意来请示您，应该要这些钱吗？"宰相仔细想了想，悄悄告诉官员说："把钱从后门搬进去。"坐在一旁的伶人立刻举起手中的棍棒，照着宰相的脊背打过去，还边打边骂："原来你这个宰相，心中也只是要钱！"

"走后门"一词由此得来，这里的意思带有不好的意思，指的是用不正当的手段获得自己的利益。

65. "买椟还珠"用来比喻什么？

在"买椟还珠"这个成语中，"椟"指木匣，"珠"指珍珠。意思是买走了木匣，退还了珍珠。用于比喻一些人没有眼光，只看重事物的外表，而不重视事物的实质，不知道如何取舍。还可以用来讽刺一些人不了解事物的本质，目光短浅，弃主求次。这个成语出自《韩非子》。其典故源于一个楚国人和一个郑国人之间发生的故事：

传说有一个楚国人，他有一颗漂亮无比的珍珠。他打算将这颗珍珠卖给其他人，于是想了一个办法，准备将这颗珍珠用一个盒子装起来。于是他就找来了昂贵的木兰，做好了一个盒子，他把这个盒子用桂椒香料弄得非常香，远远都能闻到一股香味。然后，用珍珠宝石和玫瑰宝石以及绿色的翡翠装饰了一下盒子。在街上，正好有一个郑国人看见了这个漂亮的盒子，他拿在手里端详了半天，喜欢得不得了，终于以很高的价格买下了楚国人手中的盒子。郑人付过钱后，就离开了。几天后，那个郑国人又找到了楚人，楚国人以为郑人可能反悔了，要把货退给他。谁知那个郑人说："先生，我只买了盒子，您的一颗珍珠落在了盒子里，我是专门回来归还这颗珍珠的。"于是郑人把珍珠还给了楚国人，就离开了。

"买椟还珠"这个典故就是从上面的故事中得来的，后来人们就用来比喻那些目光短浅，不能看清事物本质的人，他们只是看到了事情光鲜亮丽的外表，忽略了事物的本质。

66. "结草衔环"指的是什么？

"结草衔环"是"结草"和"衔环"两个典故的统称。"结草"的典故见于《左传·宣公十五年》。据书中记载，晋国大夫魏武子有个十分宠幸的妾，名叫祖姬。魏武子曾多次叮嘱儿子魏颗，自己死后，一定要给祖姬寻个好人家嫁出去。后来，魏武子患了重病，卧床不起，临终之时让他的儿子在他死后把祖姬殉葬。等到魏武子死后，魏颗按照父亲最初的嘱托，给祖姬选了一个好人家，嫁了出去。公元前594年，秦国出兵伐晋，魏颗被封为统帅与秦国大将杜回交战。二人激战之时，出现一位老者，使用叶草编织的绳子将杜回绊倒。魏颗趁机俘虏了杜回，晋军大获全胜。当晚，魏颗梦见白天那位结草相助的老者，老人对他说，他是祖姬的父亲，为了报答魏颗对祖姬的救命之恩，特化作草绳来助魏颗一臂之力。

关于"衔环"的典故，《后汉书·杨震传》中载道：杨震父亲杨宝年幼的时候，曾在华阴山救了一只受伤的黄雀，并将它带回家，每天都用黄花喂养。黄雀伤愈离去的那天深夜，杨宝梦见一位身着黄衣的小童对他说："我乃西王母手下的侍童，幸得先生仁义相救，才得以保全了性命。"然后赠给杨宝四枚白环，说道："此环可保恩公世代子孙身居高职，而且清廉从政。"果然杨宝的后世子孙个个刚正不阿，为官清廉。后来人们将这两个典故合并，用"结草衔环"泛指受到别人的恩惠后，懂得知恩图报的事例。

67. "望梅止渴"由何而来？

"望梅止渴"的基本意思是说人一想到能够吃梅子就会兴奋地流下口水，这样就起到解渴的目的。后来比喻愿望很难实现，就用联想的方法安慰自己或他人。

这个典故出自《世说新语·假谲》，其中讲述了一个历史小故事。一年夏天，曹操率领大批部队去征讨张绣，烈日炎炎，天气非常闷热，万里无云。曹操率领的大批部队行走在弯曲的山路上。道路两边，树林茂密，石头已经被骄阳晒得滚烫。士兵们都热得满头大汗，累得上气不接下气。中午，士兵们汗流浃背，衣服全湿透了，又累又渴，行军的速度也慢了下来，其中有几个体质较弱的士兵竟然晕倒了。

看到这里，曹操有点着急了，因为士兵行走的速度这么慢，很容易就错过战机了。但是几万的人马急需水源，又累又渴，怎么能够快速地赶路呢？曹操叫来了一个向导，问："最近的水源在何处？"那个向导说："山谷的那一边才能找到水源，还要赶很远的路程才能到达。"曹操思考了一下说："时间紧迫，来不及了。"曹操告诉向导不要和士兵们说，他自己会想办法解决这件事情的。曹操想即使此刻强行要求士兵们加快行进的速度也是解决不了问题的。曹操沉思了一会儿，豁然开朗，想到了解决的办法。

这时，曹操快马加鞭地冲到大部队的最前面，挥舞着马鞭指着前方大声说：

"士兵们，前面不远处有一大片梅林，听说那里的梅子个头又大又甜。只要我们尽快赶路，穿过前面的山丘就可以吃到酸甜可口的梅子啦！"士兵们一听，精神振奋，好像梅子就在自己的眼前一样，立刻加快了走路的步伐。曹操的这样一个想法达到了自己的目的。"望梅止渴"一词就是源于这个小故事。

68. "废寝忘食"是怎么得来的？

"废寝忘食"一词中，"废"的意思是停止，"寝"指的是睡觉，"忘"是忘记的意思，"食"是吃饭的意思。完整的意思是顾不上睡觉，而且忘了吃饭，用于形容一个人非常刻苦，做事专心致志。

说到"废寝忘食"一词，我们就不得不提到伟大的思想家、教育家和政治家孔子。孔子是儒家学派的创始人，在他年纪较大时，便开始周游列国。在孔子六十四岁的时候，他周游到了楚国沈诸梁的封地叶邑（今河南叶县附近）。热情接待孔子的是楚国令尹，即司马沈诸梁。对孔子的为人，他几乎不了解，对孔子的了解仅仅局限于孔子是一位著名的思想家、教育家以及政治家，孔子的门下出了许多优秀的学生。出于好奇心，他就向孔子的学生子路询问孔子的为人如何。虽然子路在孔子身边的时间也不短了，但是一时间也想不出怎么回答是好，所以就没有回答。

以后，孔子得知了此事，就告诉子路说："你为何不回答他：'孔子的为人呢，努力学习但不会厌倦，甚至忘记了吃饭，津津乐道于授业传道，但从不担忧受贫受苦；自强不息，甚至忘记了自己的年龄。'这样的话呢？"从孔子的这番话中，我们可以看出孔子的理想非常远大，所以他的生活是非常充实的。"废寝忘食"一词便由此而来。

69. "两袖清风"究竟是什么"风"？

从古至今，那些为官清廉、不贪图钱财的人，常以"两袖清风"自居。"两袖清风"的意思是两袖中除了清风以外，其他什么也没有了。后来人们用它比喻那些为官清正廉洁，不贪污腐败，严于律己的人。也可比喻人特别穷困，什么都没有。这个成语出自元代陈基《次韵吴江道中》诗："两袖清风身欲飘，杖藜随月步长桥。"关于这个成语还有一个有趣的故事：

据明人都穆《都公谭纂》中记载：明朝时期，于谦不但是一位诗人，还是一位著名的民族英雄。他曾担任的官职有监察御史、巡抚、兵部尚书。于谦为官期间，十分耿直，清正廉洁。虽然于谦生活的那个时代，朝政腐败，贪污之风盛行，但是于谦并没有被这样的风气影响，依然坚持着自己的做官原则。当时各地官僚为了讨好皇上，进京之前都要从百姓那里搜刮大量的土特产品，比如蘑菇、绢帕、线香等，他们把这些搜刮过来的东西献给皇上和一些朝中的重要官员。

明朝正统年间，宦官王振以权谋私，每次遇到朝会，都会收到各地官僚送给他的金银财宝。只有于谦每次进京奏事时，从来不带任何礼品。他的同僚就劝他说："你即使不进献金银财宝，攀附权贵，也应该带一些像线香、手帕等著名的民间土特产吧，全当是送个人情呀！"于谦边笑边举起自己的两只衣袖，风趣地说："我带有清风！"他这样做是表示对那些贪官以及攀附权贵官员的一种嘲讽。自此，"两袖清风"这个成语便流传下来，一直沿用至今。

70. "程门立雪"故事的渊源

"程门立雪"这个成语的原意是指学生恭敬受教。后来人们用它来比喻学生尊敬师长。也可比喻那些求学心切的学生以及对有学问的长者的一种尊敬。该成语出自《宋史·杨时传》："至是，杨时见程颐于洛，时盖年四十矣。一日见颐，颐偶瞑坐，时与游酢侍立不去。颐既觉，则门外雪深一尺矣。"这个成语来源于宋代著名理学家将乐县人杨时求学的故事：

杨时从小聪明伶俐，四岁入学，七岁能作诗，八岁能作赋，人称神童。杨时十五岁就开始攻读经史，在熙宁九年，他登进士榜。杨时一生立志要著书立说，他曾在很多地方讲学，受到大家的热烈欢迎。

有一年，杨时为了使自己的学识能够更上一层楼，不辞辛苦地绕道洛阳拜程颐为师。有一次，杨时和自己的学友游酢在某个问题上有了不一致的看法，为了能够得到正确的答案，他们两个人就一同去向他们的老师程颐请教。当时正好是冬天，浓云密布，天寒地冻。两个人走在路上，寒风凛冽，大雪纷飞，他们都被冻坏了。但是他们依旧不顾严寒，裹紧衣服继续赶路。来到老师的家门前，正好程颐正坐在火炉旁打坐养神。他们生怕打扰到老师，于是两人就在门外恭敬地等老师醒来。这时，外面大雪纷飞，大地仿佛披上了一件白衣。最后，杨时都冻僵了，浑身只打寒战，但是依然恭敬地站在那里。不久之后，程颐醒来后发现他们时，杨时浑身已经披满了雪，脚下的雪有一尺多厚。老师急忙将两人请进了屋内。此后这个故事就成了尊敬师长的千古美谈。

71. "人心如面"是什么意思？

"人心如面"这个成语指人的心思如同人的面貌，各有各的不同。这个成语来源于《左传·襄公三十一年》："人心之不同，如其面焉，吾岂敢谓子面如吾面乎？"关于这个成语有一个发生在春秋时期的小故事：

春秋时期，郑国大夫子皮想让尹何成为自己封地上的主管。但是尹何只是子皮家的一名小臣，很多人都觉得尹何根本就没有能力管理好这么大的地域。于是子皮就去问帮助自己执政的子产的建议。子产说："尹何年龄还小，恐怕不行。"子皮说："我不这样觉得，我认为尹何平时做事比较认真谨慎，为人老实忠厚，我非常喜欢尹何，我觉得尹何是不会背叛我的。虽然尹何现在没有经验，但是这都可以经过努力实现。"接着，子产反对道："不行，一个人爱另一个人，总是希望能够对爱护的人有利。如今你爱护一个，却将如此重大的事情交给他。就好像让一个不会使用刀具的人去割东西，那样会给割东西的带去很大的伤害。这样，以后谁还敢让您保护呢？"

子产又接着说："您是郑国的栋梁，如果连栋梁都断了，那么我们住在这个屋里的人不是跟着受罪吗？还有，如果您拥有一匹特别漂亮的锦缎，您愿意将它交给一个不懂得裁剪的人帮您做衣服吗？您绝对不会，因为您怕他糟蹋了锦缎。"说到这里，子产把话题引到了尹何一事上面。接着说："大官大邑是用来保护百姓的权益，比那匹漂亮的锦缎重要得多。锦缎您都不舍得交给不会裁衣的人，为什么偏偏要把大官大邑交给一个没有任何经验的人去管理呢？您这样做，岂不是把锦缎看得比大官大邑还重要吗？我还从未听说过借做官的机会学习做官的。"

子皮听了子产一番话，连连表示赞同说："您说得非常对，我太不明智了，衣服穿在我自己身上，所以我就懂得要慎重地选择裁缝。而大官大邑关系到百姓的切身利益，我却如此轻视，真是目光短浅！"接着又说："如果没有先生的这番话提醒我，估计我还不知自己能干出什么蠢事呢。记得我曾说过，你治理郑国，我治理我的家产，我的身体能有所寄托就足够了。我向您请求，连我的家事以后也征询您的意见！"子产听了连忙摇头说："人心不同，就像人的面貌不同一样，我怎么敢说你我的面貌相同呢？我只是觉得您这样做很冒险，所以根据事实告诉您。"子皮觉得子产对自己如此忠诚，把政事完全交给了他。后来，经过子产的治理，郑国国富民强。"人心如面"这个成语就是源于这样一个历史故事。

72. 你知道"华而不实"吗？

"华而不实"这个成语在左丘明《左传·文公五年》中有相关记载："且华而不实，怨之所聚也。"后来人们用这个成语比喻外表虽好，但没有实质性的内容。也指表面上看似很有学问，实际却没有真才实学的人。那么这个成语如何来的你知道吗？读了下面的故事你自然就明白了。

春秋时期，晋国大夫阳处父在从魏国回来的路上经过宁邑，住在了一家客店里。那位客店的老板姓嬴。店主看见阳处父一表人才，举止不凡，十分敬佩，就悄悄告诉妻子说："我做梦都想投奔向这样一位才华出众、品德高尚的人，可是找了这么多年，一直都没找到一个合我心意的。今天我看阳处父这个人很不错，我决定投奔他了。"店主得到阳处父的同意后，就告别了妻子，跟着阳处父走了。

在路上，阳处父和店主东拉拉，西扯扯，不知都说了些什么，店主边走边听。刚走出宁邑县的边境，店主突然改变主意，告别了阳处父。店主的妻子见丈夫突然回来，心中很是纳闷，问道："你好不容易才遇到这么一个合你心意的人，怎么没有和他一起走呢？你不是下了很大的决心吗？家里的事你不用担心。"那位店主说："我看到他长得博学多才，以为他值得信赖，没有想到听了他的谈话后，却感到非常厌恶。我生怕跟着他，不但学不到东西，反倒遭受祸害，所以就改变了原来的主意。"店主又补充说道："这阳处父，在我的心目中，就是个'华而不实'的人。"所以，店主最后很坚定地离开了阳处父。

自此，"华而不实"这个成语就流传开来，被人们广泛应用，一直到今天人们依然用它来比喻那些外表看起来挺有学识的，但实际上却没有真才实学的人。

73. "韦编三绝"是形容人勤奋的吗？

"韦编三绝"中"韦"指熟牛皮；"韦编"指用熟牛皮绳将竹简连接起来；"三"指多次；"绝"是断的意思。这个成语的意思是说连竹简的皮绳断了很多次。后人用于比喻读书非常勤奋。该成语出自《史记·孔子世家》："读《易》，韦编三绝。"那么这个成语具体是怎么得来的呢？这就要从古代大教育家孔子的故事说起：

春秋时期，书籍主要由竹简制成的，在一根竹简上写字，少的话能写八九个，多的能写几十个字。将字书写在一根一根的竹简上，最后将这些竹简用绳子之类的东西按次序编连起来就是一部书。通常，"丝编"是用丝线编连的，"绳编"是用麻绳编连的，"韦编"则是用熟牛皮绳编的。比如《易》这样厚重的书，是通过熟牛皮把许许多多的竹简绳编连起来的。

孔子名丘，字仲尼，鲁国人，是我国古代著名的政治家、思想家、教育家。孔子向来读书很用功，毕生都在不断地学习。到了晚年，孔子依然没有放弃学习，他投入了很大的精力，把《易》反复反复地读了好多遍，又在其中附注了很多内容。人们通常认为，因为孔子将书这样地翻来翻去，因为翻看的次数多，所以连竹简的牛皮带子都被磨断了许多次，不得不多次重新更换才能使用。后来人们就从这个故事中浓缩成了"韦编三绝"这个成语，用它来比喻人们读书非常勤奋。

74. "叶公"真的喜欢"龙"吗？

"叶公好龙"这一成语，是用于比喻那些对事物的喜爱只是停留在表面，其实并不是真正地喜欢，含贬义。

关于"叶公好龙"就必须提到一个人，他就是叶公。春秋时，楚国叶县一个县令，名叫沈储梁，大家都称呼他为叶公。叶公嗜龙，凡是和龙有关的东西，他都喜欢。所以家中的装饰品、梁柱、碗盘、门窗、衣服上面都能看到龙的图案，甚至是墙壁上也都画着一条巨大的龙。人们进了叶公的家还以为走错了地方，像进了龙宫，龙的图案随处可见！叶公总是得意扬扬地对大家说："我最喜欢的就是龙！"

一日，真正的龙知道了叶公喜欢龙的事。真龙说："既然有人这么喜欢龙，我必须去他家拜访一下！"于是，真龙就从天上而降，来到叶公的家，将头伸进窗户，接着大喊："叶公在家吗？"叶公猛然抬头，一条真龙出现在自己的视线中，不禁大叫："哇！怪物呀！"真龙很是诧异，问："你怎么说我是怪物呢？我是你最喜欢的龙呀！"叶公一直在发抖，害怕地说："我喜欢的不是真正的龙，是和龙非常像的假龙，救命呀。"叶公话音刚落，就快步逃走了！真龙恼怒地说："哼，叶公说喜欢龙根本就不是真的，害我白跑了一趟，他归根结底就是怕龙！"

75. "邯郸"的步法为什么学不得？

"邯郸学步"是指到邯郸这个地方去学习如何走路。后来人们就用它比喻模仿别人不成功，反倒忘记了自己原有的本领。这则成语来源于《庄子·秋水》中一位寿陵少年的故事。

据《庄子·秋水》中记载：两千年前，燕国寿陵有一位少年，人们都叫他寿陵少年。这位少年衣食无忧，相貌也说得过去，唯一不足的就是缺乏自信心，他经常感到自己处处都没有别人好，比如他认为他的衣服没有别人穿的好，吃的饭菜也没有别人家的可口，站姿和坐姿也不如人家。所以，他见到什么就开始学什么，但是总是学不好，还学一样丢一样。

据说，家里的人都劝他改掉这个坏毛病，但他觉得是家里人管得太多。就连他的亲戚和邻居们也劝过他，但是他是左耳朵进右耳朵出。没过多久，他竟然怀疑自己的走路姿势是否正确，该不该那样走路，因为他越看自己的走姿越觉得不对劲，而且特别难看。有一次，他在路上听到几个人在谈论邯郸人的走路姿态，他们描述了邯郸人的走姿是多么地美丽。他一听，马上凑上前去打听事情的来龙去脉。谁知，那几个人一看见他就大笑着离开了。他一直在想象，邯郸人的走路究竟有多么好看呢？但是他一直想不出个结果来，于是他就瞒着家人，独自去了邯郸。

到那儿之后，他觉得什么都很新鲜，琳琅满目的东西令他眼花缭乱。他看到那里的小孩子走路，觉得特别地活泼可爱；看到老人走路，觉得特别稳重；看到妇女走路，觉得婀娜多姿。然后他就一次次学习他们如何走路，结果不到半个月的时间，他不会走路了，没有了路费，所以最后他就爬着回去了。"邯郸学步"这个成语就是源于这样一个小故事，至今人们依然还在使用这个成语。

76. "夜郎自大"的由来

"夜郎自大"这个成语用于比喻那些骄傲自大、无知肤浅的行为。该成语来源于《史记·西南夷列传》中一个有关夜郎国的历史故事：

汉朝时期，西南方有一个很小的国家，名叫夜郎。夜郎国虽然很小，但是却是一个独立的国家。该国不但国土少，百姓少，甚至物产都特别缺乏。但是和夜郎国相邻的国家还没有夜郎国大，所以夜郎国的国王就认为自己的国家是全天下最大的国家。有一天，夜郎国的国王在巡视国境时，他的手指着前方，然后问部下说："这里哪个国家最大呀？"部下们为了使国王高兴，于是就回答说："当然是夜郎国最大喽！"一会儿，国王抬起头又望着前方的高山，然后问部下说："天底下还有比这座山更高的山吗？"部下们回答说："天底下没有一座山比这座更高了。"

后来，夜郎国的国王同他的部下来到了河边，国王指着河又说："我认为这条河是世界上最长的河川。"部下们依然一致地回答说："大王说得很正确。"从这之后，夜郎国的国王就更加认为自己的国家是世界上最大的国家了。有一次，一位汉朝的使者来到夜郎国，途中路过夜郎的邻国滇国，滇王问使者："汉朝和我的国家哪个比较大？"使者一听非常震惊，他怎么也没有想到这么一个小国家，竟然无知同大汉王朝相比。后来使者到了夜郎国，骄傲无知的国王也问了自己一个同样的问题。这些很小的国家因为无知，所以才认为自己的国家是最大的。"夜郎自大"由此得来，后来人们就用它比喻那些过于骄傲自大的无知肤浅的行为。

77. "洛阳"的"纸"为什么会那么"贵"？

"洛阳纸贵"原意是指洛阳的纸因为一时供不应求，所以价格非常昂贵。后来人们用它来比喻作品被后世看重，风行一时，影响深远。该成语出自《晋书·文苑·左思传》："于是豪贵之家竞相传写，洛阳为之纸贵。"这个成语和西晋一个名叫左思的有关：

西晋时期，有一位著名的文学家左思，他出身卑微，不善言辞，而且外貌丑陋，说话还有一点口吃。左思幼时很顽皮且不爱读书，他的父亲经常为这事生气，但是不管怎么教导左思，他依然如此，因此他的父亲感到很失望。有一次，父亲竟当着他的面告诉自己的一位朋友说："左思这孩子不听话，学习还比不上我小时候呢！"说着，脸上流露出无奈的神色。这一切小左思看在眼里，记在心里。于是，小左思就暗暗下定决心要好好学习，从此他发愤读书。左思长大之后，由于他非常刻苦地读书，所以能够写出一手好文章，并且他的文章辞藻十分华丽，一时间有了名气。他用了一年时间写成了《齐都赋》，显示了他文采出众，这为他后来成为著名的文学家奠定了基础。

后来，左思的妹妹左棻因才貌双全，被晋武帝选昭入宫，左思随全家来到了京城。看到京都如此繁华，左思有了写《三都赋》的想法。为了更好地诠释内容、结构、语言诸方面的内容，他潜心研究，精益求精，几乎到了废寝忘食的地步。室内、厅前、走廊甚至厕所里都被他挂上纸笔，一有灵感，便随手记下。十年后，他终于完成了《三都赋》。起初，《三都赋》并没有得到人们的重视。后来由于得到了皇甫谧、张华等名流的大力推荐，《三都赋》才在洛阳流传开来。由于当时技术有限，喜爱《三都赋》的人只能争相抄阅，因为抄写的人过多，京城洛阳的纸张一时需大于供，纸的价格大幅上涨。后来，人们便使用"洛阳纸贵"来形容文章作品脍炙人口，广为流传。

78. "鸡鸣狗盗"是什么意思？

"鸡鸣狗盗"这个成语字面意思是学习公鸡啼叫，佯装成狗进行偷盗。这个成语多用作贬义词，比喻一些人只有低下的本领，却没有真正的才干。另外，还指一些不光明正大的行为。

《史记·孟尝君列传》有记载：战国时，齐国孟尝君特别喜欢广交天下门客，号称宾客三千。有一次，孟尝君率宾客出使秦国。秦昭王想让他做秦国的相国，当时孟尝君不敢得罪秦昭王，所以决定留下来。但是大臣们直言进谏说："留下孟尝君对秦国来说是有隐患的，因为他是王族，他在齐国有封地以及家人，怎么会甘心留在秦国呢？"秦昭王觉得此话很有道理，于是就改变主意。结果，孟尝君以及他的手下人都被秦王软禁了起来，不久就会有生命的危险。孟尝君得知秦昭王有个最受宠爱的妃子，派人去向她求助。

虽然妃子答应帮忙，但是必须用齐国那一件天下无双的狐白裘做交换。孟尝君这时很为难，因为刚到秦国，他便把它献给了秦昭王。这时，一个门客说："我可以得到那件狐白裘！"说完就离开了。原来这个门客有钻狗洞偷东西的本领。那个门客经过调查，了解到那件狐裘被放在了宫中的精品储藏室里。于是，一天晚上他便借着月光，凭着自己高超的本领，轻而易举地钻进储藏室，成功地偷出了那件狐裘来。

后来，孟尝君一行人得到了妃子的帮助后，秦王答应不杀孟尝君，并允许他回齐国，还提出为他送行。但是孟尝君怕夜长梦多，决定连夜回齐国。当他们到了函谷关（今河南省灵宝县，当时是秦国的东大门），还是半夜。但是当时秦国法律规定函谷关鸡叫时才打开城门，大家正发愁的时候，听到了鸡叫声，接着城门就打开了。原来是孟尝君的另一个门客有模仿鸡叫的本事，其他的鸡一听到鸡叫声就跟着叫起来。孟尝君最后成功逃回了齐国，这都多亏了门客们的本领。

"鸡鸣狗盗"一词就是由孟尝君的故事引申出来的，不过现在人们常用作贬义，用于指那些只会一些低下的本事，没有真才实学的人。

79. "爱屋及乌"中的"屋子"和"乌鸦"指什么？

"爱屋及乌"这一成语出自汉代伏胜《尚书大传·大战》："爱人者，兼其屋上之乌。"意思是说喜爱一处房子，同样也喜爱那房顶上的乌鸦。用于比喻爱一个人的同时也会关爱与其有关系的人或物。关于这个成语有一个历史的传说：

殷商末代，商纣王特别骄奢淫逸，昏庸无道，是出了名的昏君。"西伯"（西部诸侯之长）姬昌，即周文王，因为得罪了纣王被关押，想尽了办法才出狱。回到岐山（当时周的都城位于岐山）后，周文王一心想推翻商朝的统治。周文王为作战做了一系列的准备，势力逐渐强大。随后，又将都城迁到了丰邑（今陕西省户县附近），打算向东进军。可是，不久周文王就死了。周文王的儿子姬发即位后令姜太公继续担任军师。由于武王有两个得力的帮手，一个是同母弟姬旦（即周公），另一个是异母弟姬奭（即召公）。并且其他几个诸侯也非常拥护武王。所以，武王正式宣布出兵伐纣。伐纣的大军从孟津一直向东北挺进，逼近商朝的朝歌（今河南淇县东北）。因为商纣王不得人心，军队不愿为他卖命，所以士兵们有的逃走，有的投降，有的起义，朝歌很快就被攻战。纣王自杀，商朝灭亡，周朝建立。

周武王攻克朝歌之初，对于商朝留下来的那些权臣贵族、官宦将士如何处理以及怎样安定大局的问题令周武王特别担心。为此，他还和姜太公等大臣进行商议。汉朝人刘向编撰的《说苑·贵法》里曾记载："武王克殷，召太公而问曰：'将奈其士众何？'太公对曰：'臣闻爱其人者，兼爱屋上之乌；憎其人者，恶其余胥。咸刘厥敌，使靡有余，何如？'"意思是说，周武王战胜了殷商，召见姜太公，问道：'该怎样处置商朝留下的人呢？'太公回答说："我听说，如果爱那个人，那么就连同他屋上的乌鸦一起爱；如果憎恨那个人，就憎恨一起夺来的他的所有仆从家吏。把他们全部杀尽，杀得一个不留，您觉得怎么样？"因为这一个传说就产生了"爱屋及乌"这个成语。

80. "马首是瞻"中的"马首"是什么意思？

"马首是瞻"中"首"的意思是头，"瞻"的意思是向前看或向上看。原指士兵在战争中要依据主将的马头决定自己的作战方向。后比喻听从命令或听从某人。关于这个成语有一个历史故事：

春秋时期，晋悼公联合十二个诸侯国并令晋国的大将荀偃作为主帅征讨秦国。荀偃原以为十二国联军的攻势会使秦军方寸大乱。谁知景公已经知道联军士兵容易心不齐，士气不高，所以没有丝毫的害怕，也并没有求和的打算。荀偃没有办法，只好准备开战，他向全军将领发布命令说："明天一早，一听到鸡叫就开始出发。各个军队都必须填平水井，把炉灶拆掉。作战之时，全军将士都必须听从我的命令，以我的马头为标准，决定你们行动的方向。你们要紧随着我，我奔向哪里，你们就跟着奔向哪里。"

荀偃的下军将领认为，这样的作战命令过于强硬和专横，反感地说："晋国从来没有下达过这样的命令，为什么一定要听他的？好，他马头向西，我偏要和他相反，马头向东。"将领的副手这时说道："他是我们的头，我听他的。"于是也立刻率领队伍朝东而去。于是，全军立刻变得混乱起来。荀偃此时失去了下军，仰天长叹："既然下的命令，下属不愿执行，就很难取得战争的胜利，如果和秦军开战，一定是秦军占有优势。"

所以，他只好下令撤回了全部军队。"马首是瞻"这个成语就是由这样一个历史故事得来的。

81. "鹤立鸡群"是怎么得来的？

"鹤立鸡群"本意是指像鹤那样站在鸡群之中。后人用它来比喻一个人的才华或者仪表在众人中显得尤为突出。该成语出自晋戴逵《竹林七贤论》："嵇绍入洛，或谓王戎曰：'昨于稠人中始见嵇绍，昂昂然若野鹤之在鸡群。'"关于这个成语的由来有一个历史故事：

魏晋之际，"竹林七贤"之一嵇康的儿子嵇绍，身材魁梧，英俊睿智，在同伴中显得非常突出。晋惠帝时，嵇绍的官职为侍中。当时皇族之间争权夺利，互相残杀，发生了历史上的"八王之乱"，战乱之际，嵇绍对皇帝依旧忠心耿耿。有一次，都城发生暴乱，形势相当严峻，嵇绍不顾个人安危，义无反顾地冲进宫中。守卫宫门的侍卫拉开弓箭就要射向嵇绍。侍卫官看到嵇绍那大义凛然的神情，连忙阻止侍卫，并抢先夺下了弓上的箭。

不久京城又出现了变乱，这时嵇绍跟随着晋惠帝，在汤阳作战时，不幸战败，将士们死的死，逃的逃，只有嵇绍一人，始终保护着惠帝，不离开半步。敌军的飞箭，就像急促的火苗朝这边射过来，嵇绍被乱箭射中，鲜血直淌，血滴在了惠帝的御袍上。嵇绍就这样牺牲了。之后，惠帝的侍从要去洗御袍上的血迹，惠帝说："别洗，别洗，那是嵇侍中的血呀！"当嵇绍还未阵亡之前，有人曾对王戎说："昨日在众人中见到嵇绍，他气宇轩昂就如同野鹤立于鸡群之中。"后来从这个故事中就引申出了"鹤立鸡群"这个成语，人们用来比喻那些无论仪表或者才华在众人中都是比较突出的人。

82. "一日曝之，十日寒之"和天气有关吗？

"一日曝之，十日寒之"中"曝"是晒的意思。原意是说即使是生命力很强的植物，晒一天，冻十天，也很难生长。后比喻学习或工作时而勤奋，时而懒散，没有恒心。亦作"一曝十寒"。关于这个成语有一个有趣的故事：

战国时期，出现了百家争鸣的局面，游说之风盛行。当时，孟子是一个著名的辩论家。在《孟子·告子上》中有这样的记载：当时齐王昏庸无能，做事没有恒心，容易轻信奸佞的谗言，孟子对此特别不满，于是不客气地对齐王说："大王您真的很不明智！天底下虽然有那种生命力顽强的生物，但是如果您把它在烈日下暴晒一天，然后再放在寒冷的地方冻十天，它怎么还能生存下来呢！我跟大王待在一起的时间是有限的，即使大王您有一点想做善事的心，可是我一离开您，那些奸臣又来左右您的思想，您又会听信他们的谗言，叫我该怎么办呢？"

随后，孟子又打了一个形象生动的比喻："下棋这件事看起来很小，但是如果你不专心，也赢不了。弈秋是全国出了名的下棋高手，他有两个徒弟，一个徒弟专心致志，认真听取弈秋的指导；另一个老是不专心，总想着有天鹅飞来，打算用箭射它。两个徒弟虽然都是一个师傅教的，又同时开始学习，但是成绩却相去甚远。这和他们的智力是没有太大区别的，而是和他们的专心程度有很大关系。"

83. "开卷有益"中的"卷"指什么？

"开卷有益"字面意思是打开书本，就有好处。现在人们常用它来鼓励人们一定要多读书，读的书多了总有好处。该成语来源于《渑水燕谈录》：宋太宗日阅《御览》三卷，因事有缺，暇日追补之。尝曰："开卷有益，朕不以为劳也。"可见，史料中该成语的来源和宋太宗有关。

宋朝初年，宋太宗赵光义给文臣李防等人下达了一个命令，就是要他们编写一部分类百科全书——《太平总类》。这部书是一部非常有价值的参考书，因为它共收集摘录了一千六百多种古籍的重要内容，分类归成五十五门，全书共有一千卷。因为这部书完稿于宋太平兴国年间，所以称它为《太平总类》。这么一部大的巨著，宋太宗规定自己要在一年内看完，也就是说每天至少要看两三卷，所以后来更名为《太平御览》。

当宋太宗决定要将这部巨著看完时，有人就说皇帝日理万机，还要去读一部这样的书，太辛苦了，就劝告皇上少看些，以免过度劳累。可是，宋太宗却说："我特别喜欢读书，书能带给我很多乐趣，多看些书，总会有好处的，况且我并不认为是劳累。"于是，宋太宗就坚持每天阅读三卷。即使有时因国事太忙给耽误了，他也要抽空补上，还经常对左右的人说："只要打开书本，总会有益处的。"因为宋太宗每天坚持阅读三卷《太平御览》，所以学识渊博，对于处理国家大事也有很好的帮助。当时大臣们看到皇帝读书这样勤奋，也争先效仿，所以读书之风盛行，平常不怎么读书的宰相赵普，也津津有味地读起了《论语》。

后来，"开卷有益"便成了成语，用于形容只要打开书本，就会有益处。后人常常用于勉励人们要勤奋好学，多读书就会有好处。

84. "杯弓蛇影" 和 "蛇" 有关吗？

"杯弓蛇影"，既是一个成语，也是一个典故。现在人们常用它讽刺那些疑神疑鬼的人。该成语源于汉代应劭《风俗通义·世间多有见怪》中记载的一个名叫乐广的历史故事：

从前有一个人叫乐广，他有一位好朋友。他的这位好朋友一有时间就来找他玩。可是，乐广那位朋友很久都没有来了，乐广很是想念，决定去朋友家拜访他。不料，他的这位朋友倚在床头，脸色发黄。乐广这才知道朋友生了重病，就问他得病的原因，朋友不愿意说。因为乐广再三追问，朋友只好说："那天在您家喝酒，看见有一条青皮红花的小蛇在酒杯里来回地游动。当时觉得特别恶心，不喝吧，您又再三劝饮，为了不扫兴，只好不情愿地喝下了酒。从此以后，一直忘不掉那件事，总觉得肚里有条小蛇在游动，想要呕吐，没有任何食欲。已经快病半个月了。"

乐广心生疑惑，酒杯里怎么会有小蛇呢？但他的朋友的确看见了，这究竟是怎么回事儿呢？回到家中，他在殿内思前想去，揣摩其中的原因，并回忆当时与朋友喝酒的场景。他偶然发现墙上挂有一张青漆红纹的雕弓，他心想会是这张雕弓在捣鬼吗？于是，他把装满酒的酒杯放在桌子上，移动了几下，的确看见那张弓的影子投映在了酒杯中，而且酒液一动，在酒杯中的影子就像一条青皮红花的小蛇在来回游动。后来他把这件事情的真相告诉了朋友，朋友才明白了是怎么回事。朋友解除了心病，恢复了健康。"杯弓蛇影"就是源于这样一个历史故事，现在常比喻那些疑神疑鬼的人。

85. "不学无术" 这个成语是怎么得来的？

"不学无术"这个成语，原指没有学问就没有办法。现指没有学识，就没有本领。出自东汉班固《汉书·霍光传》："然光不学亡术，暗于大理。"这个成语来源于西汉时期大将军霍光的故事：

西汉时期，大将军霍光深得武帝信任，在朝廷是一位非常有地位的大臣。武帝临死前，其幼子刘弗陵（昭帝）被托付给霍光辅佐。昭帝去世后，宣武帝即位。霍光掌政四十多年，为西汉王朝作出了非常重要的贡献。刘询继承皇位后，立许妃为皇后。霍光的妻子霍显是个贪图荣华富贵的女人，她想把自己的小女儿成君嫁入宫中，成为皇后。于是在许娘娘生病之际，霍显暗中买通女医，打算在许后服用的药中下毒。

结果，毒计败露，女医被抓。此事霍光丝毫不知，等事情发生了，霍显才敢告诉他。霍光非常害怕，严厉指责妻子不应该头脑发热，犯下如此大错。起先，他想去告发妻子，但是不忍眼睁睁看着妻子受牢狱之灾，思前想后，还是把这件毒害许后的事情隐瞒下来了。等到霍光死后，有人向宣帝告发了此事，宣帝立即派人去调查此事。霍光的妻子听说之后，急忙和家人、亲信商量解决的办法，最后决定召集族人打算造反。结果，造反一事走漏了消息，宣帝派兵包围了霍家，满门抄斩。这个故事讲述了霍光读的书不多，没有学识，不明白大局的道理，结果整个家族的下场都不好。"不学无术"这个成语由此得来，一直沿用至今。

86. "草木皆兵"和历史上哪个人物有关？

"草木皆兵"意思是说把山上的草木都当作敌兵。形容人在十分惊慌的情况下，容易疑神疑鬼。该成语出自《晋书·苻坚传》记载的淝水之战。

东晋时，前秦一直有吞并晋王朝的想法。当时秦王苻坚亲自率领九十万大军攻打晋国。晋国则派大将谢石、谢玄两人率领八万精兵迎战。苻坚当时很傲慢，觉得晋军的力量和自己的九十万大军相比，简直太悬殊了，根本不把晋军放在眼里。

可是先头部队首次开战就被晋军打败了，此时苻坚乱了阵脚，有些害怕。他和他的弟弟苻融连夜到前线视察敌情，发现晋军队伍严整，士兵们个个士气高昂，他们感觉晋军驻扎的巴公山上的草木都好像全是一个个的士兵。接着淝水一战，秦军彻底被晋军打败。苻坚的弟弟在战乱中身亡，苻坚也受了伤，仓皇而逃，当他听到风吹动树木的声音都以为是大批的敌军又追来了呢。这就是历史上以少胜多的淝水之战。"草木皆兵"这个成语就源于这场著名的战争。

87. 为什么用"才高八斗"比喻文采比较高的人？

　　南朝诗人谢灵运称赞三国魏诗人曹植时，曾用过"八斗"这样的比喻。他说："天下才有一石，曹子建（曹植）独占八斗，我得一斗，天下共分一斗。"后来，人们就用"才高八斗"这个成语比喻那些有较高文采的人。说到这个成语我们就不得不提一下谢灵运的故事：

　　南朝宋国的谢灵运，他的诗大多描绘一些山水名胜，比如会稽山、庐山以及永嘉等，他擅长刻画自然景物的美，是当时著名的山水诗作家。他写的诗富有很高的艺术性，注重形式美，得到了文人雅士的厚爱，他写的诗人们竞相传诵和抄录。

　　宋文帝特别赏识谢灵运的才华，不但把他的诗法和书法称为"二宝"，还赐予了他官职。谢灵运受到了宋文帝的如此礼遇，变得更加高傲自大。有一次，他喝着酒自夸道："魏晋以来，天下的文学之才共有一石，其中曹子建（即曹植）独占八斗，我得一斗，天下其他的人共分一斗。"从他的话中，我们可以看出他非常佩服曹植的才华，但是却不把其他文人的才华放在眼里，对自己的评价极高。后来，人们就用"才高八斗"或者是"八斗之才"比喻那些才华横溢的人。比如李商隐的《可叹》中就有："宠妃愁坐芝田馆，用尽陈王八斗才。"

88. "不可救药"是怎么得来的？

　　"不可救药"中"药"指的是用药治疗，意思是说病已经到了不能用药物进行治疗的程度。比喻事情已经到了无法挽救的地步。这个成语出自《诗经·大雅·板》："匪我言耄，尔用忧谑。多将熇熇，不可救药。"

　　西周后期，奴隶主贵族日益腐败，不断搜括民财，发动战争，使老百姓和奴隶苦不堪言。周厉王即位后，变本加厉，百姓和奴隶的生活更加艰难。周厉王贪财好利，将山林川泽占为己有，不许百姓进行打猎、砍柴、捕鱼等活动，还特意派人监视他们的一言一行；如果发现谁敢在背后议论他，他就把谁杀死。人民已经忍无可忍，到处都有人起来反抗周厉王，所以周王朝的统治越来越不得人心，已经到了风雨飘摇的地步。

朝中大臣看到周王朝政权正在摇摇欲坠，都不忍心而且也很痛心。大臣中比较忠心的老臣凡伯，极力劝谏周厉王改变以往的暴虐政治，施行德政，挽救最后的周王朝。可是周厉王根本就听不进去，一些权臣也嘲笑凡伯，认为他没有能力，不懂得看清时势。凡伯十分恼怒，挥笔写了一首长诗来表达自己内心焦急的心境。这首诗中有一节是："上天正在逞威肆虐，不要这样盲目开心。我这老匹夫一片诚意，小子们却是骄傲自大。我进谏的并非老昏之言，你们反倒拿来取笑戏谑。你们的气焰炽盛如火，真是病重到不能用药救活的境地。""不可救药"这个成语就是源于这样一个历史故事，后来人们就用它来形容事情已经到了不能挽救的地步。

89. "一诺千金"这个成语是怎么得来的？

"一诺千金"中"诺"的意思是承诺，本意是许下的一个诺言价值千金，人们后来用它来比喻一个人说话算数，很有信用。这个成语出自西汉司马迁《史记·季布栾布列传》中一个名叫季布的历史故事。

秦朝末年，有一个性情耿直、为人仗义的楚人，名叫季布。凡是他答应过别人的事情，无论有多大困难，他都能办到，所以受到大家的赞扬。楚汉之争时，项羽由于采纳了季布的意见，所以在战争中都取得了胜利，刘邦的军队以失败告终。

刘邦成为皇帝之后，想到了这件事之后，非常气愤，于是就下令通缉季布。曾经敬仰季布为人的人都在暗地里帮助季布。后来，季布化装后到一家姓朱的人家当佣工，那户人家知道他的身份后，依然收留了季布。后来经过朱家人的帮助，刘邦撤销了通缉季布的命令，还封了季布为郎中，后又做了河东太守。

后来，季布做大官的消息一传开，很多人都知道了这件事。季布听说以前看不起自己的同乡人曹丘生要来拜访自己。季布打算羞辱他一番，没有料到，无论季布的脸色有多么难看，说话有多难听，那位同乡还是又鞠躬又作揖的，依然要和季布拉家常叙旧。曹丘生吹捧道："我听说楚地到处流传着'得黄金千两，不如得季布一诺'这样的话语，在梁、楚两地您怎么有这样好的名声呢？我们是同乡，而我又到处宣扬你的好名声，你怎么不愿意见我呢？"季布听了他的一番话，心里十分愉悦。于是就将曹丘生以贵客的身份，留宿了几个月。曹丘生离开时，还得到了季布的一份厚礼。

后来，曹丘生又继续宣扬季布的好名声，季布的知名度越来越高。"一诺千金"这个成语就源于这样一个历史故事，影响深远。至今我们依然还在使用这个成语，用于比喻那些很有信用、说话算数的人。

90. 为什么用"乐不思蜀"比喻过得很快乐？

"乐不思蜀"本意是指过得很快乐，不思念蜀国。后来人们用来比喻适应了新的环境，并且过得非常快乐，就不会想念原来的环境了。这个成语源于《三国志·蜀书·后主传》中司马昭和刘禅的历史故事：

据《三国志·蜀书·后主传》记载，当时魏军攻入了蜀国，蜀国战败，蜀后主刘禅投降，后被送到洛阳。司马昭封刘禅为安乐公并赐予他住所，每个月给他一定的金钱，还给了他僮婢上百人。刘禅为了表达自己的感激之情，特意登门致谢，司马昭于是摆下酒宴款待刘禅，还安排了歌舞助兴。

当演奏到蜀地乐曲时，蜀旧臣们都情不自禁地开始伤感起来，因为他们的国家灭亡了，家庭有的也破裂了，每个人都泪流满面，只有刘禅一人在嬉笑。司马昭见到这样的情景，便问刘禅："你思念蜀国吗？"刘禅答道："我在这个地方过得很快乐，我不思念蜀国。"他的旧臣郤正听到了刘禅的回答，趁机悄悄对刘禅说："陛下，如果司马昭再问您，您就哭着回答他说：'先人坟墓，远在蜀地，我时时刻刻想念蜀国啊！'这样说的话，司马昭就会让陛下您回蜀国了。"刘禅听后，谨记于心。

酒至半酣，司马昭的确又发问了，刘禅急忙将郤正告诉他的话重说了一遍，只是想哭却没有掉下眼泪。司马昭听后，说："咦，这话怎么像是郤正说的？"刘禅惊讶地回答："你说得一点都没错呀！"司马昭和他左右的大臣都哈哈大笑。司马昭看到刘禅这么诚实，从此就没再怀疑过他。最终，刘禅在洛阳安享了晚年，并且流传下来了这么一个令人开怀大笑的历史故事。"乐不思蜀"这个成语由此得来，一直沿用至今。

91. "入木三分"和谁有关？

"入木三分"这个成语原是用来形容书法写得刚劲有力，现在人们多用于比喻分析问题很深刻、很透彻。你知道这个成语是怎么来的吗？为什么叫"入木三分"而不是"入木四分"或者"入木五分"呢？那我们就必须讲一讲古代著名书法家王羲之的故事：

王羲之字逸少，晋朝时会稽人，因他曾经做过右将军，所以又称"王右军"，是中国历史上最有名的书法家之一。王羲之的字写得非常好，一是和他的天赋有关系，但是最重要的还是由于他的勤奋。他为了练习写字，几乎已经到了走火入魔的地步，因为无论是走路还是休息，他都不停地想着字的结构以及用手指头在衣服上比画。时间长了，他的衣服都被弄破了。曾经他在池塘边练过字，每次写完字后，他都要在池塘里涮一下笔砚，后来整个池塘中的水都被染黑了。可见，王羲之为了练习书法下了多大的苦工。

王羲之特别喜欢鹅，所以他就经常观察鹅。从鹅的动作中，王羲之也领悟到了书法的一些奥秘，对他的书法很有帮助，他曾经因为要买自己喜欢的鹅，写了一部《黄庭经》和一位卖鹅的道士做交换，可见他爱鹅之深。还有一次，当时皇上要去祭祀，所以让王羲之在一块木板上写上祝词，然后再请人进行雕刻。雕刻的工人在雕刻时看到上面的字非常惊讶，因为王羲之的字竟然渗入了木头三分多。然后赞叹道："右将军的字，真是入木三分哪！"

"入木三分"这个成语就是源于有关王羲之的这样一个小故事，起初是形容王羲之写字的笔力极其有力，后来人们就用"入木三分"形容对问题的分析很深刻、很透彻。

92. "水深火热"是用来形容什么的？

"水深火热"这一成语原意是指老百姓遭受的苦难，就像水一样越来越深，就像火一样越来越热。后用于比喻人民生活陷入了极端痛苦之中。该成语出自《孟子·梁惠王下》："以万乘之国伐万乘之国，箪食壶浆以迎王师，岂有他哉？避水火也。如水益深，如火益热，亦运而已矣。"该成语来源于战国时期一个与战争有关的故事：

战国时期，燕王哙改革了国政，将王位传给了相国子之，而将军市被和公子平对此感到不满，于是率兵攻打子之，内战爆发。此时燕国陷入一片混乱，齐国乘虚而入，齐宣王派大将匡章率十万精兵攻打燕国。燕国百姓对内战非常反感，不抵抗齐军，出现"士卒不战，城门不闭"的局面，甚至有些地方的燕国百姓给齐军送去粮食和水源。所以，五十天后，匡章攻下了燕国国都。攻占燕国后，齐军并没有撤回的意思。匡章不约束自己的军队，士兵不断欺压百姓，这时燕国的百姓纷纷起来反抗。

此时，齐宣王向正在本国游说的孟子请教，问道："有的人劝我不能吞并燕国，有的人劝我可以吞并它，我到底该怎么办呢？"孟子回答说："如果吞并燕国，当地百姓反而很乐意，那就吞并它。古代就有这样的先例，周武王便是。""如果吞并燕国，得不到百姓的支持，"孟子又说，"那就不要吞并它。古代也有这样的先例，周文王便是。"

孟子举了这两个例子后指出："当初齐军攻入燕国，燕人送饭递水表示欢迎，那是因为燕国百姓想摆脱苦日子；而今如果齐国进而吞并燕国，给燕人带来亡国的灾难，使他们陷入水深火热之中，那他们必然会转而盼望别国来解救了！""水深火热"这个成语就是源于这样一个小故事。

93. "天真烂漫"这个成语是怎么来的？

"天真烂漫"这一成语中"天真"是单纯的意思，"烂漫"是自然的意思。这个成语常用于指人的心地比较单纯，坦率真诚。也用来比喻儿童或青少年的心地比较单纯善良。为什么会有这样一个成语呢？这就要说到南宋时期一名画家的故事：

南宋末期，曾有一位姓郑的画家以太学生的身份参加了朝廷举办的博学词科考试。后来，陆续有北方蒙古贵族侵入南宋，这位画家曾向朝廷上书主张抵抗北方蒙古贵族的入侵，但是皇上并没有采纳自己的建议。南宋灭亡后，他将自己的名字改为"思肖"。改名为"思肖"是由于当时宋朝的皇帝是赵姓，"肖"是赵的偏旁，画家这样起名是为了表示自己永远怀念南宋。

此后，这位姓郑的画家一直隐居在苏州的一所寺庙中。在郑思肖的寓所中，挂有一块非常大的匾，上面有郑思肖亲自书写的"本穴世界"四个大字。为什么要写这四个大字呢？原因在于"本"是由"大"和"十"两个字组成，如果把"十"字和"穴"字组合在一起，就成为"宋"字，再加上"大"字，意思就成了"大宋"，这样就表明自己还是生活在"大宋"的管辖范围内。有一次，他画了二卷高五寸、长一丈多的墨兰。画中的墨兰，都没有土根的。并且他还在画上题了八个字："纯是君子，绝无小人。"大家看完了这幅画后，都对他的画赞叹不已，说他的画非常自然并且富有很强的生命力。

"天真烂漫"这个成语就是从这样一个故事中得来的，当时是用于形容画家的画非常自然，生机勃勃，现在常用来比喻人们的心地单纯善良，多用于形容儿童和青少年。

94. 你知道关于"老生常谈"的故事吗？

"老生常谈"中"老生"指的是老书生。本意是说老书生常常发表的一些比较普通的言论。后来人们用于比喻那些人们经常听到的没有新鲜感的老话。这个成语来源于《三国志·魏书·管辂传》："此老生之常谈。"其中记载着关于"老生常谈"这个成语的故事：

三国时期，有一个人名叫管辂，他从小十分勤奋并且好学，思维敏捷，尤其喜爱天文知识。十五岁时，就已经熟读了《周易》，对占卜术非常了解，渐渐就小有名气。时间一长，这件事就传到了吏部尚书何晏和侍中尚书邓飏的耳朵里。那一天，正好是农历十二月二十八日，这两个大官酒足饭饱之后，觉得无聊，便派人把管辂召来为他们占卜。管辂之前听说这两人仗着曹操侄孙曹爽的缘故，胡作非为，名声很不好。他思索了一会儿，想趁这个机会给他们一个教训，灭一下他们的威风。

何晏一见到管辂就大声喊道："听说你的占卜术很灵呀，快为我算上一卦，看我有没有机会再次升官发财。还有，这几个晚上我老是梦到苍蝇叮自己的鼻子，这有什么预兆？"管辂想了一下，说："以前周公为人正直忠厚，帮助周成王建国立业，使得国泰民安；现在你比周公的职位还高，但是感激你的人却很少，害怕你的人却有很多，这恐怕是不好的兆头。你做的梦，从占卜术的角度来看，也是个凶相啊！"

管辂接着又说："要想逢凶化吉，只有多效仿周公等大圣贤们，多发善心，多做善事。"邓飏在一旁听了，很不屑，连连摇头说："这都是些老生常谈，没什么意思。"何晏顿时脸色不好，沉默不语。管辂见了，笑着说："虽然是老生经常谈论的话，也不能轻视啊！"

不久，何晏、邓飏以及曹爽三人因谋反被诛杀。管辂知道后，连声说："老生常谈的话，他们却不屑一顾，所以难怪会有这样的下场啊！""老生常谈"这个成语就是源于这样一个历史故事。

95. "四面楚歌"有着怎样的历史故事？

"四面楚歌"这一成语出自《史记·项羽本纪》，比喻四面受敌，最终处于孤立无援的困境。那么"四面楚歌"这一成语是怎么得来的，你知道吗？看完下面的历史故事你就明白了。

据《史记·项羽本纪》记载，项羽的军队驻军在垓下，士兵不断减少，粮食也快没了，并且被刘邦的汉军以及韩信、彭越的军队团团围住。夜间，项羽听到了汉军四周都在唱着楚地的歌谣，惊恐地说："汉军把楚地都占领了吗？要不然，楚人怎么这么多呢？"项羽在夜间爬起来并到军帐中喝酒。

回想过去，身边有美丽的虞姬以及宝马骓，而今……于是项羽就慷慨悲歌并作诗道："力能拔山啊豪气压倒一世，天时不利啊骓马不驰。骓马不驰啊怎么办，虞姬啊虞姬我该怎么安置你！"反复地唱着这首诗歌，虞姬也同他一起唱。项羽留下了热泪，身边的人也都低着头哭了。唱完之后，虞姬当着项羽的面自杀了。

接着，项羽跨上战马，有部下壮士八百多人跟随项羽，当晚就从南面突出重围，骑马逃走了。天亮时，汉军才察觉并立刻下令追击项羽。当项羽渡过淮河时，身边只剩下骑兵一百多人。到了一片低洼地时，汉军追上了项羽。项羽立即率兵向东走，到了东城，只剩下了二十八个骑兵，但是追击项羽的汉军骑兵有几千人。项羽已经料到这次是难逃了，最终项羽自刎于江边，刘邦独揽天下。

这个故事中提到了项羽听见四周唱起的楚歌，感觉十分惊恐，最后项羽因失败自杀，所以后人就用"四面楚歌"这个成语形容人们受到了多方面的攻击，处于孤立无援的境地。

96. 是谁"点石"能"成金"？

"点石成金"这个成语，原指仙人或者道人可以把铁石点成黄金。现在常用它比喻修改文章，可以将文章修改得更加出彩。还可以指只要对人稍作指导，就可以让他豁然开朗。

说起"点石成金"这个成语的由来，就不得不提一下古代"八仙"之一的吕洞宾的故事。从前，有一个人出身不好，家境特别贫困。但是他有一个习惯，那就是供奉吕祖，即吕洞宾，而且他的态度非常地虔诚。为什么要供奉吕洞宾呢？据说，吕洞宾是道教的先祖。他的诚意深深地打动了吕洞宾，吕洞宾决定去那个人的家中拜访他。于是，吕洞宾就选了一天，从天上降到他家。

吕洞宾见到他家十分贫穷，顿生怜悯之心，于是就用一根手指指了指那个穷人家院中的一块厚重的石头。一眨眼的工夫，石头就变成了闪闪发亮的黄金，吕洞宾说："你想要得到它们吗？"那个人拜了两次回答道："不想要。"吕洞宾十分满意地说："你如果能这样，没有私心，我可以教你成仙的方法。"那个人说："不是这样的，我想要你的那根手指头。"吕洞宾马上就不见了。吕洞宾"点石成金"的故事代代相传，后来就演变出了"点石成金"这个成语。

97. "门可罗雀"是什么意思？

"门可罗雀"这一成语，原指在门外可以张网捕雀。后形容做官的人因为事业由盛到衰后，宾客比以前少了很多。这个成语出自西汉司马迁《史记·汲郑列传》："始翟公为廷尉，宾客阗门；及废，门外可设雀罗。"

司马迁发出感叹：汉初时期，汲、郑两人都是贤能之人并位居高官，众人都十分敬畏二人，每天都有很多的客人到门上拜访。但因为他们个性十分正直，官场不容。后来二人都丢官失去了权势，生活陷入了十分窘迫的境地。此时，以前登门拜访的人都再也没有了踪影。

这样的事情也发生在了汉文帝时的大臣翟公身上。翟公曾任职廷尉，位高权重。在他当官时，家中每日来访的宾客数不胜数。但是当他丢官后，就不再有宾客造访，门外特别冷清，就可以拿着网捕捉麻雀了。后来，翟公又官复原职，宾客又继续地登门拜访，逢迎巴结。经历了这样的事情之后，翟公终于看透了人情冷暖，世态炎凉，于是在大门写下："一死一生，乃知交情；一贫一富，乃知交态；一贵一贱，交情乃见。"用来告诫世人，要懂得认清世间的人情冷暖。

司马迁就用汲、郑二人和翟公的故事，表达出对官场中人情冷暖的感叹。

后来，人们就将这个故事浓缩成了"门可罗雀"这一成语，形容为官人官场失利后宾客减少的情景。

98. "呆若木鸡"是怎么来的？

"呆若木鸡"这个成语，最初是一个褒义词，形容精神十分专注。后来，人们把它用作了贬义词，形容一个人有些痴傻发愣的样子。这个成语出自《庄子·外篇·达生》："几矣。鸡虽有鸣者，已无变矣，望之似木鸡矣，其德全矣；异鸡无敢应者，反走矣。"

"呆若木鸡"这个成语源于一个寓言故事：周宣王特别喜爱斗鸡，但是对训鸡不在行。正好有一个名叫纪渻子的人，奉命为周宣王训练斗鸡。纪渻子把鸡训练了十天后，周宣王就问纪渻子是否已经把鸡训练好了，纪渻子回答说还没有，因为这只鸡面有凶色，但是缺乏底气。又过了十天，周宣王再次询问，纪渻子说还不行，因为这只鸡看到其他鸡的影子，还是会感到紧张，说明还有好斗的心理。

又过了十天，周宣王按捺不住，再次去问，但还是不行，因为纪渻子觉得这只鸡还是有些浮躁，不够淡定。这样又过了十天，纪渻子终于说差不多了，它已经有些呆滞，看起来就像一块木头，说明它已经进入到最好的状态了。宣王就把这只鸡放进斗鸡场。别的鸡看到这只"呆若木鸡"的斗鸡，闻风而逃。

其实，"呆若木鸡"并不是真的呆，而是有很强的战斗力，不用进攻就能使其他的鸡望而生畏。因此，"呆若木鸡"就是斗鸡的最高境界。"呆若木鸡"就是源于这样一个寓言故事。

99. 为什么用"一目十行"形容读书速度快？

"一目十行"这一成语是用于形容看书的速度非常快，这个成语出自《梁书·简文帝纪》："读书十行俱下。"以及《北齐书·河南康舒王孝瑜传》："兼爱文学，读书敏速，十行俱下。"这个成语的来历，有一个关于梁简文帝的故事。

根据《梁书·简文帝纪》中记载，南朝梁武帝萧衍总共有三个儿子，其中一个儿子萧纲从小就聪明伶俐，机智过人，才华横溢。据载，萧纲自幼就非常喜欢读书，而且读书速度还很快。他六岁时就能写文章，他写出的文章不但语句流畅，并且文章特别出彩，辞藻华丽，文笔优美。父亲夸赞萧纲说："我这个儿子马上就要赶上七步成诗的曹植啦！"

后来，萧纲对书本已经非常痴迷，特别喜欢读书，而且萧纲读书的速度特别快，一只眼睛看过云，就能了解十行文字的内容。萧纲博览群书，学识渊博。在所有的书籍之口，萧纲特别钟爱诗辞歌赋，下笔就能写出一篇，而且能够写得非常优美。再加上他办事十分干练，在他十几岁就能独立解决出现的问题。

萧纲如此有学识和才干，后来就继承了王位，成为了梁简文帝。"一目十行"这个成语就是根据梁简文帝这样一个读书的故事演变过来的。

100. "高屋建瓴"是用来比喻什么？

"高屋建瓴"这个成语原指从高屋脊上往下倾倒瓶中的水，形容居高临下、不可阻挡的趋势。该成语出自《史记·高祖本纪》："地势便利，其以下兵于诸侯，譬犹居高屋之上建瓴水也。"这个成语是怎么来的呢？

楚汉时期，汉朝大将韩信在战争中立下了大功，开始骄傲自满。齐地被平定后，他向汉王刘邦提出了封自己为"假齐王"的要求。对此，刘邦非常恼怒，骂韩信是痴人说梦！他的属下张良看完信，劝道："目前，我方不敌楚军，韩信手握大部分兵权，大王不如答应他的要求。"刘邦于是就封了韩信为齐王。韩信便答应攻打楚霸王。战争结束，楚霸王战败，拔剑自刎。刘邦担心韩信威胁到自己的权位，就没收其兵权并改封韩信为楚王。

公元前202年，刘邦做了皇帝，即汉高祖。不久，韩信就被人告发私藏项羽的大将钟离昧，有造反之心。为了自保，韩信向刘邦献上了钟离昧的人头。但是刘邦依然命武士将他绑了起来。大夫田肯知道此事后，就来向刘邦表示祝贺说："一是韩信的束手就擒；二是陛下牢牢地控制着三秦，陛下占据这样雄险的地势，可以轻而易举地控制、驾御诸侯，就好像把瓶子中的水从高高的屋脊往下倾倒那样简单。"田肯又说，"齐地两千多里，七十余城，控制好这重要的位置，就能以一当十。但是这么重要的地方，非亲子弟是不能封他做齐王的。"刘邦听出了田肯在向韩信说情，念在韩信曾有定三秦、平齐地的功劳。于是，刘邦就赦免了韩信并封他为淮阴侯。"高屋建瓴"这个成语就是源于这个历史故事。

101. 为什么讨论问题叫"切磋"？

"切"与"磋"原本的意思是指磨砺。在我国古代，"切"就是把骨头加工成器物；而"磋"就是将象牙加工成器物。据《尔雅·释器》中记载："骨谓之切，象谓之磋，玉谓之琢，石谓之磨。"这里对古代常用的切、磋、琢、磨四种方法做了简要的介绍。

在使用每一种方法时，都必须经过一个仔细研究的过程，只有经过这样一个过程，才能够成为器物。在《论衡·量知》中就有相关记载："切磋琢磨，乃成宝器；人之学问、知能、成就，犹骨象玉石切磋琢磨也。"这里就把人的学问、才能以及成就等和宝器的琢磨连在一起，形象且生动。意思就是说人们只有经历了艰苦磨砺的过程才能得到一个好结果。即要经过"切"和"磋"的过程。后来人们就把在一起探讨、研究学习的过程叫作"切磋"。

102. "义结金兰"和"兰花"有关吗？

"义结金兰"就是指朋友之间因为关系比较好结成了异性的兄弟姐妹。这个说法最早和兰花有关。

关于"义结金兰"来历在《易·系辞卜》中就有相关的记载："二人同心，其利断金；同心之言，其臭如兰。"这意思就是说朋友之间的深厚友情具有非常大的能量，可以斩断金属，朋友之间的言语就像兰花一样散发着一股香味。在《世说新语·贤媛》中同样有相关的记载："山公与嵇、阮一面，契若金兰。"这里是用来比喻嵇康、阮籍以及山涛三人之间的友情之深厚，非常有默契。

在"义结金兰"时，人们一般要交换金兰谱或者兰谱。兰谱或者金兰谱是一种谱帖，所以我们还可以把结拜称为"换帖"。结拜之时，每人在一张红纸上分别写出自己的姓名、籍贯、生辰八字及父母、祖和曾祖三代的姓名，写好之后相互交换。接着摆上天地牌位，依照年龄的大小顺序，依次焚香叩拜，一起读誓词。

后来，人们就根据这些典故把朋友之间因志趣相投进而结成好兄弟或者好姐妹的行为称作"义结金兰"。

103. "桃花运"是怎么来的？

我们常说的谁走了桃花运，就是指这个人很受女孩子的欢迎。那么为什么说"桃花运"而不是"杏花运"或者"梨花运"呢？

其实，追溯历史我们会发现，自古以来桃花和女子有着很密切的联系。在《诗经》中就有关于女子和桃花的渊源的诗句："桃之夭夭，灼灼其华。之子于归，宜其室家"，该句诗讲述的是女子出嫁时的情景，还夸赞了新娘的美貌和德行。这里说了女子和桃花的渊源，下面是关于"桃花运"的来源。

据说"桃花运"一词来源于中国传统命理学的重要支派——紫薇斗数。紫薇斗数是把人出生的年、月、日、时作为依据来确定十二宫的位置。十二宫分别是子女宫、兄弟宫、财帛宫、迁移宫、奴仆宫、夫妻宫、官禄宫、福德宫、田宅宫、父母宫等，然后再把各宫的星群结合着《周易》的卦爻，就能预测人的命运。

那么，命理中的"桃花运"就是根据"生辰八字"中五行所处的"长生，沐浴，冠带，临官，帝旺，衰，病，死，墓，绝，胎，养"的位置来判断是否能交桃花运的。如果大运和流年运行到了"沐浴"这个阶段就可以称作"行桃花运"，这就是"桃花运"的由来。

104. "五花八门"是什么意思？

关于五花八门的说法有两种：一种说法是指古代战术中的阵势；另一种说法是指江湖中的各种行业。

第一种说法是指古代战术中的阵势。"五花"和"八门"分别指的是"五行阵"和"八门阵"。春秋战国时期，有不少的军事家和战略家都对这种五行阵略知一二。五行是指水、木、金、火、土。五行就是指构成各种物质的五种元素。与此同时，五行还可以代指红、黄、蓝、白、黑五种色素，它们在一起进行组合可以变幻出多种颜色。

八门阵也称八卦阵，它是依据八卦的次第列为阵势的。虽然听起来八卦很少，但是，八八就可以变成六十四卦，这样的阵势常常使敌方的军队感到变幻莫测，晕头转向，摸不着南北。据说，春秋战国时期的孙武和孙膑是最早运用八门阵的人。三国时期，诸葛亮又在八门阵的基础上展成了"八阵图"。

第二种说法是指江湖中的各种职业。五花分别是金菊花、土牛花、火棘花、木棉花以及水仙花。它们分别代表的职业是卖茶的女人、挑夫、玩杂耍的人、上街为人治病的郎中以及酒楼的歌女；八门分别是门调、门彩、门挂、门平、门皮、门团、门聊以及门巾，它们分别代表的职业是搭篷扎纸的人、变戏法的人、江湖卖艺的人、说书评弹的人、卖草药的人、街头卖唱的人、高台唱戏的人以及算卦的人。

105. "坐山观虎斗"这一典故从何而来？

"坐山观虎斗"意思原本是指坐在山上观看两只老虎相打架，形容在一旁观看别人之间的斗争，然后从中轻而易举地得到好处。这个典故出自司马迁的《史记·张仪列传》。

战国时期，有一年，韩国与魏国交战，战争持续了很长时间，一直处于僵持状态。秦惠王有派兵讨伐的想法，但是在作这个决定之前，他想先听听大臣们的意见，但是大臣们各持己见，各有各的道理。当大夫陈轸返回到秦国之后，秦惠王就派人把他请来帮忙出主意。陈轸并没有正面回答秦惠王的问题，而是先讲了一个故事："从前有个人名叫卞庄子，一次他看见了两只老虎，于是就想拿起剑准备刺向那两只老虎。结果，一旁的人就劝诫他说：'你不用这么着急地杀掉它们，你看两只老虎正在吃一头牛，一会儿它们快把牛全部吃光时，就会因为争抢食物发生争斗，结果一定会两败俱伤，更有甚者，小老虎可能死亡。到了那时候，你再将那只受伤的大老虎杀掉，岂不是不费吹灰之力就获得两只老虎吗？'"

听到这里，秦惠王豁然开朗，说："你的意思就是先让韩魏两国先交战，并且打上一段时间，等到一个被彻底打败，另一个也因为战争遭受到一定的打击之后，我再出兵讨伐，这样就可以轻松地打败两个国家，就和卞庄子刺杀老虎一样，坐山观虎斗，一石二鸟，是吧！"陈轸点头，说："的确如此！"秦惠王采纳了陈轸提出的意见，结果取得了胜利。

第三章

社会经济

106. "酒旗"在古代有什么样的作用？

酒旗也可以叫作酒望、酒帘、青旗、锦旆等。酒旗在我国具有非常悠久的历史，它是一种最传统的广告形式。据《韩非子》中记载："宋人有沽酒者……悬帜甚高。"其中"帜"就是指酒旗。

在古代，人们使用酒旗一般有两个作用。第一个作用，酒旗就相当于现在的招牌、灯箱或霓虹灯之类。那么酒旗一般放在什么位置呢？古代店家将酒旗写上自家店的字号后，会把它悬挂在自家的店铺上面，也可能会挂在屋顶房前，也有可能立一根望杆，把酒旗绑在上面，迎风飘扬，达到吸引顾客的目的。还有的店家直接在酒旗上写明了自己的经营模式、售卖数量等内容，可以让顾客在最短的时间内了解到这家店经营的主要内容是什么。比如大家喜欢看的四大名著之一的《水浒传》中武松打虎那一段故事，武松打虎之前所进的那家店的招旗上就写着"三碗不过冈"的文字，用来吸引顾客的到来。

除此之外，酒旗还有另外一个重要的作用，那就是酒旗的升降是有一定的含义的，它标志着店家是否有酒以及是否营业。每天清晨，店家如果把酒旗高高悬挂，那就表示开始营业，店家有酒可以出售；如果收起了酒旗，那就说明店中的酒已经卖完了，预示着你要到别的酒家喝酒了。如《东京梦华录》里说："至午未间，家家无酒，拽下望子。"其中，"望子"就是酒旗。归根到底，酒旗就是一种广告形式。

107. "金错刀"是一种什么样的货币？

"金错刀"是一种古代货币，它是在新莽年代制造的一种以金属为主要材料的货币。刀币是在贝币和金属贝币之后流通使用的一种古代钱币。

春秋战国时期，生产力不断发展，已经有一小部分割据国开始制造并使用这种刀形的货币。因为这种汉刀币，是在王莽篡汉后铸的一种货币，所以称"金错刀"。那么这种货币是什么样的呢？据史料记载：字为阴刻，字陷处由黄金填充，经过打磨，使字面与钱面平齐。另外，刀身上铸有阴文"平五千"三字，这里的"平"是"值"的含义，即表示一枚刀币的价值等于五千。

这种刀币的造型特别独特，韵味十足，摒弃了春秋战国时期刀币的形制，透露出一种秀美的气息。币面上的铭文"一刀平五千"五个字看上去非常生动形象，承袭了战国时期币面铭文"一笔过"的特点。虽然新莽钱币上的钱文纤细，工艺比较讲究，而且钱币版别较多，但是钱文主要以悬针篆为主。这就是古代名为"金错刀"的一种货币。

108. "御书钱"是一种什么样的钱?

御书，是指皇帝亲笔书写的钱文。那么御书钱就是皇帝亲笔书写钱文的钱币。御书钱的出现还要归功于北宋太宗皇帝赵光义，是他开创了这一先河。

宋太宗时期，经济和文化艺术发展比较迅速，货币需求量不断增大，再加上宋太宗赵光义特别喜爱书法，尤其喜欢亲笔题写钱文。宋太宗并不是为了玩弄笔墨，只是由于特别喜爱，甚至到了一种痴迷的地步，这也是御书钱出现的一个原因。人们常说，篆刻难，书匾难，制钱文难是书法在运用时最难的三点。这三个难点中，方印、书匾还比较容易，而在圆钱上铸字是最难的。因此，御书钱要求帝王的书法水平必须特别高。

宋太宗赵光义生性好学，除了兢兢业业地管理自己的国家外，还有很多的才艺，尤其是对书法有着浓厚的兴趣。他曾经让人整理过《淳化阁帖》，还经常亲自书写一些赐予众位将士。宋代书法家米芾曾经夸赞宋太宗的字："真造八法，草入三昧，行书无对，飞白入神。"由此可见宋太宗有着很高的书法水平。淳化元年(990年)，宋太宗亲自用真书、行书和草书这三种字体书写了"淳化元宝"钱文，铸成新币，开了铸造"御书钱"的先河。一个年号钱的钱币上面有三种字体，在中国货币史上也是从来没有的，这也是我国古代最早的"御书钱"。

109. 商人是怎么产生的?

我国历史上有个著名的奴隶制王朝叫商朝，而自古以来我们就把做买卖的人叫作商人，商人和商朝是不是存在着某种关系呢？

答案是肯定的，商人这个买卖人的统称就是源自商朝。商业的产生是很早的，古人也有各种不同方面的需要，这就需要用自己富余的东西来交换自己迫切需要的东西，于是这种最初的以物易物的农贸交易就出现了。在我国的商代，这是一个奴隶制的繁荣时期，社会的生产力有了发展，商朝的一部分人专门从事商品的流通和交换，这部分人就是商族。商族主要在漳河流域和别的部族进行贸易，而商朝六百多年的时间里，虽然几易都城，但是也都在漳河流域。

武王灭商后，为了防止商朝人的反抗颠覆，巩固自己的周王朝政权，彻底地消除商朝的隐患，采取了一系列的有关措施。周王朝把商朝的经商遗民统一地集中管理，严格限制他们的生活行为，不准他们从政为官，也不分给土地，只准他们从事贸易商业活动。这部分人还冠以一个在当时具有轻蔑意味的名字：商人。

由于商族人早已以善于贸易闻名于诸部落，再加上周朝对其生活职业的进一步限制，所以，人们就慢慢地习惯把做买卖的人叫作商人了。岁月荏苒，王朝也走马灯似的几经更送，但是，商人这个生意人的称号，三千多年来一直沿用着，直到今天。

110. "飞钱"是货币吗？

"飞钱"又称"便换"，它并不是一种货币，只是中国早期的一种汇兑业务形式，它本身是不能参与流通的，因为它并不能行使货币的职能。那么"飞钱"最早出现在什么时候呢？

据有关史料记载："飞钱"最早出现在唐宪宗元和初年，当时商人出外经商时，由于要携带大量的铜钱，造成很大的不便。所以他们就先到官方开一张凭证，上面记载着商人要去的地点和钱币的数量，等商人到达了目的地后，就拿着那张凭证到异地取出钱然后购买货物。这张凭证就是"飞钱"。

因此，"飞钱"并不是真正的纸币，只是一种汇兑业务的形式而已，所以"飞钱"并不是货币。古代"飞钱"的办理有两种形式，第一种是官办，就是商人将钱交给由诸军、诸使或者是诸道设立在京城的"进奏院"，然后商人再拿着凭证到指定的地方取钱；第二种是私办，就是商人在各道有联号或在主要城市有交易往来，代营"便换"。这种汇兑形式一方面可以减少铜钱的需求量，缓解钱币的缺乏，同时为商人出外经商提供了便利的条件。

111. 明清时期，能够容纳百川的商帮是哪一个？

历史上能够容纳百川的商帮就是龙游商帮，它是在徽商、晋商争雄之际，兴起于浙江中西南部的一个影响力比较大的商帮。这个商帮中因为龙游县的商人最多，经商手段极为高明，所以称为龙游商帮。

龙游商帮虽然地理位置不好，比较偏僻，但是却有着开放的心态，思想观念特别新潮。这主要表现在两个方面，一个是这个商帮在投资方面具有敢为天下先的胆识，另一个方面是这个商帮有容纳百川的胸怀。明清时期，许多商人把自己在经营活动中赚来的钱都用来购买土地或者是用于借贷和经营典当，为了使自己能够有比较稳定的收入。但是龙游商帮却没有像其他商帮那样，而是将钱用于投资，为的是发展手工业和工矿产业，这样给当时的封建社会带来了一种新的生产关系即雇佣关系。这一点体现了龙游商人有敢为天下先的投资胆识。

龙游商帮对外地的商帮并不排斥，并且和外来的商帮搞好关系，还吸纳外来商帮的人才为己，一定程度上促进了龙游商帮的发展，这一点体现了龙游商帮有容纳百川的胸怀。这样一个地理位置偏僻，没有官府的支持，也没有强大的后盾的商帮，但是却能在众多商帮中生存下来，大概就是由于龙游商帮的这两个优点的原因。

112. 谁被称为商业界的"鼻祖"？

王亥是我国文字记载中从事商品买卖交换的最早的一位商族部落首领。把王亥当作我国商业界的鼻祖，拥有中国商业第一人的名号是名副其实的。

商族人的祖先曾经协助大禹治理洪水，水患平息之后，因功被大禹分封到了一个叫作商的地方，因其地名，被人称为商族。这一点古今一样，今天我们也常常根据人的籍贯称呼他们是北京人、上海人、广东人等。

据说王亥是个英明的部落首领，聪明能干。他也是一位出色的商人，常常带领着部落的人们，赶着牛车，往返于黄河两岸，到各个诸侯国中互通有无，进行贸易。史料记载，王亥后来被别的部落见财起意，谋杀而死，这也是我国为商业贸易献身的第一人。

113. 为什么人们把钱称为"孔方兄"？

中国古典文学作品中常把钱称为"孔方兄"，如明朝凌濛初的《红拂记·第三出》："他不过向孔方兄告得个长头假。"那么，为什么古人把钱称为"孔方兄"呢？

据专家考证，中国最早使用的货币是商朝的贝币。直到春秋战国时期，人们才开始使用金属货币，比如布币、刀币等，样式很多，没有统一的标准。秦朝时期，秦始皇统一货币，废除了先秦各国流通的布币、刀币、蚁鼻钱等，将"半两钱"作为全国通用的铸币，民间将它称为"铜钱"，自此铜钱就成为中国历代最为通行的钱币样式，直到清朝才被废除。

半两钱，圆形中间有一个方形的小孔，它的上面写有"半两"二字，不太重，使用起来非常方便。古人之所以把铜钱称为"孔方兄"是有原因的，晋朝鲁褒所撰《钱神论》中记载："亲爱如兄，字曰孔方。失之则贫弱，得之则富强。"意思是说对于世人来说，钱就像是一个神奇的宝贝，大家就像敬爱自己的兄长一样敬重它，没有了它人们就会变得贫困衰弱，有了它人们就可以富裕强大。后来，人们就给它起了"孔方兄"这个名字。

114. 商界圣人——范蠡

范蠡在辅佐越王勾践打败吴国后，审时度势，不贪恋功名利禄，携西施急流勇退。他以布衣之身隐姓埋名，躬耕于乡野，兼营商业，自称陶朱公。短短的时间内，三次经营起万贯家财，但范蠡为人慷慨，三次散尽千金，为了不让百姓感谢他，三次搬迁。后来被当地的人们尊为财神。

范蠡的经商思想是很丰富的，时至今日，他的许多观念仍然没有过时，依然是正确的，透露着智慧的光辉。比如"夏则资皮、冬则资绨、旱则资舟、水则资车，以待乏也"。这些话充分体现了范蠡的先见之明，显示了未雨绸缪、防患于未然的人生智慧，不单单适用于经商，也适用于整个人类活动。由于范蠡多方面的成就，后人常常这样赞誉范蠡："忠能治国、智可保身、商能致富、名扬天下。"

115. 古代也有名片吗?

名片,又称卡片,现在在商业交往中,人们用交换名片的方式来认识新朋友或者快速地介绍自己。你知道最早的名片是什么时候出现的吗?

其实,封建社会就已经出现了名片。战国时期,随着铁器等先进生产工具的使用,大大促进了经济的发展,文化发展的速度也随之加快。比如,当时以孔子为代表的儒家思想以及其他一些流派的发展呈现出了一种百家争鸣的局面,各国在扩张自己疆土的同时,也在不断地传播自己本国的文化,在战争的背景下也出现了不少贵族。

特别是在秦始皇统一中国后,文字得到了统一,也分封了很多的诸侯王。诸侯王当时必须每隔一段时间上京述职,所以为了和朝廷当权者搞好关系,就不可避免地要经常性地联络感情,为了满足交流的需要就出现了"谒"。当时,"谒"就是拜访者把自己的名字和相关的介绍文字书写在竹片或木片上,也就是现在的名片。直到清朝时期才正式有了"名片"的称呼。

116. 中国古代的几条丝绸之路

能被称作中国古代的丝绸之路的,主要的就有四条。我国是著名的四大文明古国,历史悠久,曾经是世界上最繁荣昌盛的国家,我国和世界上的其他国家在进行贸易的历史长河中,东、南、西、北各个方向都产生过重要的贸易通道,主要就是这四条被称作丝绸之路的通道。

第一条丝绸之路人们最熟悉的,也是最著名的。它的最东端在我国的历史古都洛阳、西安,自此一路向西,经过我国的甘肃、新疆,到达中亚、西亚,最终抵达欧洲。这条通道也被称作"沙漠丝绸之路"、"绿洲丝绸之路"。

第二条丝绸之路走的是海路,所以被称为海上丝绸之路。

第三条丝绸之路也叫草原丝绸之路,东部的起点在我国的内蒙古地区,沿途多是草原文化区,具有羽显的草原风情,因此得名。

第四条丝绸之路也叫南方丝绸之路,中国境内的起点是我国西南的经济中心成都。

四条重要的丝绸之路，在历史上的不同时期都曾经是重要的贸易大通道，并且为中外不同民族间的交流发挥了重要的作用。

117. 金银作为货币流通是在什么时候？

其实，早在商朝时期或者更早的时期，中国就已经将金银作为一种货币了，只是当时使用的人群比较少。

战国时期，金银作为货币使用人群逐渐增多。具有统一质量的楚国金爰就是在考古时被考古学家发现的。当时，把金银作为货币使用是一种财富的象征，所以一般人还是不使用金银作为货币，只是作为贵重货币使用。人们还是使用铜质货币的次数比较多。宋朝时期，出现了银圆和金圆。

明朝时期，随着经济的快速发展，白银的价值得到了提高。虽然铜钱这种不同货币不能适应经济的发展速度，但是还是没有将金银作为货币流通，这时的白银黄金只是作为称量货币使用。除了国家，民间是没有固定质量的白银黄金货币流通的。

鸦片战争前后，通过各种对外贸易，国内不断涌入国外的是固定贡量的白银货币。鸦片战争后，有些地方自制了一些成色不一的固定贡量的银圆，但是并没有广泛流通。光绪年间，大龙图案的机制银圆大量制造后，各省开始不断仿制，广为流通。民国三年，袁世凯头像银圆的发行，才真正标志着银圆正式作为流通货币出现。新中国成立后，银圆才真正地退出经济舞台。

118. 杨坚如何开创了隋唐的黄金时代？

隋文帝（公元541—604年）名杨坚，汉族，鲜卑赐姓是普六茹，小字那罗延。公元581年二月甲子日，北周的静帝以杨坚众望所归下诏宣布禅让。杨坚登基称帝，定国号为大隋，改元开皇，宣布大赦天下。

杨坚鉴于东汉末期至隋南北分裂达300多年之久，民生困苦，国库空虚，因此在其统一天下后，以富国为首要目标，轻徭薄赋以解民困，在确保国家赋税收入之同时，稳定民生。由于南北朝以来，户籍不清，税收不稳，杨坚在开皇五年，接纳尚书左仆射高颍的建议，推行输籍法，做全国性户口调查，增加国家税收，改善经济，清除魏晋南北朝以来隐瞒户籍的弊端，促成开皇之盛世。

隋初经历南北朝战乱，民生疲弊，杨坚接纳司马苏威建议，撤销盐酒的专卖权，其后又多次减税，减轻人民负担，促进国家农业生产，稳定经济发展。隋朝的强大并不是源于对农民的税收，其根本原因是与全国推行的均田制有关。这一举措增加了赋税，又提高了农民生产的积极性，稳定了经济发展，而且南朝士族由衰弱开始消亡。可见，均田制能顺利推行，对隋初经济发展起到了决定性的作用。

除此之外杨坚还在地方行政方面实施改革。杨坚于开皇三年，废除郡制，实行州县二级制，使国家地方行政逐渐有效地实施起来。正如著名学者钱穆所言："开皇之治的成功，简化地方行政机构是一个基本因素。据统计隋初中央政府开支减省三分之二，地方政府之开支减省四分之三，全国于行政之经费，仅及南北朝时代开支三分之一而已。故隋国库之丰积，不无原因。"在隋文帝统治的最初二十多年间，政治清明，人口增加，府库充实，边境稳定，社会呈现了一片繁荣，历史称为"开皇之治"。

119. 中国历史上的四次海禁

海禁就是指中国古代政府为了保障沿海经济的健康发展，维护社会的稳定以及制止非法走私行为实行的一种贸易政策，又称洋禁。

元朝时期，海外政策同以往的相比更具开放性，但是元朝出现了四次海禁，并且曾经罢废过市舶机构。元朝是第一个施行海禁政策的朝代。海禁虽然对元朝海外贸易影响不大，但是足以说明元朝的统治者试图加强对海外贸易的控制。元朝海禁从元世祖末年到英宗至治二年（1322 年）前后出现了四次海禁。

第一次海禁发生在至元二十九年（1292 年）八月，世祖"以征爪哇，暂禁两浙、广东、福建商贾航海者"开始，至元三十一年（1294 年），"成宗诏有司勿拘海舶，听其自便"结束，持续了大约两年。

第二次海禁发生在大德七年（1303 年），是以"禁商下海"取消市舶机构为开端的，到武宗至大元年（1308 年），"复立泉府院，整治市舶司事"结束。因为自唐中叶以来，市舶机构一直是管理海外贸易的主要机构，它的兴废和海禁有着密切的关系，所以，"整治市舶司事"标志着第二次海禁结束。

第三次海禁是开始于武宗至大四年（1311 年）市舶提举司的取消，据史料记载："至大四年罢之，禁下番船只。"到仁宗延祐元年（1314 年）七月"诏开下番市舶之禁"，又重新建立了市舶提举司，这标志着第三次海禁的结束。

第四次海禁是从元延祐七年（1320 年）四月开始，它的标志是英宗"罢市舶司，禁贾人下番"，到了英宗至治二年（1322 年）三月结束，史料记载："复置市舶提举司于泉州、庆元、广东三路。"这标志着第四次海禁结束。一直到元朝灭亡，市舶机构就再没有发生过变动。

120. 古代的钱庄是做什么的？

钱庄是最早的银行雏形，它是在明代中叶出现的一种信用机构。这种信用机构起源于兑换，后来才逐渐有办理存放款项和汇兑的业务。在不同的区域，钱庄的名字有所不同，比如有的称为银号，有的称为钱店。

钱庄信用放款、抵押放款、短期拆息等业务的发展对当时刚起步的民族工商业的发展起了很大的促进作用。当时钱庄往来的存款当中有一部分是政府的公款，但是大部分还是商人的存款；钱庄放款的对象以商号为主，一定程度上推动了经济的发展。

民国初期，钱庄汇划业务得到快速发展，已深入内地。一些钱庄就通过和其他钱庄通过建立业务联络网、有联号、代理等方式，向内地发展。比如上海钱庄就是典型的例子。还有一些外国银行操纵国内的口岸钱庄，使口岸钱庄与内地钱庄建立联系，然后根据合约办理汇划，有效地控制内地钱庄的金融。这样一来，钱庄每年的进出额就达千万两，成为了外商对华收购倾销原料商品的渠道。

钱庄经营的范围还有生金银买卖以及识别各种金属货币的真假等，并对其价格进行核定。有些实力比较强的钱庄还兼设银炉、银楼、金店、铸造和买卖金银器饰。钱庄除了具有左右兑换的地位，还能够对银两银圆市价进行长久的控制，还可以进行证券、公债、花纱布等投机活动。

121. 中国历史上第一家票号

票号又称票庄或汇兑庄，它是山西商人资本中最著名的货币经营资本形式，也是一种专门经营汇兑业务的金融机构。

起初，商人在采购或者进行贸易往来的时候，必须要用现金进行交易，在外面挣了很多钱回老家时，还要雇用专门的镖局把现金运回家，这样不仅要投入一定的成本，而且还要承担一定的经济风险，一不小心就会出现问题。所以这些问题都迫使外出的商人不得不想出办法改变现状。

据说，山西平遥县的"西玉成颜料庄"的老板叫雷履泰，他的生意做得很大。在北京、天津、四川等地都设有分庄。其中，北京的分庄除了要经营基本的业务外，还帮助在北京的山西同乡办理相关的业务，就是帮助他们完成北京与平遥、四川或天津之间的现金兑拨。比如在北京的平遥商人可以把钱预先交给"西玉成"，然后在北京的"西玉成"就可以以书信的方式通知山西的"西玉成"总号，北京的汇款人就可以在山西直接领取现金，不用北京、山西两地带着钱奔波。刚开始这只是用于关系很好的朋友之间，没有收取任何的费用。后来人们对这一需求逐渐增多，双方一致同意的前提下，就可以收取一定的费用。雷履泰就发现了这一商机，于是放弃自己颜料的生意，将自己的店名改为"日升昌"，开始经营起了汇兑业务，这就是中国历史上第一家票号。

122. 唐太宗李世民与贞观之治

在唐朝统一全国的过程中，李世民军功甚多。他首先打败了据有金城（今甘肃兰州）一带的薛举，迫使举子薛仁杲降唐；接着又打退了倚仗突厥势力南攻河东的刘武周、宋金刚；武德四年（621年）又打败窦建德，消灭夏政权；同时迫使盘踞洛阳的王世充出降，郑随之灭亡，为统一全国奠定了基础。李世民在统一全国的过程中功业超过李建成和李元吉，但身为次子，不能继承皇位；太子李建成亦知李世民终不肯为人下，于是以李世民为一方，以李建成、李元吉为另一方，展开了争皇位继承权的斗争。武德九年六月四日，李世民发动玄武门之变，杀死李建成、李元吉，逼唐高祖李渊退位，自己称帝，是为唐太宗。次年（627）改元贞观。唐太宗即位后，居安思危，任用贤良，虚怀纳谏，实行轻徭薄赋、疏缓刑罚的政策，并且进行了一系列政治、军事改革，终于促成了社会安定、生产发展的升平景象，史称贞观之治。

贞观之治是中国封建时代最著名的"治世"。贞观四年（630），唐太宗遣李靖平定东突厥，俘虏颉利可汗，解除了北边的威胁；九年，平定吐谷浑，俘其王慕容伏允；十四年，又派侯君集平定高昌氏，于其地置西州，并在交河城（今新疆吐鲁番西北）置安西都护府。唐太宗对东突厥降众及依附于突厥的各族执行比较开明的政策，受到他们的拥戴，因而被尊为"天可汗"。十五年以江夏王李道宗送文成公主和亲于吐蕃的赞普松赞干布，发展了汉、藏两族间的经济文化交流。

太宗晚年著《帝范》一书以教戒太子，其中总结了他一生的政治经验，也对自己的功过进行了评述。贞观二十三年唐太宗病危，令长孙无忌、褚遂良在其身后辅佐李治。去世后，葬于昭陵。

123. 世界上最早的纸币是什么？

目前世界各国使用最普遍的一种货币就是纸币。因为世界上最早的纸币出现在中国北宋时期，所以说中国是世界上使用纸币时间最长的国家。

据记载，我国货币的发展大约有四千年的历史。纸币的出现是一大进步。钱币界关于最早出现的纸币说法不一：有的人认为中国最早的纸币是汉武帝时期的"白鹿皮币"；有的人认为最早的纸币是唐代宪宗时期出现的"飞钱"。

汉武帝时期，发行的"白鹿皮币"材料是宫苑的白鹿皮，每张一方尺，周边还有彩绘，每张皮币定值 40 万钱。因为当时的皮币的定值和其自身的价值相差太远，所以没有用于流通，而是用于了王侯之间的赠品，所以只能称之为纸币的先驱。

唐朝中期，"飞钱"出现的原因是由于商人外出经商时携带大量的铜钱不太便利，所以就必须到官方开一个凭证，这个凭证上面就记录着地方和钱币的数量。商人到了异地就能拿着这张凭证取出钱币。所以"飞钱"只是一张凭证，并不是真正的纸币。所以，北宋时期出现的"交子"是我国最早的纸币。

124. 云端之上的茶马古道

茶马古道是我国的另一条中外贸易的大通道。

我国境内的茶马古道在西南地区，涉及川、滇、藏三省。这个地区是我国少数民族最集中的地区，各种不同的民族文化，灿烂多姿；同时地理环境也蔚为壮观，雄壮的高原、美丽的雪山、碧绿的草原、茂密的森林、幽深的峡谷、激流的大河，这就是我国西南茶马古道沿途的景观。现在是世界著名的自然和文化的双重旅游线路，也是我国的一个文化遗产。出境后，延伸到缅甸、不丹、印度、尼泊尔，最终到达西亚和西非。

茶马古道和著名的路上丝绸之路和海上丝绸之路不同。路上丝绸之路的交通工具是有"沙漠之舟"称号的骆驼，海上丝绸之路用的是大型的海船，茶马古道上的交通工具就是马匹。这是我国西南特有的马种，个头不是很大，但是体形健壮，耐力很好。马帮正是靠这些马匹，穿行于崇山峻岭之中，行走在彩云之上，把云南著名的普洱茶输往藏区，进而远销国外。茶马古道和丝绸之路一样，沟通了中外的贸易，在中外文化的交往史上发挥了重要的作用。值得一说的是，抗日战争时期，西南成为了祖国的大后方。为了抗击日寇，打破日本的封锁，通过滇缅国际通道这条茶马古道，广大的爱国华人华侨为祖国输送了大量的抗日物资，古老的茶马古道又一次发挥了作用。

我国境内的茶马古道对我国西南地区产生了长远的影响。西南地区受自然地理环境限制，交通不便，茶马古道也因此成为了世界上海拔最高、最危险的商贸通道。但是茶马古道沟通了西南各少数民族，特别是沟通了汉藏地区，在历史上成为了汉藏地区交流的最主要的通道，促进了藏区的发展。藏区是高寒牧区，人们饮食以乳肉为主，这样可以抵御严寒，但这种饮食方式会让体内积存大量的脂肪，使人燥热。如果不喝茶叶的话，身体是会不舒服的。因为茶叶刚好具有分解脂肪、防止燥热的作用。可是茶叶是生长在温暖地区的植物，藏区寒冷，不能种植茶叶。与此同时，内地耕种和军队的作战都需要马匹，于是这种互惠双赢的茶马贸易就自然而然地形成了。当然，贸易的商品也不局限于茶叶和马匹，互通有无，内地的布料、盐巴、生活器具等，藏区的毛皮、药材等都是重要的贸易物品。

茶马古道相比其他的中外贸易大通道更加具有现实的意义，三江并流为代表的神奇自然风光和深厚的民族文化风情，是我国也是世界的双重文化遗产，需要我们好好开发、保护。

125. 元宝是怎么来的？

元宝是贵重的黄金或白银制成的一种货币。元宝内含白银较多，黄金较少。在中国货币史上，元宝起源于哪个朝代呢？

元宝最早起源于唐朝，唐朝已经出现了银制的"饼"和"铤"，因为是仰面似船，伏面似案（桌面）的船形，所以又称"银铤"。另外唐朝建中年间（780～783 年），就有人支付大笔数额的白银购买马匹的记录。这些都足以证明元宝起源于唐朝。

元代，将"银铤"正式称为"元宝"。当时的黄金叫作金元宝，银锭叫作银元宝，这些都具有一定的政治意义，同时还是固定的叫法。"元宝"是元朝之宝的意思。元朝至元三年以平准库（当时国家银库）的白银被熔铸成"锭"，只要是重量达到了 50 两，就称作"元宝"。

实际上，古代真正的元宝中间是没有凸出来的形状，和我们如今看到的元宝是不一样的。颜色是银色，也不是金黄色。元宝的样子发生变化的原因可能是因为形状和棺材有点类似。人们觉得不吉利，为了使元宝更好看、更吉利，所以有了今天的元宝。

126. 原始社会的货币

原始社会距今已有四五千年的时间，还属于我国的远古时期。当时的生产力非常低下，生产工具也比较落后，社会物质水平也不高。当时并没有货币，人们之间的交换活动只是物和物的交换。因为家庭或部落的剩余产品比较少，所以这种交换活动也不是很多。

随着经济的发展，生产力水平逐渐提高，社会不断进步，人们对于物质生活的需求也逐渐扩大，以前那种物物交换的活动已经满足不了社会生活的需要，于是贝壳这种中介物就应运而生。新时期时代，原始社会贝壳在人们的眼中就是一种非常珍贵的物质。

大约在公元前 19 世纪至公元前 16 世纪时，出现了一种贝类货币，这种贝类货币是由天然海贝加工而成的，这就是中古最早的货币。这种经过加工的天然贝币不仅美观，而且小巧、耐磨坚固、便于携带。当时我国的东海、南海等地海域主要出产这种贝币，同时也反映了当时商业的发展情况。考古学家发现在夏代的墓葬中，在人骨的头侧或在手旁有一些海贝。这些海贝和装饰品的贝饰摆放的位置完全不一样。因此，人们可以认定夏商时代海贝已经作为货币使用。

127. 百年沧桑下南洋

南洋其实不是海洋，南洋指的是东南亚。

广东和福建两省是我国海外华人和华侨最多的省份。这种情况的出现应该与广东和福建这两个省份的地理位置有关。它们都是临海省份，一个在东南，一个在南方，远离中原。在历史上，两省贫苦的人民为了谋生，就有漂洋过海下南洋的传统。一代代的华人，为了追求美好的生活，凭着勇敢坚韧的性格和勤劳的双手，逐步在南洋安身立命，并开拓出一片属于自己的事业。

如今的东南亚在世界范围内也是华人最多的地区，华人在东南亚各国都占有很大的比重，特别是新加坡，是一个华人为主的国家。华人在东南亚各国的经济界都占有很重要的地位，这不是偶然的现象，追本溯源，这都是华人一代代不间断的奋斗，靠勤劳和智慧取得的成就。华人对东南亚的开发和发展作出了重要的贡献，并一直把这种贡献延续着。

同时，我们应该有这样的认识：虽然有的人已经加入所在国的国籍，但是华人华侨仍是我们国家的财富。广大的爱国华人华侨功成名就之后，心系祖国，不忘祖国和家乡，关心中国的建设和发展，出钱出力，贡献很大。

128. 我国古代的铜钱

我国古代的金属铸币大部分都是采用硬型范、砂型范、浇注金属溶液成型的方式制造出来的，只有少部分的地区曾经采用过打制的方法，不过时间也比较短。清朝末期，已经采用机器制造法。民国时期，采用机器制造的方法已经比较普遍。

先秦铸钱时主要使用泥范和石范两种铸造方法。泥范又称为陶范，因为泥范是用泥制成坯后焙烧成的。从技术条件来看，这种制作水平要低于金属范。泥范的主要制作过程分为配料、备坯、割模和刻字等工序，原料主要是泥土，主要靠手工向上面刻字。石范比泥范进步一些，制作一次就可以使用多次，固定成型，原料主要选用容易加工的滑石，制造的过程也分为选料、备坯、制模、刻字等。

现在我们所见到的铜钱，大部分都是战国、西汉、东汉、新莽等各朝利用硬范的方法铸造出来的。钱币的具体制作过程是：首先把要铸钱币的陶范制作出来，然后陶范两两重合，使其形成范包，接着将铜熔化成铜液，把铜液注入到范包内。等到铜液冷却后，就可以打碎范包，就可以将铜钱取出来，然后用一根木棍将铜钱穿成串，打磨一下，就成了我们看到的铜钱。

129. 林海雪原闯关东

关东指的是山海关以东的我国东北地区，也就是现在的黑、吉、辽三省。万里长城最东端的这座雄关，隔开了中原和关外，更具体地说就是山海关的东门是关内关外的分界点。从清朝到民国，几百年间，以山东贫苦农民为主，为了生计，一批批、一代代的人通过山海关东门，进入关外，风餐露宿、栉风沐雨。主观上是为了生存，客观上则开发建设了东北地区，这是具有重要历史意义的。

历史上，白山黑水这块土地上生活着好几个我国的少数民族，这是一片风水宝地，是几个王朝的摇篮。它哺育了契丹族，建立了历史上赫赫有名的辽国。它更是女真族的龙兴之地，使这个人口并不多的民族在我国历史上两次入主中原，建立了金国和最后一个封建王朝清朝。但是清朝时期，女真族也就是后来的满族倾族进入中原，东北地区的人口一下子减少很多。清朝统治者为了给自己留条后路，禁止汉人进入关内。但是后来，人口的不断增加，还有政治的腐败，民不聊生，山东、河北的贫苦农民为了生存，冒着被惩罚的危险，自发地形成了到关外谋生的习俗，持续了数百年，史称闯关东。

近代中国内忧外患，割地赔款。沙俄侵吞我国北方的大片领土，更对我东三省觊觎良久。这段悲壮的汉族迁移，填补了满族入关后的人口空虚，充实了东北地区的人口，同时积极地建设和开发了这片辽阔肥沃的黑土地。

现在，东北地区对我国的重要性不言而喻。这里是我国最重要的粮食产区和重要的国家商品粮生产基地、最重要的林业基地。这片土地有大江大河、森林矿产，是我们安身立命的理想家园。

130. 乾隆皇帝与康乾盛世

乾隆（爱新觉罗·弘历）于1736～1795年在位，是雍正皇帝的第四个儿子。乾隆帝即位后励精图治，使清王朝达到强盛的顶峰。后人将康熙、乾隆两代合称"康乾盛世"。

纵观乾隆帝一生，在大部分时间他都能励精图治，勤政爱民，而且胸怀大志，勇于进取，知人善任，赏罚严明，在军政大事上知错能改，继而在其皇祖康熙、皇父雍正奠定的基础上，把"康乾盛世"推到了顶峰之势，形成了"大清国全盛之势"。他在文治武功两方面都作出了重大贡献，其成就超越了他的祖父和父亲。

乾隆在位时期，清政府统一了蒙古准噶尔部、回部，拓疆两万余里，使西北、北方彻底安定，漠北喀尔喀蒙古四部永远摆脱了准军的侵袭，西藏严格隶属中央，青海、四川宁谧、贵州改土归流得以坚持，云南西部民族地区牢固内附，从而最后奠定了近代中国的版图，强大的中国屹立于东方。他5次普免天下钱粮，国库存银长期保持在6000万两以上，最多时有8000余万两，在历史上实属罕见。

对外关系上，为限制英、美等国的侵略活动，乾隆曾下令只许在广州一地通商，后又严辞拒绝英国特使马戛尔尼提出的增开通商口岸、减低税率、给予租界等要求。这在一定程度上延迟了中国沦为半殖民地社会的时间。

与康熙、雍正两代相比，乾隆时国家更为强大，政局更为稳定，国库愈加充盈，农业发展，百业兴旺，城市繁荣，文化发达，"盛世"一说实至名归。乾隆帝也犯过许多错误，尤其是晚年宠信和珅，使其得以揽权纳贿，加速了吏治腐败，贪污之风贯穿朝纲，国力大损，朝政不当。虽然如此，乾隆皇帝还是功大于过，成为中国历史上执政较久、年寿最高、勇于进取的杰出的封建帝王。

131. 金额要用大写源于何时？

现在我们在金额票据上写数字，很多都要写数字的大写形式。那么数字为什么有大写和小写的区别呢？使用大写的数字难道有什么好处吗？这就要追溯到明朝时期。

据相关史书记载，明朝初年，朱元璋在位执政时，曾经发生过一件名为"郭桓案"的重大贪污案。据说当时，郭桓担任户部侍郎一职，在职期间，因为贪心作祟，所以滥用私权勾结地方官吏大肆侵吞政府的钱粮，贪污的钱粮累计达2400万石，在当时这就相当于全国秋粮实征的总数量。参与这个案件的所有人中，有12个政府高官、6个部的政府官员以及全国许多的大地主。朱元璋对这个案件的发生尤为震惊，下令将郭桓等同案犯几万人斩首示众。与此同时，他不但颁布了严格的惩治经济犯罪的法令，还在全国财物管理方面实行了一些有效的措施，其中一条就规定了记载钱粮数字的汉字用"壹贰叁肆伍陆柒捌玖拾佰仟"替代以前的"一二三四五六七八九十百千",这就是金额大写的由来。

132. 蒙汉经济大动脉"张库大道"

张库大道说的是连接河北张家口和蒙古库伦的著名商道。

我国农耕区和牧区的贸易历史由来已久。以中原为代表的农耕区男耕女织,冶铁晒盐,盛产茶叶,但是缺少耕种和作战的马匹;草原牧区则盛产马匹,但是不会织布晒盐,也没有茶叶。于是,天然地形成了互补式的需要,这样,农牧贸易就自然地产生了。张库大道就是这样一条连接农耕和游牧两种生态方式的贸易通道。人们给草原上输送布匹、茶叶和其他的生活用品,同时带回来草原上的羊皮等物品。

133. 你知道有一种无孔的"孔方兄"吗?

一说到"孔方兄",大家都会不约而同地想到秦朝那外圆内方,中间有一个小孔的半两钱。那么你知道有一种中间没有孔的"孔方兄"吗?

据记载,汉代以前我国的钱币只有汉文这样一种文字,如刀币、布币、半两、五铢钱等上面只有一种文字即汉文。到了公元 2 世纪末,西域于阗政府制造的地方货币上,就有了两种文字,分别是佉卢文和汉文,创造性地发明了二体钱,这是历史上第一次在货币上刻有多种文字。汉佉二体钱就是我们所说的无孔的"孔方兄",因为它的材质是红铜,圆形无孔,正反两面分别刻有篆书汉文和佉卢文,没有汉文的那一面中间是一匹马或者是一峰骆驼图案。

据说,佉卢文这种文字已经是一种"死文字",因为全世界几乎没有人能够读懂这种文字。据相关资料记载,目前全世界这种钱仅有 353 枚,我国仅存有 13 枚,可见它是非常稀少和珍贵的。再后来,因为这种钱圆形无孔,于是我们就亲切地称它为无孔的"孔方兄"。

134. "徽商"是何时形成的?

徽商又称"新安商人",是中国十大商帮之一。又因为徽商在发展的鼎盛时期占有了全国4/7的资产,辛勤力耕,所以又有"徽骆驼"的美称。

南宋时期,已经出现了拥有资本比较雄厚的徽商。在祁门程承津就被称为了"十万大公",程承涟被人们称为"十万二公",两兄弟合称"程十万"。还有被人称为"祝半州"的朱熹的外祖父祝确,之所以这样称呼他,是因为他经营的商店、客栈占徽州府(歙县)的一半。还有一持有巨资的大商人在徽州境内发行了"会子"。元末明初时期,徽商雄踞于中国商界。

徽商发展的黄金时代出现在明代中叶以后,一直到清乾隆末年的三百多年的时间。当时不论是在营业的范围,还是在经营的行业和资本上,徽商都处在全国各商业集团的第一位。当时徽商的经营范围特别广,不但遍及城乡,向东发展到了淮南,向西发展到了滇、黔、关、陇等地,向北发展到了幽燕、辽东等地,向南则发展到了闽、粤,不但如此,日本、暹罗、东南亚各国以及葡萄牙等地都有徽商的足迹。

到了清乾隆末年,由于封建统治的原因,徽商的处境变得不太乐观。再加上帝国主义的入侵,国外商品倾销比较严重,徽商经营的发展受到了严重的冲击,于是徽商开始走向衰落。清末和民国时期,虽然还有盐商李宗媚、歙县房地产商人程霖生等徽商发展得很好,但是拯救不了徽商的颓败之势。

135. "粤商"是怎么发展起来的?

粤商对中国现代经济起到了至关重要的作用。粤商不仅影响着广东经济的发展,还严重影响着全国各地企业群体的经济发展。

据载,唐朝时期就已经有广东的商人到海外经商。明清时期,虽然中国的资本主义发展还处在资本主义萌芽时期,但是粤商就已经在中国的商界占有非常重要的地位。粤商早期的代表在广府,主要从事外贸和运输业,当时最有名的就是十三行。粤商的发展速度越来越迅速,已经在东南亚、香港和潮汕地区遍布了足迹。主要原因是因为当时商品经济的发展、广东商品的流通量大量增加，并且还有海外移民的影响。

第二次世界大战期间，粤商的发展虽然缓慢，但是在 20 世纪 70 年代，重新在中国南部、香港及东南亚等地发展起来。粤商最早兴起于广州，正是由于兴起于这样一个千年商都，所以粤商才逐渐形成了一种独特的商业精神。正是有了这种独特的商业精神，才使粤商在经济上稳步发展，这就是粤商发展的历史。

第四章

节日节气

136. "节日"和"节气"有什么区别？

节日和节气实际上是两个不同的概念，但在生活中有时候又很容易混淆，难以区分。

日常生活中有很多的节日，比如春节、端午节、国庆节、中秋节等。我们耳熟能详，还都曾经历过这些盛大的节日。但是什么是节日呢？从字面上看，节日是个日子，日是个时间段。这样就可以知道节日是一个日期。节日是人们为了纪念某些重要的事情约定俗成的日子，是大家共同认同的民俗文化。

像我们中华民族期盼未来更加美好、合家团圆的春节，纪念伟大的爱国诗人屈原的端午节，祭奠亲人寄托哀思的清明节。还有一种像国庆节、劳动节等，是为了纪念重大意义或具有提倡性的日子从而成为共同的节日。可以看出，节日是为了我们生活的需要而大家共同认定遵守的。由于各个民族的生活地域和生活习惯的不同，因此各个民族的节日也不尽相同，各有特色。我们中国幅员辽阔，各个少数民族都有自己富有民族特色的传统节日。

在节气这个词中，"节"是环节、时机的意思，是一个时间点。二者的不同之处在于，一个是时间段，一个是时刻，即节日是时间段，节气是时刻。气则是指气候。那么，节气就是时节气候的意思，一般指我国农历中的二十四个节气。二十四节气和我国农业生产密切相关，它是古代用于指导农民耕种的一种历法，也是太阳运行周期的一种反映方式。

137. 二十四节气是怎么来的？

学生时代我们都学过一首二十四节气歌：

春雨惊春清谷天，夏满芒夏暑相连。

秋处露秋寒霜降，冬雪雪冬小大寒。

每月两节不更变，相差不过一两天。

上半年来六廿一，下半年是八廿三。

这首简洁押韵的二十四节气歌中包含了一年中的二十四个不同的节气，

分别表示了一年四个季节轮流转换和气候的变化特点。这二十四个节气从春分开始按照春夏秋冬四季如下。

春季的节气：立春，雨水，惊蛰，春分，清明，谷雨。

夏季的节气：立夏，小满，芒种，夏至，小暑，大暑。

秋季的节气：立秋，处暑，白露，秋分，寒露，霜降。

冬季的节气：立冬，小雪，大雪，冬至，小寒，大寒。

从这个排列整齐的例子我们可以看出，每个季节有六个节气，每个月两个节气，每个节气相隔半个月左右。在地球围绕太阳运行一周的轨道上，二十四个节气分别对应着二十四个不同的位置。圆周三百六十度，每十五度一个节气。

这二十四个节气中，"立"字是开始的意思，"分"是分开，一分为二的意思，是代表一种极限、转折点的。如立春这个节气的意思就是说春天开始了，春分就是春天的中间。夏至和冬至在天文学上分别挡太阳直射北回归线和南回归线，该分别回头了，但是季节还是夏季或冬季，也是两个季节刚刚过了一半的时候。其中，立春、立夏、立秋、立冬这四个立和春分、秋分、夏至、冬至八个节气代表的是四季的交替变换。这八个节气和农业耕作息息相关，也被称为"农耕八节"。小暑、大暑、处暑、小寒、大寒、雨水、谷雨、小雪、大雪、白露、寒露、霜降则是反映了相关的气候特征。惊蛰、清明、小满、芒种反映的是物候特征和现象。

二十四节气是我国的传统民俗文化遗产，是我国古代悠久的农业文明的体现，是我国劳动人民智慧的结晶。

138. "立春"这个节气是什么意思？

立春是二十四节气的第一个节气。立春的意思就是春天来了，春天开始了，立是开始的意思。

立春也常常被人们俗称作"打春"，通常在每年的 2 月 4 日或 5 日这两天。当然这基本上只适用于黄河流域，再准确地说要以我国的河南省为准。我们知道，地球上大致划分为热、温、寒三带，同一时间，南北半球的季节刚好相反，二十四节气大致是描述我国黄河流域的气候特征的。我国疆域广大，南北方自然景观各异，当黑龙江的漠河还是白雪皑皑时，海南岛却是瓜果累累，鸟语花香，所以立春不适用于全中国。各地实际上进入春季的时间是不一样的，像热带的海南岛和高寒的青藏高原的有些地区是没有春季的。

传统意义上的立春代表了春回大地，万物复苏。小草开始萌芽，柳叶开始长出。春天是希望的代表，满怀希望的春耕开始了，南飞的燕子也要返家了，一切都显得那么地有活力，勃勃生机。相关的谚语诗词也很多："一年之计在于春"，提醒人们好的开端是成功丰收的一半。有一句诗——春到人间草木知，这就是美好的立春。

139. "雨水"这一节气预示着什么？

雨水是二十四节气的第二个节气，代表降雨来了，降雨增多了，降雨减少了，气温回升了。如同说立春是春回人间的开始，而雨水则让我们明显地听到了春天的脚步，嗅到了春天的气息。

雨水基本上在每年 2 月份的 18 日左右，此时黄河中下游气温已达零度以上，油菜和冬小麦开始返青迅速生长。有诗云："好雨知时节，当春乃发生。随风潜入夜，润物细无声。"此时，不但是油菜和冬小麦，万物都在复苏。历经严冬的洗礼和储备，它们都蓄势待发，准备在这个春天展现自己勃勃生机。

然而在这个万物需要唤醒滋润的时节，春雨好像并不很多，所以人们感叹"春雨贵如油"。在农业生产上我们也要特别注意这个时节的气候变化，初春时节，乍暖还寒，最有可能出现寒潮天气，对已经开始萌芽生长的农林作物造成冻害。此外这个时候也不宜突然地减掉很多衣服，防止感冒。长久以来，劳动人民在生产生活的实践活动中创造了很多短小有趣的相关谚语："七九八九雨水节，种田不能歇。雨水节，雨水代替雪。七九河开，八九雁来……"

随着丝丝缕缕的春雨，迎着吹面不寒的杨柳风，春天来到了我们眼前。

140. 什么是"惊蛰"？

春雷阵阵，草木欣欣，地下冬眠蛰伏的小动物、小昆虫也睡醒了，伸个懒腰，舒展舒展身子，一个个争先恐后地探出头来，看看这个桃花红、梨花白、草长莺飞的世界。

这就是惊蛰时节的春天。惊蛰是春节的第三个节气，惊蛰就是惊醒了蛰伏沉睡的动物昆虫，实际上动物和昆虫醒来是因为气温上升的原因。在历法上，惊蛰通常指每年的 3 月 5 日或 6 日，惊蛰时节天气渐暖，雨水渐多，正是九九艳阳天。"草长莺飞二月天，拂堤杨柳醉春烟。儿童散学归来早，忙趁东风放纸鸢。"这是个踏青赏花的时节，同时也是农忙的季节，农谚说"到了惊蛰节，锄头不能歇"，此时是农林作物生长的一个关键时期，需要加紧管理，浇水、施肥、喷洒农药。最后附上一首有关惊蛰的诗：

观田家

韦应物

微雨众卉新，一雷惊蛰始。

田家几日闲，耕种从此起。

丁壮俱在野，场圃亦就理。

归来景常晏，饮犊西涧水。

饥劬不自苦，膏泽且为喜。

仓廪无宿储，徭役犹未已。

方惭不耕者，禄食出闾里。

141. "春分"这一节气意味着什么？

春分这个节气是春天的正中，平分了春天，所以古代又称"日夜分"、"中春之月"。

春分基本上在每年的 3 月 20 日到 22 日之间，这个时候，太阳直射赤道，昼夜平分，各为 12 个小时。春分以后太阳逐渐向北半球直射，白天逐渐变长，黑夜逐渐变短。这个时节，除了我国的青藏高原的高寒地区，就连西北和东北也进入了明媚绚烂的春季，杨柳青青，可爱的小燕子也经过跋涉飞回来了。此时的天气已经彻底回暖，寒意也已退去，油菜花散发着花香，到了"一场春雨一场暖"的时候。由于气温回升快，农林作物进入了快速生长阶段，华北地区依然是"春雨贵如油"，所以仍是农忙季节。

春分这一天，有个流传很广泛的游戏，就是"竖蛋"。关于"竖蛋"为什么在春分这一天最容易成功，众说纷纭，但其中也有不少的科学道理，有兴趣的话可以深入地了解一下这个古老的中国习俗。

142. "清明"是一个什么样的节气?

提起清明我们想到的就是清明节,是的,清明不但是我们缅怀先人、拜祭扫墓的节日,也是二十四节气之一。清明通常在每年的 4 月 4 日到 6 日之间。这个时候,我国北方风沙减少,南方雾气消退,故曰:清明。

清明节是全球华人的重要传统节日,传说起源于古代帝王诸侯,后来被广大人民纷纷仿效,在这一天祭拜先人,逐渐形成传统,成为了中华民族重要的民族节日。历来为人们重视,很多前人也给我们留下了许多和清明有关的著名诗篇。

清明

杜 牧

清明时节雨纷纷,路上行人欲断魂。

借问酒家何处有,牧童遥指杏花村。

这是很著名的一首,此外还有:

清明

高翥

南北山头多墓田,清明祭扫各纷然。

纸灰飞作白蝴蝶,泪血染成红杜鹃。

日落狐狸眠冢上,夜归儿女笑灯前。

人生有酒须当醉,一滴何曾到九泉。

清明

万宽

满城风絮一层纱,寂寂青山不见家。

料得百年身作土,人间孤月映梨花。

清明

黄庭坚

佳节清明桃李笑,野田荒冢自生愁。

雷惊天地龙蛇蛰,雨足郊原草木柔。

人乞祭余骄妾妇,士甘焚死不公侯。

贤愚千载知谁是,满眼蓬蒿共一丘。

143. 什么是"谷雨"?

谷雨是二十四节气的第六个节气，也是春天的最后一个节气。一般在 4 月的 20 日或者 21 日。谷雨意味着雨量的增加，气温的继续回升。温和的气温和相对充足的雨量对谷物的生长有很大关系，也直接关系到春耕作物的发芽。古代的"雨生百谷"就是说明了此时的气候对古代我国黄河流域的重要影响。这个时候，北方柳絮纷飞，体质过敏的人注意防范。附上些农耕谚语，让我们从一个方面了解我们这个传统农耕国家的农耕文化：

水稻插秧好火候，种瓜点豆种地蛋。

闲地芝麻和黍稷，深栽茄子浅栽烟。

谷雨前后，种瓜点豆。

谷雨栽上红薯秧，一棵能收一大筐。

144. "立夏"标志着什么?

立夏是二十四节气中的第七个节气，也是夏季的第一个节气，标志着春季的结束，夏季到来了。

立夏通常在每年的 5 月 5 日或 6 日。从这一天起，气温明显升高，渐渐由温暖上升到炎热，同时，雷雨增多，这预示着该进入炎热的夏季了。而在春季播下的种子，也在此时长大，立夏的夏字就有大的意思。

在气候学上，日平均气温达到 22 度以上被认为进入夏季，实际上此时我国只有华南一线算是真正地进入了夏季，广大的北方还处于仲春和暮春时期。这个时期也是农作物生长的最后关键时期，小麦灌浆，油菜也将要成熟，别的作物管理也进入比较忙碌的时期。我国周代是很重视立夏的，这一天皇帝要亲率文武百官到郊外"迎夏"。

立夏，各种作物生长旺盛，一派欣欣向荣的景象，水果、菜蔬、畜牧各行业都要合理管理，以取得丰收。

145. 何谓"小满"？

小满是二十四节气的第八个节气，夏季的第二个节气。小满的意思是夏季成熟的作物籽粒开始灌浆饱满，当然只是开始饱满，是小满，而不是真正的大满。小满这个节气通常在每年的 5 月 20 日到 22 日之间。

从气候学上讲，在全国范围内，从小满开始，各地区渐次进入夏季。降水增多，南北各地温差缩小。北方以小麦为主的夏粮作物要加强虫害管理，抵御干热风，突然的冰雹等自然灾害，准备迎接夏粮的丰收。

我国历代的劳动人民创造和积累了很多和小满时节相关的农谚，用于指导农耕生产，也有很多的相关诗篇，其中欧阳修的一首诗很著名：

> 南风原头吹百草，草木丛深茅舍小。
>
> 麦穗初齐稚子娇，桑叶正肥蚕食饱。
>
> 老翁但喜岁年熟，馌妇安知时节好。
>
> 野棠梨密啼晚莺，海石榴红啭山鸟。
>
> 田家此乐知者谁，我独知之归不早。
>
> 乞身当及强健时，顾我蹉跎已衰老。

146. "芒种"是一个什么样的节气？

芒种是二十四节气中的第九个节气，夏季的第三个节气。芒种这个节气的名字很形象，表面上看是可以理解为忙着播种，当然，它还有忙着收割的意思。芒种这个节气一般在每年的 6 月 6 日左右。

这是农家一年中最忙的时节，也称三夏，具体说就是夏收、夏种、夏管。

夏收指夏季成熟的农作物在这个时节成熟了，该收割归仓了。此时要抓紧时间及时收割，颗粒归仓，以免由于雨水等天气因素致使发芽霉变，在最后的阶段影响产量。

夏种是说夏季播种的秋收作物要开始播种了，不违农时，尊重作物的生长成熟自然规律，才能取得预期的丰收。相反地，如果不及时播种，错过这个最佳的耕种时间，产量肯定是低下的。

　　夏管说的是春节播种的作物此时正是生产的旺盛时期，也是一个关键的时期，要合理地加强管理，以提高产量，取得最佳的效益。

　　和其他的节气一样，勤劳智慧的劳动人民总结创造了很多相关的农谚俗语，这里略举一二：

> 芒种芒种，忙收忙种。
>
> 芒种忙，麦上场。
>
> 麦在地里不要笑，收到囤里才算牢。
>
> 麦熟一晌，虎口夺粮。
>
> 三麦不如一秋长，三秋不如一麦忙。
>
> 播夏谷，要及时，不用耕，不用翻。

　　还有很多，一叶知秋，从中可以看出我国农业历史的悠久，农民大众的智慧和辛劳。

147. "夏至" 是哪一天？

　　夏至是二十四节气的第十个节气，夏季的第四个节气，通常在公历的 6 月 21 日或 22 日这两天。夏至时刻，太阳直射地球的位置到达最北端，差不多北回归线附近。北半球的白天时间达到最长，夜间的时间则达到最短。但是，这个时候北半球还不是最热的时候，地表的热量正在不断增多积累，大概还有一个月的时间是气温最高的时候。

　　我国古人用土圭最早确定出了二十四节气中的夏至，古代先民发现这一天日影最短。夏至以后，雨量充沛，阳光充足，温度也逐渐炎热，农作物生长旺盛，一篇郁郁葱葱的景象。但同时，各种的杂草害虫也大量地滋生，需要加强田间管理。由于天气开始变得炎热，所以注意休息和饮食，保持身体健康。

148. 什么是 "小暑"？

　　小暑是二十四节气的第十一个节气，夏季的第五个节气，通常是在每年公历的 7 月 7 日或 8 日。

　　单从字面上看，暑是炎热的意思，小暑就是小小的炎热，还不是最炎热的时候。全国范围内也大致相同，进入炎热时期，逐步向最炎热的方向发展。这时候，来自太平洋的温暖季风带来了湿润的水汽，我国的广大北方进入雨季。充足的雨量满足了农林作物的生长需要，但短时间的大暴雨也往往会引发很多的灾害，不仅会造成洪涝，影响生活和农作物生长，在山区还会引发泥石流塌方等，造成生命危险，特别需要重视这个多雨的季节。

149. 什么是"大暑"？

大暑是二十四节气的第十二个节气，夏季的最后一个节气。这是一年中最炎热的时期，一般在 7 月份的 22 日到 24 日之间。

这个时期作物生长最快，同时也是各种的自然灾害最为频发的时期。由于我国地域广大，一个地方洪涝的同时可能另一个地方正在经受干旱的折磨。比如我国北方发生洪涝的同时，长江中下游可能正发生伏旱。还有就是夏季我国的东南沿海时常遭受台风的侵袭。作为一年中最热的时期，虽然对农作物的生长很有利，但是，炎热的天气对人们的生活、工作、学习也造成了不利的影响，需要防暑降温。

150. "立秋"是什么意思？

立秋是秋季的第一个节气，二十四节气的第十三个节气，一般在公历的 8 月 7 日、8 日、9 日这三日内。

立秋的意思是秋季的开始，这是和农耕相适应的农历二十四节气的说法。按照气候学划分季节的标准，五日内的平均气温要在 22 度以下才算是秋季。所以实际上，这个时候我国大部分的地区的天气还是炎热的，还不能说是进入了秋季。此时各种庄稼作物生长旺盛，玉米吐丝、豆子结荚、棉花结铃，土豆甘薯迅速膨大。各种作物都进入结实的关键时期，需水量也很大，如果发生旱情，势必会造成减产的严重后果，需要加强管理。

立秋后虽然依然炎热，还有所谓的"秋老虎"，但是，气温总体上已经由大暑的最高值下降，白天和夜晚的气温差日益增大，这也预示着秋高气爽、月明风清的秋季的来临。另外，立秋也标志着丰收季节的到来，给人以喜悦。

151. "处暑"期间，人们都做什么？

处暑是二十四节气的第十四个节气，秋季的第二个节气，基本上在每年的 8 月 23 日或者 24 日。

处暑的处字是结束，终结的意思，所以处暑就是说炎热的暑天到此结束。从这个时候开始，我们喜爱的天高云淡的秋季真正地到来了。俗语说"一场秋雨一场凉"，从东北和西北开始，从北往南，我国渐渐进入丰收的秋季。气温降低，季节变化，一不小心就容易生病，所以有了"多事之秋"的说法，这就是这个词语的来历。处暑在二十四节气里面反映的是气温的变化。金秋不仅意味着农民的丰收季节，对我国浙江的渔民来说也是一样的。每年的处暑期间，浙江的沿海渔民都要举办盛大的开渔节，标志着禁渔期的结束，同时欢庆捕鱼期的开始，庆祝祈愿出海捕鱼获得丰收。

152. "白露"预示着季节变换

白露是二十四节气的第十五个节气，秋季的第三个节气，大体上在每年的公历 9 月 7 日或 8 日。

我们都知道露水，可是你知道露水是怎么形成的吗？露水就是空气中的水汽在温度降低的条件下形成的水珠。实际生活中我们可以在早晨的近地面草木叶子上看到，那一颗颗晶莹的水滴就是露珠。白露就标志着气温降低了，天气已经转凉。这时候我们可以明显地感受到季节已经变换，炎热的夏季过去了，已经身处凉爽的秋季。季节变换，身体虚弱的要适时添加衣服，保重身体。相关的谚语很多，这里列举几个：

> 白露秋分夜，一夜凉一夜。
>
> 白露割谷子，霜降摘柿子。
>
> 白露谷，寒露豆，花生收在秋分后。
>
> 谷子上场，核桃满瓢。
>
> 谷子上囤，核桃挨棍。

153. "秋分"时昼夜平分

秋分是二十四节气的第十六个节气，秋季的第四个节气，时间上一般在公历的 9 月 22 日到 24 日之间。

按照二十四节气的划分，秋分是整个秋季的中间点，刚好把秋季平均地一分为二。在气候表现上，秋分是太阳直射赤道，昼夜平分。秋分过后，直射点逐渐向南半球移动，北半球黑夜逐渐增长，而白昼则愈来愈短。气温也是一天比一天低，渐渐地向深秋时节迈进。华北大地此时秋高气爽，万里碧空，瓜果飘香，正是美好宜人的季节。

下面附上几个相关的农谚：

> 秋分秋分，昼夜平分。
>
> 秋忙秋忙，秀女也要出闺房。
>
> 白露早，寒露迟，秋分种麦正当时。
>
> 早割豆，午拾花，摊开布单砍芝麻。
>
> 梨行卸了梨，柿子红了皮。

154. "寒露"是一个什么样的节气？

寒露是二十四节气的第十七个节气，秋季的第五个节气，一般是在 10 月的 8 日或 9 日。

从字面上看，寒露基本上理解为寒冷的露水，大体上可以这么讲。与白露相比，寒露所体现的意思是气温已经有寒冷的感觉了，露水是寒冷的了，这和凉是不同的。我国的北方将要进入深秋时节，最北部的东北和西北则将要进入冬季。白露后，随着气温的进一步降低，北方红叶白云，一片深秋的景象。南方则是另一幅景象，蝉噪荷残，一派肃杀之感。

下面将一些读起来朗朗上口的寒露农谚献给大家：

> 寒露时节人人忙。种麦，摘花，大豆场。
>
> 吃了寒露饭，单衣汉少见。
>
> 吃了重阳饭，不见单衣汉。

九月九，摘石榴。

寒露收山楂，霜降刨地瓜。

寒露柿红皮，摘下去赶集。

155. 秋季的最后一个节气——"霜降"

霜降是二十四节气的第十八个节气，也是秋季的最后一个节气，一般在每年的公历 10 月 23 或者 24。

霜只有在气温降至零度以下才能形成，由此可见霜降的意思。霜降表示天转冷了，作为秋季的最后一个节气，同时也是过渡到冬季的节气。霜降是反映我国华北黄河流域的气候特征的，我国的海南等地是没有这样的天气的。深秋时节，天气一天凉比一天，叶落草枯，连小虫子也钻到地下开始了冬眠，给人一种悲凉萧条之感。但此时枫叶变红，正是欣赏枫叶的最佳时间。

下面摘录几句相关的农谚：

寒露早，立冬迟，霜降收薯正适宜。

红薯半年粮，好好来储藏。

地瓜要坏，快切快晒。

寒露种菜，霜降种麦。

156. "立冬"表示冬季的到来

立冬是二十四节气的第十九个节气，同时还是冬季的第一个节气，通常每年的 11 月 7 日或 8 日立冬。

立冬就是冬季开始的意思，当然这只是相对于黄河流域而言的。我国南北跨越温带和热带，地形多样，各地区进入冬季的时间是不同的，这只是我国先民创造的适用于黄河流域一带的一种和农业耕作有密切联系的历法时节。我们知道"立"的意思，是建立、开始。其实"冬"这个字不单单是指冬季，它还有更加丰富的内涵。秋季各种作物收割储藏，各种动物也要么储备好过冬的食物，要么准备冬眠。所以，冬不仅仅是寒冷的意思，由此可知，立冬的全部意思是说冬季来临，万物收藏，正是寒冷的时候。古时候，人们对立冬是很重视的，在这一天，全家人做些好吃的，休息一下，同时也是对一年辛勤劳动的奖赏。

下面摘录一首有关立冬的诗：

立冬

紫金霜

落水荷塘满眼枯，西风渐作北风呼。

黄杨倔强尤一色，白桦优柔以半疏。

门尽冷霜能醒骨，窗临残照好读书。

拟约三九吟梅雪，还借自家小火炉。

157. "小雪"是一个什么样的节气？

小雪是二十四节气的第二十个节气，冬季的第二个节气，一般在每年的11月22日23日。

小雪，说明雪不是很大。此时，在蒙古高压的影响下，寒冷的北风吹来了，长江以北的广大地区气温都降到了零度以下，开始降雪。好像是在告诉人们，该御寒保暖了。我国华北地区的黄河中下游正是小雪时节的具体体现地，而我国的南方则是很少下雪的。

158. "大雪"是一个什么样的节气？

大雪是二十四节气的第二十一个节气，冬季的第三个节气，通常在12月的6号到8号之间。

大雪时节比小雪时更加寒冷了，也正是由于寒冷，所以下雪的概率或者说是可能性增大了，而不是降雪量很大。事实上，大雪过后，我国的东北、华北、西北的降水量反而更少了。此时，除了华南和云南等少数没有冬季的地区外，华夏大地已是一幅寒冬的景象。特别是北方，正如毛主席诗中描写的那样，"千里冰封，万里雪飘"。银装素裹，别有一番景象。

有关大雪的农谚：

大雪纷纷落，明年吃馍馍。

麦盖三层被，来年枕着馒头睡。

冬天雪不断，来年吃白面。

雪多下，麦不差。

冬无雪，麦不结。

159. "冬至"时白天时间最短

冬至是二十四节气的第二十二个节气，冬季的第四个节气，在公历的 12 月 21 号到 23 日之间。

冬至在我国的农历中非常重要，历来被人们所重视，是我国的一个传统节日。也是二十四节气中最早被测定出来的。根据记载，在我国的春秋时期，智慧的中国人就用土圭观测太阳照射物体留下的影子，科学准确地测得了冬至日。这个了不起的发现距今已经有 2500 多年了。在天文学上，冬至这一天，太阳的直射点到达最南端。北半球此时是一年中黑夜最长而白天最短的时候。冬至后，则白天慢慢变长，黑夜逐渐变短，太阳的直射点又开始向北半球移动。由于冬至日太阳光对北半球的照射最为倾斜，日照时间最少，地面散失的热量大于吸收的太阳热能，因而气温会持续下降，差不多一个月后达到一年中最冷的时候，也就是我们常说的"三九"。

冬至作为沿袭已久的传统节日，很多的地方在这一天都有祭天祭祖的风俗，并制作富有地方特色的传统食品表示庆贺。习惯上北方要吃饺子，南方吃汤圆，或者吃赤豆糯米饭。实际上这是有道理的，冬至后渐渐进入了一年中最冷的时期，寒冷的北方，人们需要吃些肉食以补充热能，抵御严寒。这样提醒我们在饮食起居上要注意增加营养，防寒保暖，充分休息，以防在寒冷的冬日里生病。

160. 什么是"小寒"？

小寒是二十四节气中的第二十三个节气，冬季的第五个节气，一般在每年公历 1 月份的 5 日到 7 日之间。

在中国，小寒意味着进入了一年中最寒冷的时候，虽然后面紧挨着大寒，但一般情况下小寒时节的气温都比大寒时低，只有很少的年份例外。此时中国的秦岭淮河一线以北的地区，气温都在零度以下，一派千里冰封的北国风光。江南地区虽然没有解冻，当地气温平均也大概只有 5 度左右。严寒的天气里，也不应由于怕冷而整日待在房间内，还是要到户外进行些运动，这对我们的身体保健是有好处的。有句俗语是这么讲的："冬天懒一懒，喝药多一碗；冬天动一动，少得一场病。"说的就是这个道理。

下面列举一些和小寒时节相关的农谚：

三九四九，冰上走。

腊七腊八，冻伤脚丫。

小寒大寒，准备过年。

小寒大寒，冻成一团。

161. 什么是"大寒"？

大寒是二十四节气的最后一个节气，也是冬季的最后一个节气，一般在 1 月份的 20 日或者 21 日。

大寒时节和小寒一样，也正是我国大部分地区一年中最冷的时候。北方寒潮频频南下，放眼望去，冰封万里，天寒地冻。但是，随着春节的临近，年味越来越浓，人们喜悦地忙碌着，准备年货，除旧迎新。虽然天气依旧寒冷，但大寒这个节气是一个充满了期盼和喜悦的节气，一个让人向往的欢乐节气。这个最末尾的节气，像一个美丽的使者，宣告了冬季的终结，也向我们预示着，春天不远了。

下面是一些增长我们智慧的农谚：

大寒过年，总结经验。

五九六九，沿河看柳。

大寒到顶点，之后天渐暖。

小寒大寒，杀猪过年。

过了大寒，又是一年。

162. 中国的传统节日

中国的传统节日是我国古代人民在生活实践中产生并流传下来，被我们整个民族所认同的具有特殊纪念意义的日子。我国的各个传统节日历史悠久，形式多样，具有丰富的内容。每个节日都具有历史文化意义，是我国悠久灿烂历史文明的一个组成部分，深深植根于中华民族的血脉中。

传统节日是传统文化的一个反映，是人类发展到一定时期的文化产物，其形成和发展是个长期的过程。由最原始的崇拜、祭祀、庆祝开始，逐渐地形成，发展完善，直到被人们广泛认同和接受，一代代地传承下来。可以这么说，每一个中国传统节日都有自己的起源和各自所代表的独特内涵。中国传统节日的形成过程同时就是我们民族文化发展、沉淀、凝聚的过程，也展现了我们古人生产生活、繁衍生息的生动景象。

汉代是我国封建历史的辉煌时期，是汉民族和汉文化形成发展的重要时期，政治稳定，经济和科学文化都有了很大发展，良好的社会条件为节日的定型提供了保障。我们主要的传统节日就是在这个时期完善定型的。到了我国封建社会的顶峰时期唐代，节日逐步发展成熟，和现在基本一样，成为了良辰佳节。节日里人们举办丰富多彩的活动，喜悦地庆祝节日，摆脱了节日早期的那种浓重的祭拜、禁忌神秘气氛。这种过节的方式很受人们的喜爱，所以一直流传下来，延续至今。在节日的漫长历史传承中，很多的墨客骚人、鸿儒雅士创作了一篇篇与各个节日相关的佳作名篇，言辞优美，被人们广为诵读。这些篇章和节日本身一起成为了我国传统文化的一部分，通俗而浪漫，散发着中华传统文化的独特魅力。

中国的传统节日有十五个，依次是：农历正月初一的春节、农历正月十五的元宵节、农历三月初三上巳节、清明节前一天的寒食节、节气清明当日的清明节、农历五月初五端午节、农历七月初七七夕节、农历七月十五中元节、农历八月十五中秋节、农历九月九日重阳节、节气冬至日的冬至、农历腊月初八腊八节、农历腊月十六尾牙、农历腊月二十四祭灶、农历腊月卅日也就是三十日的除夕，共十五个传统节日。

163. 中国的春节

春节毫无疑问是中国最盛大、最隆重、最热闹喜庆、持续时间最长的传统佳节，同时也是整个中华民族以及所有的海外华侨华人共同的节日。

春节民间俗称"过年"，历史悠久，内容十分丰富。春节最早开始于汉武帝太初元年，当时把农历正月初一定作是一年的"年首"，也就是一年的开始，从此春节的日期便固定下来，一直延续到现在。春节的节日活动并不是这一天，而是从腊月的小年，即二十三或者二十四就开始了。人们置办年货、打扫庭院房屋、购买春联，等等。怀着热情、怀着喜悦，期待着辞旧迎新的春节的到来，期待着充满希望的春天的到来。

春节是人们合家团聚的日子，除夕之夜，神州大地，万家灯火，万家团圆。全家人围坐一桌，几世同堂，一起吃年夜饭，其乐融融，是每个中华儿女心中最温暖、最幸福的时刻。年夜饭后，长辈给晚辈发"压岁钱"以示关爱、祝福和祈求保佑。全家人围坐一块，一起熬夜"守岁"。零点时刻，千家万户鞭炮齐鸣，庆祝新的一年开始了，春节的气氛达到最高处。元日起，人们敬天祭祖，访友走亲，互赠礼品，互相拜年，共同庆祝辞旧迎新。在这个普天同庆的盛大节日里，人们组织各种丰富多彩的娱乐活动以示庆祝，有耍狮子、扭秧歌、踩高跷、舞龙灯等诸多欢乐活动，让节日点缀得热闹、吉庆。我国是传统的农业国家，农业被看作是立国之本。古代春节期间，人们还要举行盛大的迎春仪式，赶着耕牛，迎接新春，祈求新的一年里风调雨顺，五谷丰登。各种的庆祝活动一直要持续到正月十五的灯节，人们吃元宵，赏花灯，再次形成节日气氛的新高潮。

如今，春节的这种庆祝习俗一直延续着，人们在这个最为隆重的佳节里祈祷新年里吉祥如意，庆贺一年来取得的成绩，放松一下紧张疲惫的身体和心灵。随着社会的发展进步，人们的认识观念和文明程度也在不断地提高，祭神和祭祖等方面的活动日益减少，但在祭祖方面，人们用更加文明理性的方式来表达对祖先的敬意和怀念。春节承载了太多的东西，蕴含了中华民族的优秀传统，凝聚了炎黄子孙对生活的美好追求和祝愿。历经千百年历史的发展沉淀，一直并且还继续地影响和凝聚着一代代的炎黄子孙。

象征团圆和兴旺、充满喜庆和希望的春节也是中国这个多民族国家中很多少数民族喜爱的节日。像满族、苗族、朝鲜族、瑶族等也视春节为喜庆的盛大节日，各民族风俗习惯不同，但在过新年的基本风俗上还是一样的，人们全家团圆，一起吃丰盛的饭菜，燃放炮竹，张灯结彩，相互祝福。

164. 元宵节

农历的正月十五是元宵节，人们也称作灯节。正月是农历的第一个月，所以也叫元月。元月十五日恰是月圆，故而称为元宵节。随着历史的发展变化，再加上我国地域广大，各地元宵节的风俗也各具特色，但是吃元宵、赏花灯是共有的基本习俗。

元宵节的起源有好几种说法，我们不去细说。元宵节广泛地被称为人们喜爱的节日是在唐朝。众所周知，唐朝国力强大，经济繁荣，"稻米流脂粟米白"，京师长安更是当时世界上最繁华的城市。当时上至皇帝，下至普通百姓，都十分喜欢元宵节赏灯。元宵节这天，长安城取消宵禁，允许人们到街上游玩观灯，尽情地欢愉，没有禁忌，尽可通宵达旦。人们制作各种漂亮的彩灯、灯车、灯树等，张灯结彩，到处火树银花，热闹非凡。从此，不论京师，还是县郡乡村，人们都乐于在这个节日里吃元宵、赏花灯，成了广大人民普天同乐的节日。直到今天，你看那故宫中精美绝伦的宫灯就是我国制作彩灯的杰出作品。

历代文人吟诵元宵节的诗词可谓众多，很多写得都很值得一读。而且元宵节其实也是中国的情人节。在我国的封建社会，年轻的未婚女孩子是禁止随意外出自由活动的，只有在元宵节例外。这天女孩子们可以结伴出来游玩，一起赏花灯，这刚好是青年未婚男女相识的绝好机会，他们借着赏花灯寻找自己心仪的情人，互表爱意，好不浪漫！元宵节也绝对可以被看作中国的情人节。

165. 上巳节

每年的三月初三就是上巳节。上巳节是中国汉族一个古老的传统节日。那么，上巳节最早的来源可以追溯到新石器时代。

据说，上巳节最早是为了追念伏羲氏。当时伏羲被豫东一带的人们尊称为"人祖爷"，并且为了纪念伏羲氏，在淮阳（伏羲建都地）建立了太昊陵古庙。每年的农历二月二到三月三会在太昊陵举行庙会，很多的人都从四面八方赶来朝拜这位"人祖爷"。

相传，农历三月三那天，王母娘娘要开蟠桃会。北京的一首竹枝词中就有关于描写蟠桃会盛况的句子："三月初三春正长，蟠桃宫里看烧香。沿河一带风微起，十丈红尘匝地扬。"传说西王母是中国西部一个原始部落的神仙，专门保护那个部落的人。王母娘娘有两样东西特别宝贵，一个就是使人长生不老的仙丹，另一个就是使人延年益寿的蟠桃。月宫中的嫦娥就是吃了王母娘娘的仙丹然后飞上天的。后来，有些人就把王母娘娘看作了福寿之神，在一些志怪小说中就有所体现。

汉代时，上巳节被定在了三月上旬的巳日。到了夏朝才被固定在了三月初三。上巳节的活动内容还有很多，除了古代举行的"祓除畔浴"活动外，后来又增加了很多活动，比如临水宴宾、会男女、踏青等活动。

166. 寒食节

寒食节也叫作禁烟节，在清明节的前一天，以前这一天是不能使用火的，人们只吃冷食。虽然现在只有山西的很小一部分地区还过这个节日，但是这个寒食节的历史是很悠久的。

寒食节是我国众多的传统节日里唯一的一个用饮食方式做节日名称的。历史上，寒食节是民间的第一大祭日，曾延续两千多年，比我们现在熟知的端午节还早几百年。关于寒食节的起源，有一首诗："子推言避世，山火遂焚身。四海同寒食，千秋为一人。"子推是一个人的名字，全名叫介子推。这里有个故事：晋文公重耳流亡时，生活很是艰苦，常常没有吃的，介子推为了不让重耳挨饿，割了自己大腿上的肉给重耳充饥。

后来晋文公复国，做了国君，分封功臣。介子推淡泊利禄，不喜欢做官，就带着自己的母亲到绵山归隐了起来。而晋文公想逼迫介子推出来做官，就放火烧山。介子推拒不出来，抱树而死。为了纪念这个忠臣，晋文公把介子推葬在绵山，并下令以后每到介子推焚身之日禁火，以纪念这位名臣。三国一统于晋后，在全国范围内推广了寒食节，于是寒食节成了全体汉民族的共同节日。

寒食节的主要内容有禁烟寒食、祭拜先祖、插柳条、荡秋千、外出踏青等。可见，寒食节是一个形成历史早、持续历史长、节日内容多、文化意义深、流传范围广的深入民心的传统节日。历史上虽屡次遭到禁废，但屡禁屡兴。

随着时代的发展，寒食节渐渐地融入清明，它的部分节日意义也被清明取代。

167. 清明节

清明节是二十四节气之一，也是我国的一个传统的节日，时间在每年的公历 4 月 4 日到 6 日之间。还可以这么算，就是从冬至后数 108 天就是了。这个节日的节期长，节日的前后 10 天或 20 天的时间都属于清明节。此时正值仲春暮春时节，天清气明，春意浓浓，万物正是生机勃勃的萌发时候，用清明来命名真是恰如其分。

清明的起源，据说是民间效仿帝王的"墓祭"礼节，逐渐流传沿袭下来，最终成为了我们民族的一个传统的节日。其实，我们要说清明节的话，有另外一个和它有密切关系的节日是不得不提的，那就是寒食节。上面已经介绍过，这里不再赘述。

有一幅北宋时期的画，很著名，而且还和清明有关，那就是北宋张择端的《清明上河图》，画的内容不但展示了京城汴梁的热闹繁华，也同时说明了清明节在宋朝已经很流行普遍了。现在我们国家更是把清明节定为了法定的节假日，并且还把清明节列入了第一批的国家非物质文化遗产名录。节期这么长，历史这么悠久的清明节，它的节日内容也是相当丰富的，除了最基本的禁火、扫墓祭祖外，还有丰富的体育娱乐活动，如荡秋千、踏青、插柳植树等。这些活动也让人们在祭祖扫墓的悲伤之情得到了很好的缓解。

168. 端午节

端午节是在每年的农历五月初五，这是个非常热闹盛大的传统节日。相传这个节日是为了纪念伟大的爱国诗人——屈原。还有别的说法，其中之一说是为了纪念吴国的忠诚之臣伍子胥，他是被吴王夫差处死并在五月初五丢进江里的。还有就是说端午节是为了纪念东汉时期著名的孝女曹娥的。她父亲不幸溺水身亡，她跳水寻找父亲的尸体，其孝心令人感动。

历史上的楚国和吴国都处在我国的南方，我们都知道南船北马是我国的南北特点，所以南方的端午节文化和习俗较北方更完善些，节日气氛也比较隆重。在这一天，人们普遍地都要吃粽子，南方的很多地方还要举行盛大的赛龙舟比赛，鼓声阵阵，百舸争流。人们把粽子投入江里，喂食鱼虾，以免它们咬食屈原的身体。

综上可以看出，节日本身是为了纪念那些高尚的人、伟大的人，表达后人对他们的敬仰和怀念。同时也是对这种高尚伟大精神的认同和颂扬，体现了中华民族弃恶扬善的正义感和崇尚忠诚正直的民族精神和文化。

169. 七夕节

　　七夕节在我国的传统节日中是个浪漫的节日，这里面有个浪漫的爱情传说。

　　传说牛郎是个苦命的孩子，父母都去世得很早，哥哥嫂嫂待他很不好，他天天放牛，终日和老黄牛为伴。但这头老黄牛很有灵性，告诉牛郎了一个秘密："一群美丽的姑娘在湖里洗澡，你偷偷地拿走那个叫织女的女子的衣服，并恳求她嫁给你，这是你的姻缘。"牛郎按照老黄牛的话，拿走了织女的衣服，其他的女孩子都惊慌地跑掉了，在牛郎的诚恳请求下，织女终于答应做他的妻子，他们幸福地生活在了一起，男耕女织，相敬如宾，举案齐眉。传说牛郎和织女生育了一个儿子和一个女儿。老黄牛临死前告诉牛郎自己的皮是件宝贝，要保存好，日后有用得着的时候。

　　但是，织女本不是凡人，她是天上的仙女，玉帝和王母娘娘对这件事情都很生气，于是便派天神把织女抓走了。牛郎发现后想起了老黄牛的话，拿出了老黄牛的牛皮，带着两个孩子，披上牛皮朝织女的方向飞了起来，快要追上的时候，王母娘娘用自己的金簪一划，划出了一条不可逾越的大河，这就是银河，阻挡住了牛郎。但爱情的火是浇不灭的，牛郎织女天天站在银河两岸，遥遥相望，互诉相思之情，坚贞不屈。这份令人感动的爱情最后也感动了玉帝和王母，他们特许牛郎和织女每年的农历七月七日可以相会。每到这一天，喜鹊们也都飞上银河，搭成一座鹊桥，让牛郎和织女可以跨越银河，终得团聚，这就是美丽浪漫的鹊桥相会。这天的夜里，如果再滴落几滴雨水，就更加让人展开无限的联想了，因为人们相信那是牛郎和织女在脉脉情话时落下的幸福泪滴。

　　也许正是这个原因，人们把七夕节当作了中国的"情人节"。同时，七夕节也被称为乞巧节或者中国女儿节，传统上是古时候的女孩子向天祭拜许愿，祈求她们能有和天上仙女一样的聪慧的心灵和双手。当然，对于情窦初开的少女们，在这个浪漫的夜晚，对着灿烂的银河许下美丽的爱情心愿，也恰是时候。

　　古往今来，无数的人们都在这个夜晚触动了情思。文人墨客们则用文字记录下了此情此感。很多都是传诵已久的佳作。

鹊桥仙

秦观

　　纤云弄巧，飞星传恨，银汉迢迢暗渡。金风玉露一相逢，便胜却人间无数。柔情似水，佳期如梦，忍顾鹊桥归路。两情若是久长时，又岂在朝朝暮暮。

迢迢牵牛星

《古诗十九首》

迢迢牵牛星，皎皎河汉女。

纤纤擢素手，札札弄机杼。

终日不成章，泣涕零如雨。

河汉清且浅，相去复几许。

盈盈一水间，脉脉不得语。

此外，还有几句节日的歌谣。

其一：

天苍苍，地惶惶，俺请七姐下天堂。

不要你的针，不要你的线，只愿学会你的巧手段。

其二：

乞手巧，乞貌俏。

乞心通，乞颜容。

乞求爹娘千百岁，

乞求兄妹千万年。

170. 中元节

中元节即农历七月十五，又称"七月节"、"盂兰盆节"。汉族人于中元节放河灯，道教中的道士建醮祈祷。关于中元节，佛教与道教对这个节日的意义各有不同的解释，道教强调孝道，而佛教则着重于那些从阴间放出来的无主孤魂做"普度"。

中元节时，道教宫观如地安门火神庙、西便门外白云观为了祈祷"风调雨顺、国泰民安"照例举办"祈福吉祥道场"。因为惧厉的心理，民众于日常生活中复合儒、佛、道三教，成为农历七月十五日的中元节，民间则称农历七月为"鬼月"。

171. 中秋节

中秋节，我们相当地熟悉，因为我们中国人乡土观念很强，注重团圆，期盼团圆，而且中秋佳节还要必吃象征团圆的月饼。农历的八月十五是中秋节，是中国的传统节日。因处于八月之中，而八月又是秋季的中间一个月，所以称中秋节。因此节时期月亮正圆，又有象征团圆的吉祥意思，所以又叫团圆节。

唐代初期，中秋节成为了一个确定的节日，到了宋朝开始盛行，发展到明清时期，成为了我国一个重要的节日。有关中秋节的起源，一般有三种说法：一是起源于远古人类对月亮的原始图腾崇拜。一是古人在月圆之夜燃起篝火、唱歌跳舞、相互寻觅爱人的一种习俗。还有就是古代秋季丰收，人们对大地表示感激而庆祝参拜的风俗。

说起中秋节，月饼绝对是个重要的角色。月饼起源于唐朝，发展到现在，无论品种还是风味，都是名类众多，令人眼花缭乱，目不暇接。按地域分，有京式月饼、广式月饼、苏式月饼、潮式月饼、秦式月饼、徽式月饼、滇式月饼、琼式月饼。还可以按品牌划分、按照馅料划分等。随着社会的发展，除了传统的经典月饼之外，新品种不断地出现，各种特色的月饼也相当地多。

最后，给大家奉上几首中秋佳节的名诗佳作。

其一：

水调歌头

苏轼

丙辰中秋，欢饮达旦，大醉，作此篇，兼怀子由。

明月几时有？把酒问青天。不知天上宫阙，今夕是何年？我欲乘风归去，又恐琼楼玉宇，高处不胜寒，起舞弄清影，何似在人间。

转朱阁，低绮户，照无眠。不应有恨，何事长向别时圆？人有悲欢离合，月有阴晴圆缺，此事古难全。但愿人长久，千里共婵娟。

其二：

春江花月夜

张若虚

春江潮水连海平，海上明月共潮生。

滟滟随波千万里，何处春江无月明。

江流宛转绕芳甸，月照花林皆似霰。

空里流霜不觉飞，汀上白沙看不见。

江天一色无纤尘，皎皎空中孤月轮。

江畔何人初见月，江月何年初照人？

人生代代无穷已，江月年年望相似。

不知江月待何人，但见长江送流水。

白云一片去悠悠，青枫浦上不胜愁。

谁家今夜扁舟子？何处相思明月楼？

可怜楼上月徘徊，应照离人妆镜台。

玉户帘中卷不去，捣衣砧上拂还来。

此时相望不相闻，愿逐月华流照君。

鸿雁长飞光不度，鱼龙潜跃水成文。

昨夜闲潭梦落花，可怜春半不还家。

江水流春去欲尽，江潭落月复西斜。

斜月沉沉藏海雾，碣石潇湘无限路。

不知乘月几人归，落月摇情满江树。

172. 重阳节

重阳节在每年的农历九月初九，现在又叫老年节。"九"在我国的《易经》中是阳数，九月初九，故称重阳。按照古人的观念，这是个吉祥的日子，又适逢金秋收获季节，天高云淡，秋风送爽，很是适合人们外出踏秋，登高远眺，赏菊、饮酒。

重阳节在中国已经延续了两千多年。品酒、赏菊在魏晋时期也已经流行。唐代，官方把重阳节定为了正式的节日，每到这一天，普天同庆，并举行多种娱乐活动。到了20世纪80年代，我国把这一天定为了"老人节"，以发扬和倡导我国敬老、爱老、孝老的传统美德。99既是两位数字中最大的数字，也含有长久长寿的寓意。而菊花在我国汉族的古代风俗中象征着长寿，所以，重阳节被叫作老人节也就顺理成章、不足为奇了。

重阳节也是历来为人们所喜爱的节日，很多文人雅士饮酒赏菊，挥毫赋诗，留下了篇篇佳作。

过故人庄

孟浩然

故人具鸡黍，邀我至田家。

绿树村边合，青山郭外斜。

开轩面场圃，把酒话桑麻。

待到重阳日，还来就菊花。

登高
杜甫

风急天高猿啸哀，渚清沙白鸟飞回。

无边落木萧萧下，不尽长江滚滚来。

万里悲秋常作客，百年多病独登台。

艰难苦恨繁霜鬓，潦倒新停浊酒杯。

九月九日忆山东兄弟
王维

独在异乡为异客，

每逢佳节倍思亲。

遥知兄弟登高处，

遍插茱萸少一人。

173. 腊八节

农历的十二月初八是腊八节，俗称腊八。有民谣唱道："腊八祭灶，大年来到。"农历十二月，也称腊月，腊月里的腊八节是我国汉民族传统的节日，具有很悠久的历史。喝腊八粥是这天的习俗，这是最有中华民族特色的饮食习惯之一了。众所周知，我国的汉族是传统的农耕民族，种植各种的谷物，腊八粥就是用当年新收获的新鲜谷物和坚果熬煮而成的。用以庆祝丰收，感谢天地，祭拜诸神。自腊八开始，年的味道越来越浓，人们开始杀猪宰羊，腌鱼腊肉，备置年货，准备过年。

腊八粥的原料其实也不局限于八种，老北京的腊八粥原料不下二十种，我国不同地区的腊八粥也各有特色，各有千秋。北方一些不产大米的地方也有腊八节不喝腊八粥的，人们改吃腊八面，也算是因地制宜吧。

和其他令人喜爱的传统节日一样，不少的墨客骚人吟诵腊八节，很多佳作都脍炙人口，广为传诵。

腊八
夏仁虎

腊八家家煮粥多，

大臣特派到雍和。

圣慈亦是当今佛，

进奉熬成第二锅。

十二月八日步至西村》

陆游

腊月风和意已春，

时因散策过吾邻。

草烟漠漠柴门里，

牛迹重重野水滨。

多病所须惟药物，

差科未动是闲人。

今朝佛粥交相馈，

更觉江村节物新。

174. 祭灶

祭灶是我国的传统节日，也是我国民间一个历史相当悠久、影响很大、很广泛的风俗习惯。火的使用使人们摆脱了茹毛饮血的蒙昧时代，改善了人的体质，增进了人们的营养，延长了人们的寿命，是人类文明发展史上的一件大事。再往后讲，有诗云："早上开门七件事，柴米油盐酱醋茶"，这其中排在第一位的柴和灶有关，这是和每一家都关系密切的事情。和西方不同，我们汉族的主食以谷物为主，做成的饭不能长久地保存，需要每顿都要用火煮制，所以每家每户都要有做饭的灶台。祭灶也是我国富有民族特色的节日。

祭灶一般在腊月的二十三这一天，在河南，讲究"祭灶不祭灶，全家都来到"的说法，也就是祭灶的时候，全家人应该都在家。随着社会的不断发展，一些旧的风俗习惯慢慢地淡化，一些新的习惯习俗逐渐应运而生，这都是正常的现象。比如说凡是认了干亲的孩子，腊月二十三这一天都要带着鞭炮、香饼、灶糖还有一只大公鸡到干娘家吃午饭，干娘烧纸祭灶，并为自己的干儿女祈祷祝福，愿他们健康成长。现在，科技的进步，新的燃料的运用，社会的发展，这个习俗也慢慢地淡化了。

175. 除夕

除夕是指农历一年的最后一天的晚上，我国古代把一年的最后一天叫作"岁除"，这天的晚上则叫作"除夕"。有歌曲唱道："一年三百六十五个夜晚，最甜最美的是除夕，风里飘着香，雪里裹着蜜，春联写满吉祥，酒杯盛满富裕，红灯照照出全家福，红烛摇摇摇摇来好消息，亲情乡情甜醉了中华儿女，一声声祝福，送给你万事如意。"这首唱响千家万户的歌曲表达的就是除夕，就是春节间的温馨内容。

除夕最早起源于先秦时期，发展到今天，在我国北方，人们的风俗一致，吃饺子，年夜饭；南方不同的地区风俗习惯有所不同，有的做年糕吃，有的包粽子吃，或是汤圆、米饭等。无论中外的各个民族都有向往吉祥的习惯，我国的饺子很像"元宝"，年糕也寓意着一年更比一年高的意思，都是代表着吉祥如意的。

除夕夜是中国人最向往的幸福时刻，全家人一起吃"年夜饭"，也叫"团圆饭"，一家人，几代同堂，其乐融融，丰盛的饭菜热气腾腾，"鱼"象征着"年年有余"。饭后长辈给晚辈发"压岁钱"，这下乐坏了孩子们，一个个欢天喜地的。人们燃放烟花爆竹，通宵达旦，守岁祈福。

一些有关除夕夜的著名诗词：

元日

王安石

爆竹声中一岁除，

春风送暖入屠苏。

千门万户曈曈日，

总把新桃换旧符。

除夜

文天祥

乾坤空落落，岁月去堂堂。

末路惊风雨，穷边饱雪霜。

命随年欲尽，身与世俱忘。

无复屠苏梦，挑灯夜未央。

第五章

地理名胜

176. "中原"在古代是指哪里？

"中原"这个词语最早在《诗经》中出现，如《小雅·吉日》中有"瞻彼中原，其祁孔有"，再如《小雅·小宛》中有"中原有菽，庶民采之"。这里的"中原"有"平原"和"原野"的意思，并不指代地域。

"中原"的意思有狭义与广义的说法。"中原"从广义上讲是指把河南作为中心（中原七大古都群），河南周边比较近的省份所在的广大平原地区。"中原"从狭义上讲就是指河南省。据《辞源》中关于"中原"的记载："狭义的中原，指今河南一带。广义的中原，指黄河中下游地区，主要是河南省。"

古有"得中原者得天下"的说法。由此可见，中原地区是一个非常重要的地方。四千多年前，河南名为豫州，当时是中国九州中心，所以当时被称为"中州"和"中原"。历史上的夏朝就曾经在河南建都，自此，先后就有商、西周、东周、西汉、东汉、曹魏、西晋、北魏、隋、唐、五代、北宋和金等二十多个朝代在河南建都。在中国八大古都中，河南地区的都城就有四个，分别为夏商故都郑州、商都安阳、十三朝古都洛阳和七朝古都开封。

177. "楚河汉界"在哪儿？

中国象棋中有"楚河汉界"四个字，象棋的发明也是源于历史故事。那么，楚河汉界到底在哪里呢？

现在我们常说的"楚"指的是湖北省，"汉"指的是陕西一带。楚河汉界在历史中指的并不是这两个地方。据史料记载，楚河汉界是历代兵家都想要争夺的地方，当时是在古代的豫州的荥阳、成皋一带，豫州指的就是现在的河南省。它具体的地理位置是黄河南岸，邙山东边，东边是平原，南面是嵩山。由此可见，其地理位置非常重要。

刘邦和项羽公元前204年在这里打过仗。第二年，刘邦率领的军队实力非常强，士兵不但精神振奋，后方的粮草非常充足。在和项羽交战的时候，非常占有优势，项羽的军队不敌刘邦的军队，不得不提出了"中分天下，割鸿沟以西为汉，以东为楚"，即以鸿沟作为分界线，鸿沟西面的属于汉朝，鸿沟以东属于楚国。从此，就有了"楚河汉界"的说法。其实，楚河汉界就是指的"鸿沟"，即现在的古运河。

现在荥阳城东北的广武山上，依然还保留有两座古城遗址，西边的叫汉王城，东边的叫霸王城，两城之间那一条宽300米的大沟，就是鸿沟，即大运河。

178. "五岭"指的是哪"五岭"？

五岭指的是越城岭、都庞岭、萌渚岭、骑田岭、大庾岭。五岭位于广东、广西、湖南、江西、福建五个省区的交界处，是长江和珠江两大流域的分水岭，是中国江南最大的横向构造带山脉。

越城岭，位于今广西兴安县之北，古时是从湘到桂的交通要道，这里还保留有兴安县严关和秦城的遗址。都庞岭，位于今湖南省永州市蓝山县南和广东省连州市之北。秦朝时期，都庞岭曾有湟溪关，当时是从湘到粤的通道。萌渚岭，位于今湖南省永州市江华瑶族自治县和广西贺州市八步区、钟山二县区之北，是从湘到桂的通道。骑田岭位于今湖南郴州市区和宜章县之间。秦朝时期，这里曾有阳山关，是湘粤之间的通道。大庾岭，位于今江西省西南角的大庾县南境，和广东省南雄县相邻。秦朝时期，这里曾有横浦关，是粤和赣之间的交通要道。

五岭，长期以来被称为一个天然的屏障，原因在于它使岭南地区与中原地区在交通和经济方面的联系不太便利，造成了岭南地区的经济和文化的发展远远落后于中原地区，所以曾被人称为"蛮夷之地"。唐朝时期，自大庾岭被宰相张九龄开通了一条梅关古道后，五岭地区的经济才逐渐地发展起来。

179. 古代"四大古镇"指的是哪"四镇"？

四大古镇一般是指江西景德镇、广东佛山镇、河南朱仙镇、湖北汉口镇。这四大古镇的历史文化都有不同的特色，各自展现着自己独有的地域面貌和不同时期的历史风貌。

江西景德镇，位于江西省东北部，周围拥有众多著名的旅游胜地，比如庐山、龙虎山、三清山、黄山、九华山，还有鄱阳湖、千岛湖等。景德镇的瓷器产品特别有名，制瓷历史非常悠久，所以景德镇被人称为"瓷都"。

广东佛山镇，位于广东省佛山市。这个古镇拥有着悠久的历史和深厚的文化底蕴。佛山的历史已经非常悠久，距今约有4500～5500年的历史，最早起源于今禅城区澜石街道区域。当时百越的先民到此繁衍生息，开创了制陶和渔耕的原始文明。到唐贞观二年（628年），在这个城内的塔坡岗上发现了三尊佛像，人们就认为这里曾是佛家之地，于是就把这个乡改为了"佛山"。

河南朱仙镇，位于开封市开封县城，也是一座历史非常悠久的古镇。自唐宋以来，这个古镇就是一个交通要道和商埠之地。到了明朝，这个古镇成为了开封仅有的水陆转运码头，自此，朱仙镇的经济发展走向了繁荣。明末，朱仙镇成为了四大名镇之一。

湖北汉口镇，位于湖北省武汉市，位于四大名镇之首。这个古镇位于长江中下游地区，古代时交通就比较便利，主要以水运为主，故有"九省通衢"的称号。后来，出现了铁路运输，交通更加便利，又处于我国南北中间的位置，地理位置十分优越，所以和其他省市的往来特别方便，很大程度上促进了该地区的经济发展。

180. 我国"四大名刹"都在哪里？

我国"四大名刹"指的是山东济南的灵岩寺、浙江天台的国清寺、湖北当阳的玉泉寺、江苏南京的栖霞寺。

灵岩寺是中国"四大名刹"之首，位于济南市长清区万德镇境内。该寺有辟支塔、千佛殿等景观，属于国家级风景名胜区和全国重点文物保护单位，是中国首例世界自然与文化双重遗产泰山的重要组成部分。

国清寺始建于隋开皇十八年（598年），位于浙江省天台县城，它是我国创立的第一个佛教宗派天台宗的发源地。初名天台寺，后改名为国清寺。武宗灭佛和北宋宣和二年，国清寺曾经遭到严重性的毁坏。宋建炎二年进行了修复，是"五山十刹"之一。而后，在清雍正十一年重建。直到清末、民国时期又对国清寺进行增建。寺院占地2公顷余，寺院面积超过了1.3万平方米，共有六百多间古建筑。

玉泉寺位于湖北省当阳市，是全国著名的风景名胜区。南北朝大通二年（528年），梁武帝敕建"覆船山寺"。智者大师在隋开皇十二年（592年），奉诏建造此寺。这里还有隋文帝御赐匾额，上面写有"玉泉寺"三个字。唐朝初期，玉泉寺和山东灵岩寺、浙江国清寺、江苏栖霞寺并称"天下四绝"。

栖霞寺始建于南齐永明七年（489年），位置在南京市的栖霞山上。梁僧朗，即江南三论宗初祖曾经在这里大力宣扬三论教义。

181. 中国的四大领海

中国不仅是个陆地大国，司时也是海洋大国。我国东临太平洋，海岸线漫长，自北向南依次是渤海、黄海、东海、南海。

渤海是我国的内海，山东半岛和辽东半岛像两个胳膊，环抱着渤海。渤海比较浅，但盛产鱼类虾蟹，海底蕴藏着大量的石油，现在也已经在开采使用，我们的母亲河黄河就最终注入渤海。黄河面积比渤海大，深度也比渤海深，北起中朝边界鸭绿江口，向南一直到长江口北岸。东海的深度比黄海深，北连黄海，南抵我国广东省的南澳岛，至台湾东石港连线，向东到琉球群岛。南海是我国面积最大、深度最深的海，渔业资源丰富，石油资源也很丰富。

按照联合国海洋经济区的相关规定，除了十二海里的领海以外，我国还有300多万平方公里的海洋经济专属区，相当于我国陆地面积的1/3还要多。这些我国的专属经济区内，不但有传统上的渔场，为我们提供大量的优质鱼类，同时在海底下还蕴藏着丰富的石油和其他的矿物，等待着我们去开发。

182. 黄河真正的源头在哪里？

黄河是中国的第二长河，在世界上排名第五，即世界上第五长河。众所周知，黄河发源于青海巴颜喀拉山脉，但是真正的源头到底是哪儿，关于这个问题存在很多争论。

历史上关于黄河源头的记载主要有三个：一是《尚书·禹贡》中记载的"导河积石，至于龙门"，这里的"积石"指的是现在的青海省循化撒拉族自治县附近的阿尼玛卿山，这个地方距离黄河的发源有一段距离；二是《山海经》、《尔雅》的记载，说黄河发源于昆仑山；三是《史记·大宛列传》中记载，说"黄河发源于于阗，东流至盐泽，再潜行地下，南出为河源"。这三种说法都不确切。

直到中华人民共和国成立后，经过对黄河源头进行了几次认真的考察后，终于确定了黄河真正的源头。扎曲、约古宗列曲和卡日曲是黄河上游河段的三条支流。扎曲是最北部的一条支流，发源于查哈西拉山，河长 7 万米，这条河流的河道比较窄，支流也少，所以水量不足，常年大部分时间处于断流状态。约古宗列曲在星宿海西，这条支流的水发源于约古宗列盆地西南角，水量也不多。卡日曲是南部的支流，发源于巴颜喀拉山支脉各姿各雅山的北麓，这里有 5 处泉水从谷中涌出来，河水丰沛，常年有水。然后通过比较这三条支流的总长度、流域面积、流量等，最终，1978 年的黄河源头考察确定了黄河真正的源头——卡日曲。

183. 中国三大平原

我国的三大平原自北向南分别是东北平原、华北平原、长江中下游平原。

三大平原钟灵毓秀，物产丰饶，是中国最发达的地区所在，同时也养育了中国大多数的人口。具体地说，三大平原由于纬度的不同，自然地理条件和景观也有很大的不同。

东北平原在我国的东北地区，由辽河平原、松嫩平原、三江平原组成。黑土地是东北平原的明显特征，由于腐殖质含量高，开发的历史也比较晚，东北平原土质肥沃，千里沃野。短短的几十年间，东北平原已经由过去的"北大荒"变成了今天的"北大仓"。如今的东北平原，是我国最重要的商品粮基地，也是我国大型国有农场和机械化作业程度最集中和最高的地方。

华北平原的主要塑造者是我们的母亲河黄河，还有就是另一条著名的河流淮河，所以华北平原有时候也叫黄淮平原。华北平原面积广大，地势平坦，一望无际，丰收季节，麦浪滚滚，千里飘香。这里是我国开发种植历史最为悠久的地区，绝大多数的王朝在此建都，我们的伟大首都北京就处在华北平原的最北端。华北平原的范围基本上包括现在的河南、河北、山东、安徽还有京、津两个直辖市。

长江中下游平原跨越长江流域的湖北、湖南、江西、安徽、江苏、浙江和上海。这里是我国的稻米主产区，气候温和，雨量充沛。这里不像华北平原那样地势平坦，丘陵分布于平原之中，植被郁郁葱葱，是我国的鱼米之乡。

184. 各地的"鼓楼"都是怎么来的?

经常出去旅游的人对鼓楼并不陌生,好多城市都有古代遗留下来的鼓楼,而且都成为了当地有名的景点之一。像北京、天津、南京、西安等地都有各自的鼓楼,形态不一,各具特色。

鼓楼在古代是用来报时与警示的建筑,与"钟楼"搭配使用,白天撞钟报时,夜晚击鼓报时,"晨钟暮鼓"说的就是这个意思。

鼓楼最早建于北魏时期,当时社会动荡,匪盗猖獗。时任兖州刺史的李崇为了防范盗贼、稳定治安,想出了一个别出心裁的办法,下令每个村庄都建造一座高楼,楼上悬一面巨鼓。一旦有盗贼出现,就迅速击响大鼓。附近百姓听到鼓声后就会封锁各个通道,上报官府准备缉盗。同时,鼓声会在附近的村庄依此传递击响,顷刻之间,百里之内,鼓声就连成一片。而且,各险要地段及路口要道,也都埋伏好了缉盗之人。盗贼刚刚作案,就被擒获。时间不久,盗贼就吓得不敢作案,地方也就平静无虞了。于是,各府州县纷纷效仿这个行之有效的好办法,在各乡镇村庄构筑高楼,置木架,悬巨鼓,并一直延续到清代。

因此可以说,兖州刺史李崇最早下令建造的鼓楼,而击鼓的原始作用则是为了报警防盗。只是到了后来,建造鼓楼的位置已由乡镇农村转移到了城里,其作用也由单纯的击鼓防盗逐渐演变成为祭祀和迎宾礼仪以及报时等多种用途了。

大多数的钟楼、鼓楼建筑在城市的中心偏北侧一些,并按照我们对地名命名的习惯,鼓楼所在的立置就会被称为"鼓楼"。即使原来的鼓楼被拆除,地名往往也会留下来,所以有的城市虽有的地方被称为鼓楼,但其实并没有鼓楼的存在。

185. 你知道中国的南北方地理分界线吗?

我国南北纵跨不同的地理温度带,你知道怎么区分我国的南北方吗?

很长的时期内,我国的南北方的划分其实是很模糊的,没有明确的概念。

人们只是大致地根据南北方不同的气候和地理物产，产生了南船北马、南稻北麦的初步印象。一直到新中国成立后，中国的地理学家们根据中国的地理气候，终于明确地提出，秦岭淮河一线是中国的南北方的地理分界线。

这是一条很神奇、很有意思的地理分界线。

从气候上说，它和我国一月份的零度等温线基本上是一致的。这条线以北，一派北国风光，冰封千里，雪飘万家；而同时这条线的南方，则是另一番的风景了。这条线以南一般情况下是不会降雪的，冬季北方的候鸟都飞到这个温暖的地方过冬，这里的冬季树叶也很少凋落，仍是满眼的生机。

秦岭是一座很有历史厚重感的山脉，在地理上也得天独厚。秦岭北麓是渭河的发源地，渭河则是黄河最大、最主要的一级支流，滚滚的渭河注入黄河，极大地补充了黄河的水流量。渭河流域是我国的八百里秦川，这个号称旱涝保收的关中沃野，和黄河一道哺育了最早的华夏民族，并一直滋润着这片大地。秦岭南麓是汉水的发源地，汉水是长江的最大的一级支流。这座山和淮河一起，分开了我国的最大两条河流，长江和黄河。可以感叹人们的智慧，同时也感叹大自然的神奇力量，如此安置这座山、这条河的位置。

186. 北京故宫

故宫又称紫禁城，它建立于明代永乐十八年（1420年），现在位于北京市中心。目前，故宫是世界现存地理面积最大、保存最完整的拥有木质结构的古建筑群。

故宫有三大殿院，分别是太和殿、中和殿、保和殿。这三大殿院并称为外朝三大殿。据说明清时期，在这三大殿院内找不到一棵树，即外朝三大殿不种树，主要有三点原因：第一，也是最重要的一点，就是为了显示这组宫殿的威严气势，殿院内不种树正是一种建筑师采用的一种建筑手法。从皇城正门天安门起，经端门、午门、太和门，所有庭院内都是不允许种树的。当时人们早晨上朝去拜见皇上的时候，进入天安门，然后再走过很长的御道，这些层层起伏变化的建筑会给人一种无形的精神压力，当古代的官员最后进入太和门的时候，他们就会看到广阔的广场以及巍峨的大殿，官员此时的精神压力已经上升到了最高点。在广场的宽阔还有那碧蓝的天空的烘托下，三大殿看起来更加地具有威严性。这就是皇家建筑想要得到的效果，也是至高无上的天子对自己臣民所要求的。如果这些庭院满是郁郁葱葱的树木，还有小鸟的鸣叫声，岂不破坏不了朝廷的威严？第二，因为太和殿、中和殿和保和殿的台基是一个"土"字。而中国古代皇帝在五行中属"土"，因为"木"和"土"相克，所以就没有"木"，即不能种树。第三，为了保护皇上的安全，防止刺客闯入，对皇上和大臣造成伤害，所以就不种树。

187. "三宫六院"是哪"三宫"和哪"六院"？

"三宫六院"一词源于元代无名氏《抱妆盒·楔子》："兀那三宫六院，妃嫔彩女听者：明日圣驾亲到御园，打一金弹，金弹落处，有拾得者。"这里的"三宫六院"指的是帝王的妃嫔们。那么，你知道"三宫六院"是怎么来的吗？

"三宫六院"一词的命名是源于故宫的建筑形式。故宫分为外朝和内廷，把乾清门作为分界线，其以南为外朝，以北为内廷，即是皇帝和他的妃嫔们居住的地方。"三宫六院"都分布在故宫的内廷。

"三宫"又称"后三宫"，指乾清宫（皇帝居住的地方）、坤宁宫（皇后居住的地方）以及交泰殿（位置在乾清宫和坤宁宫之间）。这些宫殿的名称是从《易经》中得来的，具有"天地交合、康泰美满"的美好含义。在交泰殿中竖立着上面写有"内宫不许干预政事"的铁牌。

"六院"并不是有六院，而是十二院。"三宫"在东西方向分别有六大宫殿。"东路六宫"的具体名字是：景仁宫、承乾宫、景阳宫、永和宫、钟粹宫以及廷禧宫；"西路六宫"的具体名字是：永寿宫、翊坤宫、咸福宫、长春宫、储秀宫、太极殿（启祥宫）。因为每个宫的建筑风格都是庭院式的，所以称为"东六院"和"西六院"。

188. 香山缘何得名？

香山的得名来源于几百年前的一个传说，据说当时的皇帝为了在西山修建庙宇，就下令抓来全国最好的工匠。

皇帝听说永定河边上住着一位手艺特别好的马工匠，于是就派人包围了永定河，还扬言抓不到马匠人就杀光全村的村民。马匠人苦苦哀求官兵，但是都无济于事。马匠人还有一位年迈的母亲要赡养，但是最后还是被官兵抓去了。

自从马匠人被抓之后，吃不好，睡不香，常思念老母亲，每天干活之时，就会爬到山上望一望自己家乡的方向。一天，他像往常一样爬到了山上张望，碰巧捡到了几块碎银子，他没有想那么多，就揣进了怀中。下工后，他去集市上买了一包香，快速地跑到了山上准备找一个适合插香的地方，可是找了大半天，还是没有找到合适的地方，等到累了就躺在一块石头上睡着了。

梦中他见到了一个闪着亮光的大香炉在天上飞，然后落在了他的脚下，兴奋之余，他将香插了香炉内。在他准备参拜的时候，他听到了一声呼喊声从山下传来。他回过头一看，原来是自己的同乡王石匠正被一只大恶狼追赶。他急忙将香炉砸向了那只恶狼，恶狼一怒之下就扑倒了马木匠，然后狠狠地咬住马木匠的脖子。当其他的工友们赶到的时候，马木匠就快死了。马木匠指着不远处的香炉说："别忘了把金香炉给我娘……"话音刚落就死了。后来人们就将他葬在了山顶上，并把金香炉压在了马木匠的坟头上。后来，人们就把那座山叫作"香炉山"，干脆顺口叫作了"香山"。

189. 北京颐和园

清朝时期，颐和园是帝王的行宫和花园。现在的颐和园是中国现存规模最大、保存最完整的一座皇家园林，同时也是中国四大名园之一。关于颐和园有一个美丽的传说。

清乾隆十五年（1750 年），乾隆帝传下圣旨命人修建清漪园，即颐和园的前身。乾隆帝把自己比作是天上的玉皇大帝，所以计划把御园修建成类似天上和人间的模样。所以在修建佛香阁的时候，就仿照着天宫中的凌霄殿的样子，修建得特别雄伟华丽。昆明湖被修建得特别宽阔，就好比天上的天河。最后根据牛郎织女的故事，在昆明湖的两侧修了一个铜牛和一幅耕织图。修建的牛郎的身子正好是朝东，头朝西，和织女（耕织图）正好遥遥相对，中间的昆明湖就像是天河，这样一来，天上有织女（耕织图），地下有牛郎（铜像），确实给人一种天上人间的感觉，正好是乾隆帝心中想达到的效果。这样一个美丽的传说一直流传至今。

190. "江南三大名楼"是哪三座？

"江南三大名楼"分别为：江西南昌市的滕王阁、湖北武汉市的黄鹤楼和湖南岳阳市的岳阳楼。

黄鹤楼始建于三国时期东吴夺回荆州之后（公元 223 年）。最初建楼的目的是为了防御蜀汉刘备的来犯，作为观察了望之用。黄鹤楼高 51 米，明面上看为 5 层，实际上还有五个夹层，共为十层。因修建武汉长江大桥而从原来的黄鹄矶移到了蛇山的高观山上。黄鹤楼是现代武汉市的标志和象征。黄鹤楼在历史上就是文人墨客汇聚的场所，并留下很多不朽名篇。唐代诗人崔颢的七律《黄鹤楼》："昔人已乘黄鹤去，此地空余黄鹤楼。黄鹤一去不复返，白云千载空悠悠。晴川历历汉阳树，芳草萋萋鹦鹉洲。日暮相关何处是？烟波江上使人愁。"将黄鹤楼的地理、环境、传说和楼的雄姿，诉说得淋漓尽致，以至于唐代大诗人李白到此之后，想写诗赞颂黄鹤楼，因看到了崔颢的佳作，不得不发出"眼前有景道不得，崔颢题诗在上头"的感叹。

滕王阁坐落在江西省南昌市赣江之滨，建于永徽四年（公元 653 年），现阁是 1989 年重修落成。共 9 层，高 57.5 米，是一座大型的仿宋建筑，也是江南三大名楼中最高的楼阁。在阁的第六层东西两面，各挂着写有"滕王阁"三字的大匾，是宋代大文学家苏轼的字体；阁的三个明层四周，均建有平座栏杆，以供游人远眺；在第五层的屏壁上，还镶嵌着铜制的王勃《滕王阁序》碑；在滕王阁的门柱上，还有毛泽东亲笔手书的《滕王阁序》中的佳句"落霞与孤鹜齐飞，秋水共长天一色"。

位于湖南省岳阳市洞庭湖西岸的岳阳楼，它是三国时期（公元 215 年）东吴将领鲁肃为了对抗驻守荆州的蜀国大将关羽所修建的阅兵台，当时称为阅军楼。据记载，这就是最早的岳阳楼的原型，也是江南三大名楼修建年代最早的楼阁。是江南三大名楼中唯一的一个木质结构的建筑，比滕王阁和黄鹤楼的规模小得多，但是这个屹立在洞庭湖边上的古代建筑，也可以说是江南三大名楼中唯一不是在建国后重新修建的，并且是保留完好的中国古代传统建筑风格的楼阁。北宋大文学家范仲淹写下了一篇脍炙人口的《岳阳楼记》，其中的"先天下人之忧而忧，后天下人之乐而乐"被中外广为传诵，亘古不衰。岳阳楼也与范仲淹的这篇《岳阳楼记》一起声名远播。

191. 河北承德避暑山庄

　　承德避暑山庄，又名承德离宫或热河行宫，位于河北省承德市北部，是清代皇帝避暑和处理政务的场所。

　　承德避暑山庄始建于康熙四十二年（1703 年），历经康熙、雍正、乾隆三朝，耗时 89 年。当时修建这座山庄的目的是为了安抚和团结中国边疆的少数民族，实现巩固国家的统一。这座山庄是中国现存最大的一座古典园林，占地面积共有 564 万平方米，和颐和园比起来，这座山庄要大得多，几乎是颐和园的两倍那样大，还相当于八个北海公园。和北京紫禁城不同的是，避暑山庄不仅具有淡雅朴素的山村野趣，还具有江南塞北的景色风光，散发着自然的山水气息。

　　避暑山庄的最大特点就是山园结合。避暑山庄除了规模比较大之外，还充分利用了原有的自然山水的景观特点和有利条件，借鉴了唐、宋、明三朝的造园的优秀传统和江南园林的创作经验，这些都在园林的总体规划和园林建筑风格上有所体现。这座园林的艺术和技术水平达到了一个新的高度，不愧为中国古典园林的最高典范。建立在南端的宫殿区曾是皇上居住、行施权力、读书和娱乐的地方，至今仍保留有两万多件皇帝曾用过的陈设品和生活用品。避暑山庄采用了多种传统的手法，一共建有 120 多组建筑，这些建筑中都不同程度地体现了江南水乡和北方草原的特色，使之成为了中国皇家园林艺术荟萃的典范。

192. "秦始皇陵"里面是如何设计的？

　　秦始皇陵位于陕西省西安市临潼区骊山脚下。这座陵墓是世界上规模最大、结构最独特、内涵也最丰富的陵墓之一，现今已成为世界第八大奇迹和世界文化遗产。这座规模巨大的陵墓是怎么设计的呢？

　　据说，秦始皇陵前后共修了 37 年。秦始皇 13 岁时就开始在骊山修建这座陵墓，但是这并不是秦始皇的想法，这是秦代历代帝王都需要建造的。最开始主持修建这座陵墓的是吕不韦，当时秦始皇手中并没有掌握实权。后来六国得到统一，这座陵墓继续修建，直到秦始皇死去。修建规模如此巨大的陵墓也是秦始皇好大喜功的表现。

据载，修建秦始皇陵时，已经挖到了泉水的下面，然后是用铜汁浇铸而成的，特别坚固。在墓宫中可以看到宫殿楼阁和百官相见的位次，以及价值连城的宝物。在墓室内还设计了一碰就会出来的暗箭，这样设计的目的是为了防止盗贼偷盗。墓室穹顶上装饰着宝石明珠，这是天体和星辰的象征；下面设计有九州、百川、五岳的地理形制，里面被机械灌注了大量的水银，象征了江河大海滔滔不绝；墓室内还点有"长明灯"，这些灯的灯油是鲸鱼油。还有巨型兵马俑阵被布置在陵墓的周围。陵墓的整体设计，处处都彰显着始皇帝至高无上的权力和威严。

193. "华山"到底有多险?

华山位于陕西西安华阴市境内，以其奇、险、美、峻等特点成为了国家级风景名胜区，还被评为了国家5A级旅游景区。

"自古华山一条路"就说出了华山之险。华山有三大险，分别是千尺幢、百尺峡和老君犁沟，这三个地方位于从玉泉院至北峰的登山通道上。千尺幢盘旋在悬崖峭壁上，人站在上面感觉非常地害怕，甚至不敢向下观看，游客要非常小心，手和脚都要用上力气，并抓紧铁索。千尺幢共有台阶370多阶，所以在如此陡峭的山路上攀爬特别吃力。抬头只能望见一线天光，惊险无比，出口处叫作"天井"，号称"太华咽喉"。如果将这个"天井"用盖子封住，那么就没有出路了。

百尺峡就在千尺幢出口附近，这里也十分惊险。两条崖壁高高耸立，中间有一块像是从天而降的巨石。在这块大石头上面刻有"惊心石"三个大字。游客如果从这块巨石下面走过的话，的确令人生畏。在这后面还有黑虎岭、俯渭崖和仙人桥，这里都是危险性比较小的地方。走过这些地方就到了老君犁沟，这也是被夹在峭壁之间的一条惊险的沟状道路，好像见不到一样，共有570个台阶。老君犁沟名字来源一个传说，相传太上老君从这条险路经过时没有通道，于是就用青牛一夜之间犁出了一道沟。

194. "华清池"名字的来历

华清池，亦名华清宫，它既是一座皇家园林建筑，又是一座以温泉汤池著称的中国古代离宫。现在位于西安市临潼区骊山北麓，并且拥有得天独厚的自然条件，南依骊山，北临渭水。

从古至今，华清池就是非常著名的旅游胜地。华清池温泉共有 4 处泉源，水质特别清澈，蒸汽缓缓上升，脚下暗道中还能听到潺潺的流水声，池中的水温一年四季都稳定在 43 度左右。西周（公元前 11 世纪～前 771 年）时代，发现了 4 个泉源，另外三处是在解放后开发而成的。水内含丰富的矿物质和有机物质，比如有碳酸钠、石灰、氧化铝、硫黄、二氧化硅等。温泉水不但适合洗澡，还对关节炎、皮肤病等疾病具有一定的治疗功效。华清池一共有100 多间浴池，浴池建筑面积约有 3000 平方米，华清池一次就能供大约 400人洗澡。

历史文献及考古发掘的资料证明，这块曾被周、秦、汉、隋、唐历代统治者视为风水宝地的行宫别苑已经拥有 3000 多年的历史了。历代皇帝曾经在这里修建过骊山汤、罗城、温泉宫等。相传，曾经在这块风水宝地修建过离宫的是西周的周幽王。到了秦、汉、隋各代又曾经重新修建过。唐朝时期，又有几次增加了一些建筑，改名为汤泉宫，后又改名温泉宫。直到唐玄宗时期，又重新修建了，把汤井改为了池，在周围环山的地方修建了一系列的宫殿，这时才被称为华清宫。因为宫的下面有温泉，所以也称华清池。

195. 西安"大雁塔"是怎么修建的？

大雁塔又名大慈恩寺塔，是西安著名的景点，具体位置在陕西省西安市南郊大慈恩寺内。

这座塔是于唐代永徽三年（652 年）为玄奘藏经而修建的，是古城西安的象征，是中国唐代佛教建筑艺术的杰作。大雁塔名字中有一个雁字，这座塔是否和大雁有关呢？

据玄奘的《大唐西域记》卷九中记载，很久以前，在摩揭陀国（今印度比哈尔邦南部）的一个寺院内有一些和尚，这寺院内的和尚信奉南传佛教。于是这些和尚每天就吃三净食，就是指的雁、鹿、犊肉。

有一天，一位和尚恰巧看到了天空中飞了一群雁，然后就说："今天大家还没有东西吃呢，菩萨应该知道我们肚子饿吧！"刚说完，就有一只雁突然坠下死在了这位和尚的跟前。他高兴地告诉了寺院内所有的僧人，他们都认为是佛祖显灵，用这样的方式教化他们。于是就在雁落的地方建造了一座塔，用很隆重的仪式将这只雁埋葬在了这座塔内，最后取名为雁塔。在公元629年至645年间，唐朝的高僧玄奘在印度游学时，曾经见过这座雁塔，回到国内，就在慈恩寺翻译经文。后来，为了收藏从印度带回来的经书佛像，就在这所慈恩寺的西院建造了一座和印度雁塔形式比较相似的砖塔，这座砖塔就是大雁塔，名字一直沿用至今。

196. 中国三大石窟，你知道几个？

我国的三大石窟指的是敦煌莫高窟、龙门石窟、云冈石窟。其中，敦煌莫高窟在甘肃省，龙门石窟在河南省，云冈石窟在山西省。

这三大石窟都是佛教石窟，佛教虽然发源于印度，但是在我国却得到了很大的发展。经过历代无数能工巧匠的不懈雕刻，在一面面的石壁上凿出了一尊尊的佛像，形态各异，有的慈眉善目，有的严肃威严，显示了古代劳动人民的高超雕刻技艺，并留给了我们后人这些珍贵的艺术遗产。

197. 中国最大的港口——上海

我国海岸线漫长曲折，天然良港也不少，其中最大的港口就是上海。

上海在中国的知名度是很高的，高到什么程度呢？应该说是和首都北京齐名的。在中国，人们说起大城市，就会首先说出北京、上海。实际上上海确实是中国最大的城市，人口比北京还要多几百万，是我国的经济中心和最大的工商业城市。拥有很多个的第一头衔。

上海作为我国最大的港口，和它得天独厚的优越地理条件是分不开的。上海处在中国海岸线的中间位置，同时又是中国最大的河流长江的入海口，天然的区位优势，是其他的港口所不具备的。上海本身又处在我国最大的长江三角洲工业基地中心位置，成为我国最大的港口也是理所当然了。

198. 中国四大著名园林

我国的四大著名园林是颐和园、避暑山庄、拙政园、留园。颐和园在北京，是清代的皇家园林。当年慈禧太后奢侈腐败，私下挪用海军军费修建的就是颐和园，自掘坟墓，这可能也是甲午海战清朝战败的一个原因吧。

避暑山庄在河北省的承德，所以也常称作承德避暑山庄。和颐和园一样，承德避暑山庄也是清代皇帝的皇家园林，但是承德避暑山庄同时具有很浓厚的政治意义。清朝的康熙等皇帝在这里接见蒙古的王公大臣和西藏的达赖喇嘛，同时通过木兰围猎这种活动，震慑蒙古贵族安分守己。

拙政园和留园在江苏省苏州市，这是南方园林的代表，亭台楼阁，小桥流水，充分体现了我国的建筑和园林艺术。现在，这些园林都是人们喜爱的旅游之地。

199. 山西大院有着什么样的文化底蕴？

乔家大院是山西古建筑中形成的各种大院文化中最典型的一个院落。乔家大院的地理位置在山西祁县的乔家堡村。

乔家大院说是一个院落，实际上像是一座城堡。乔家大院的大门和城门很像。走进乔家大院，仿佛置身在一座方形的城堡之内，在院的中间有一条巷道，巷道的两端分别是城门和祠堂。在巷子的左边各有 3 个大门，在乔家大院一共有 6 个院落，院子左右两侧还有侧院，并且每一个院落中还有两三进的小院，据统计所有的院落加起来共有房屋 313 间。乔家大院拥有如此复杂的建筑，其中蕴含着丰富的文化内涵。

山西大院中除了乔家大院，还有著名的渠家大院。这个院落位于祁县县城东大街路北，在清末明初显赫一时，据说是当时名门望族、晋商渠源浈的宅院。渠家大院的占地面积为 5317 平方米，里面一共有 8 个大院，房间数总计有 240 间，还有中套的四核式院落 19 个。这个大院的外形也像一座城堡，墙头还有垛口式女墙。另外还有宽敞高大的阶进式大门洞，上面设计有一座玲珑精致的眺阁，看起来显得十分巍峨壮观。

山西商人曾经辉煌一时，如今已经没有了往昔的富商，但是他们留下来的这些大院依然在讲述着当年的昌盛历史，富有深厚的文化底蕴。

200. "平遥古城"有哪"三宝"？

平遥古城坐落于我国山西中部，它是一座有着2700多年的文化名城，现在已经成为了世界文化遗产。人们常说平遥有三宝：

第一宝就是平遥县古城墙。这座城墙扩建于明洪武三年（公元1370年），周长6.4公里，虽然这座城墙在明、清两代都有补修，但大体上还是更多地保留了明初的形制和构造。整座城墙的形状为方形，墙的外表全部由砖砌成，墙上筑有垛口，墙高有12米左右，墙外有护城河。城周共有六道辟门，东西各有两道，南北各有一道。东西城池外又筑以瓮城，目的是为了起到防守的作用。城墙共有垛口3000个，观敌楼72座，据说这样建造是有一定原因的，说象征了孔子三千弟子及七十二圣人。至今，城墙已经有了600多年的历史，依然保存于世。

第二宝是镇国寺。走出古城北门就能看见镇国寺。这座古寺中的万佛殿是在五代（公元10世纪）时期修建，到现在这座古寺已经拥有1000多年的历史，在中国古老木结构建筑中排名第三。在万佛殿内仍然保留着五代时期的彩塑，是具有较高价值的雕塑艺术珍品。

第三宝是双林寺。该寺位于平遥古城的西南方。据史料记载，这座古寺是在北齐武平二年（公元571年）修建而成的。该寺内保存元代至明代的彩塑雕像的大殿就有10多座，被人们誉为"彩塑艺术的宝库"。

201. "五台山"的名字是怎么得来的？

五台山原名紫府山，也叫五峰山道场，位于中国山西省东北部。因为五台山作为佛教寺院，历史悠久，规模宏大，所以有全国佛教四大名山之首的美誉。

五台山名字的来历，其中还有一段历史故事。据说，远古时代五峰山的气候炎热，常年如此，当地百姓的生活十分难熬。一次文殊菩萨正好去那里讲解经文，他看了百姓的生活那么艰难，十分同情他们，于是他下定决心要百姓们摆脱痛苦的生活。文殊菩萨化装成了一个向人化缘的和尚，不远万里去向东海龙王求助。

到了东海，文殊菩萨看到了龙宫门口有一块青色的大石头，那块石头能够散发出清凉，于是，文殊菩萨就将石块带了回来。文殊菩萨将那块带来的石头放在了五峰山的一道山谷中，一瞬间，山谷就出现了令人惊讶的一幕，顷刻间变成了清爽无比、山水富饶的纯天然牧场。因此，那道山谷就被称为了清凉谷。

后来，人们在那里建造了一座寺院，清凉石被人们放在了院内。因此，五峰山又叫作清凉山。文殊菩萨的事迹被隋文帝知道后，为了供奉文殊菩萨，便下诏在五峰山的台顶上分别建立一些寺院。东台顶建有聪明文殊，西台顶建有狮子吼文殊，南台顶建有智慧文殊，北台顶建有无垢文殊，中台顶建有孺童文殊。因此，人们便把这座山改名为了五台山。

202. "黄鹤楼"是一座什么样的楼?

黄鹤楼是三大名楼之一，位于湖北省武汉市，素有"天下江山第一楼"的美誉。黄鹤楼的建筑风格非常地独特，带有民族特色。黄鹤楼的内部，每一层的风格都不一样。

第一，底层的大厅高大宽敞。在正中间有一个高达 10 米的藻井，正面壁上有一幅超大的陶瓷壁画，上面还写有"白云黄鹤"四个大字。两旁分别有两个立柱，在立柱的上面分别悬挂着长达 7 米的楹联：爽气西来，云雾扫开天地撼；大江东去，波涛洗净古今愁。

第二，二楼大厅的正面墙上写有唐代阎伯理撰写的《黄鹤楼记》，这些都是用大理石镌刻在上面的，内容主要是描述黄鹤楼的历史和名人逸事。楼记两侧两幅壁画，分别是"孙权筑城"和"周瑜设宴"，前一幅生动形象地记述了黄鹤楼和武昌城如何产生的历史，后一幅反映了三国名人和黄鹤楼之间的历史故事。

第三，三楼大厅还有一些壁画，上面描绘的有崔颢、白居易、李白、陆游等唐宋时期著名人物的"绣像画"，并且还收录了他们曾经赞颂黄鹤楼的名句。

第四，四楼大厅被屏风划分成了几个小厅，里面收藏的有当代名人的字画，游客可以观看和购买。

第五，顶层大厅收藏的有《长江万里图》等长卷和壁画，供游客观赏。

虽然黄鹤楼从创建到现在，各个朝代的风格都不一样，但是都极富有个性。从整体看，这位楼雄浑之中，还透露着灵巧，非常富有韵味和美感，是旅游的最佳去处。

203. "岳阳楼"有着什么样的传说？

岳阳楼位于湖南省岳阳市，紧挨着洞庭湖畔。岳阳楼是江南三大名楼之一，另外两个分别是江西南昌的滕王阁和湖北武汉的黄鹤楼。自古以来就有"洞庭天下水，岳阳天下楼"的美誉。

关于岳阳楼的修建一直流传着一个传说：唐开元四年，张说被贬到岳州之后，他决定在鲁肃阅兵台的旧址上建造一座"天下名楼"，于是就贴出榜文招聘全国各地的知名工匠。不久，就有一位名叫李鲁班的青年木工来到这里修建名楼。一个月后，他只设计出了一座过路小亭的图纸。张说特别不满意，就再给了李鲁班七天的时间，让他必须设计出一座特别气派的楼阁图纸。

正在李鲁班发愁之时，一位白发苍苍的老人走来问他为何事发愁。老人明白了这位青年的苦恼，就给了他一些编有号码的木头，并告诉他："这些小东西，你如果喜欢，就不妨没事摆弄一下，或许能够摆出名堂呢！如果不够，可以来连升客栈找我。"说完，老人就离开了。李鲁班摆弄了一会儿，最后出来了一座很气派的楼型。李鲁班连忙向老人致谢，老人告诉青年人自己是鲁班的徒弟，姓卢。最后，老人在湖边还写下了"鲁班尺"三个字，就立刻消失了。工地上的人都向消失的老人跪拜不已。后来，就建成了如今的岳阳楼。这就是岳阳楼的修建传说。

204. 中国的"人间天堂"——西湖

杭州西湖是我国闻名中外的旅游胜地，现位于我国浙江省杭州市。因为这里拥有秀丽的湖光山色以及众多的名胜古迹，所以被誉为"人间天堂"。那么，西湖的名称是怎么来的呢？

其实，西湖原本是一个潟湖。据史书记载：秦朝时期，西湖起初只是一个和钱塘江相连的海湾。在西湖南北方向分别耸立着吴山和宝石山，西湖这个小海湾正好被这两座山环抱着。后来在潮汐的冲击下，泥沙淤积在两个岬角，逐渐成了沙洲。沙洲慢慢就向东、南、北三个方向扩展，最终吴山和宝石山的沙洲被连在了一起，冲积成了一片平原，这片冲积平原就把海湾和钱塘江分开了。自此，之前的小海湾成了一个内湖，就是今天的西湖。

关于西湖的由来，还有一个美丽的传说。相传，天上有两个人，一个叫玉龙，一个叫金凤。他们在银河边的一座仙岛上发现了一块白玉，两人研究了很长时间没有结果。后来白玉变成了一颗耀眼的明珠，据说，凡是被明珠的珠光照的地方，树木常青，百花齐放。但是这件事被王母娘娘知道了，于是她就想夺走宝珠。玉龙和金凤在夺回宝珠时与王母娘娘发生了争抢，王母手一松，明珠就降落到了人间，于是就变成了美丽的西湖，玉龙和金凤下凡后就成了玉龙山（即玉皇山）和凤凰山，永远保护着西湖。

205. "断桥"为何如此美？

断桥是西湖中所有桥梁中最有名的一座桥梁，现在位于白堤东端。据说，断桥在唐朝时期就已经建成了。在诗人张祜《题杭州孤山寺》一诗中就出现了"断桥"一词。

断桥之所以这么有名，原因就在于断桥上流传着一个美丽感人的爱情故事，即许仙和白娘子的爱情故事。相传，白娘子原本是一条正在山野中修炼的小白蛇，而许仙只是一个小牧童。有一天，小白蛇不小心被人捕获了，险些丧命，这时恰好被许仙看到，挽救了小白蛇的性命。一千七百年之后，小白蛇终于修炼成了人形。费尽千辛万苦，白娘子终于在杭州西湖寻找到了前世的挽救自己性命的小牧童，也就是现在的许仙。最后白娘子和许仙结为了夫妻，后来经过了水漫金山寺的事情之后，又再续前缘。当时二人相遇的桥就是断桥，断桥就是因为这样一个美丽的爱情故事成为了西湖中最知名的一座桥梁。

206. "蝴蝶泉"有着怎样的美丽传说？

蝴蝶泉，是一个旅游的好去处，它位于大理点苍山云弄峰之下。这里不但景色秀丽，泉水清澈，还有更吸引游客的蝴蝶会奇观。

每年的蝴蝶会那天，就有很多人慕名而来观赏蝴蝶会。人们的欢声笑语更使这个蝴蝶会显得热闹非凡。关于蝴蝶会还有一个美丽的神话传说。

蝴蝶泉又名无底潭。相传，古时在云弄峰下的羊角村中住着一位名叫雯姑的姑娘，这位姑娘不但相貌出众，而且还特别地勤劳能干。小伙子们做梦都想得到这位好姑娘。在云弄峰上还住着一个名叫霞郎的年轻猎人，他长得很英俊，心地好，还有高超的武艺。有一年，雯姑与霞郎两人在三月三的朝山会上相遇，可以说是一见钟情，所以二人就互订终身。苍山下有一个凶恶残暴的俞王想让雯姑做他的妃子。于是就派人抢走了雯姑。

后来，霞郎不顾自己的危险潜入宫中把雯姑救了出来。这件事被俞王知道后，立即带兵穷追。当他俩跑到无底潭边时，已经累坏了，在前有深渊、后有追兵的情况下，二人跳入了无底潭。第二天，人们在深潭中没有发现霞郎和雯姑的尸体，他们只看见在深潭中翻起了一个很大的水泡，接着就有两只美丽夺目的蝴蝶飞出了水面。蝴蝶在水面上形影相随，翩然起舞，然后就招来了成群结队的蝴蝶，所有的蝴蝶都在潭上面嬉戏飞舞。从此，人们就把无底潭命名为了蝴蝶泉。

207. 游"泰山"不能错过的两大奇观

"五岳"之首的泰山位于山东泰安。泰山素有"中华国山"、"天下第一山"的美称。游览泰山最好是在每年的 5 月到 11 月。在游泰山时，我们一定不能错过的两大奇观：泰山日出和晚霞夕照。

泰山日出特别美，是泰山最壮观的奇景之一。黎明之时，站在泰山之顶举目远望，就会看到特别美丽的情景，只见一线晨曦由灰暗变成淡黄，逐渐又从淡黄变成了橘红。此时此刻，变幻莫测的云朵以及布满天空的彩霞几乎要和地平线上的茫茫云海成为一个整体，就好像悬在天空中的一幅巨大的油画即将从天而降。太阳终于露出了笑脸，冉冉升起在天际，不一会儿的工夫，群峰都仿佛被染上了金灿灿的颜色，煞是美丽，好一幅壮观的泰山日出的画面。

晚霞夕照是泰山另一个壮观的奇景。当夕阳西下之时，又恰逢晴朗天气，此时漫步泰山，抬头仰望，便会看见天空的残云就好像是连绵不断的群山，一道道金光穿云破雾，洒遍人间。云峰在阳光的映照下仿佛被镀上了一层金边，不时地闪耀着奇异的光辉。五颜六色的云朵让人喜爱至极，好像经过了仙人的手修饰一番，变化速度极快。这时如果出现了云海，漫天的霞光就会被映照在"大海"之中，景色宜人，极其壮美，让人十分陶醉。因为这样的奇观和天气的联系十分密切，所以要想欣赏到这样的奇观，必须把握好时机。时机选好了就能领略这样的奇观美景，让你大饱眼福。

208. "蓬莱"是怎样出名的？

蓬莱位于山东省烟台市，在胶东半岛最北边，和渤海和黄海相邻，东临烟台，南接青岛，以北是天津、大连等城市，还有朝鲜半岛。蓬莱地名是怎么来的呢？

其实，秦始皇以前，蓬莱就已经作为神山的名字出现了。在始皇二十八年（公元前219年）时，秦始皇东巡时就来过胶东，当时过黄陲，到成山，登芝罘。始皇这次东巡的目的是为寻找神山，找到能够使人长生不老的一种药。

当时是秦朝丞相李斯陪始皇东巡的。秦始皇来到蓬莱，他站到了海边，但是只看见一望无际的大海，根本就看不见神山的影子。秦始皇突然发现了波浪中有一片红色，就问身边的方士："那是什么？"方士便回答始皇帝说："是仙岛。"始皇又问："那个仙岛叫什么名字？"方士一时不知道怎么回答。这时方士看见了水中有海草在动，于是就用草名作答："那叫蓬莱。"蓬莱的名字就是这样来的。人们觉得这里不但有山有水，还有神仙出没，就把这个地方称为了"人间仙境"。后来，许多中国古典小说中也有关于蓬莱的描述，比如《三国演义》、《西游记》和《红楼梦》等。

209. "峨眉山"为何如此吸引人？

峨眉山素有"秀甲天下"的美誉，位于中国四川峨眉山市。作为四大佛教名山之一的峨眉山地势陡峭，风景秀丽，成为了蜚声中外的旅游胜地。

峨眉山景区面积 154 平方公里，景区植被丰富，植物的数量多达 3000 多种，其中还有许多世界上比较少见的树种。峨眉上最高的山峰海拔就有 3099 米。整座山看起来巍峨雄壮，所以还有"雄秀"的美称。峨眉山的登山路线就有将近几百里，所以攀登者必须具有较强的体力和耐力，对于游客是一项非常大的挑战。近年来，这里修建了索道，游客可以轻松地到达山顶。

峨眉山的山路途中会有很多的猴子，这些猴子经常向过往的游客讨要食物吃，也给秀丽的峨眉山增添了一道靓丽的风景。当登临山顶之后，就可以俯瞰万里云海，别有一番风情。还可以欣赏到"日出"、"云海"、"佛光"、"圣灯"四大美景。其中"佛光"一定要看，因为这是游览峨眉山必看的景观中最壮美的奇观，如果错过了这种奇观，乃是人生的一大遗憾。

从山下眺望峨眉山，那在水一方的景象和大桥，会给你一种身在蓝色多瑙河的错觉，瞬间觉得超脱于世俗之外，感觉特别美好。会让人有一种想要隐居在这峨眉山下的冲动，甚至会觉得比登上峨眉山还有情趣。

峨眉山的"雄、秀、神、奇、灵"，使它成为了无数游客心中向往达到的适宜探奇览胜的理想去处。

210. "黄果树瀑布"和其他的瀑布有什么不同？

黄果树瀑布，位于中国贵州市。黄果树是世界上仅有的一个可以从上、下、左、右、前、后六个方位观看的瀑布。又因为它的大瀑布雄美壮观，瀑布群连环密布，壮丽无比，享誉海内外，并有"中华第一瀑"的美誉。

黄果树的瀑布高度为 77.8 米，主瀑的高度和顶宽分别是 67 米和 83.3 米，瀑布的宽度为 101 米。黄果树瀑布并不是只有一个瀑布，在它的上游和下游的河段上共有 18 个风格各异的瀑布。这些瀑布具有雄、奇、秀、险的特点。黄果树瀑布的形成主要源于所处的地理位置，因为这里属于喀斯特地貌，所以在喀斯特地貌的作用下形成了这样一个典型的瀑布。

黄果树瀑布的对面设有一个观瀑亭，站在这个观瀑亭上，游人就可以欣赏到波涛汹涌的河水奔腾直泄犀牛潭，十分壮观，腾起的水珠就有 90 多米高，以至于附近形成水帘。盛夏来到这里，不但能够观赏到美景，还可以祛除暑气。在瀑布后面的绝壁上，有一个洞深为 20 多米的洞，称为"水帘洞"，洞口常年被瀑布遮盖着，游客还可以在洞内观看天然水帘的美景。

黄果树瀑布的美并不是三言两语就能说完的，只有身临其境，才能真切地感受到它的壮丽之美，绝对让你流连忘返。

211. 浙江"千岛湖"有一千个岛吗?

浙江千岛湖在浙江省淳安县境内。千岛湖景区的面积共有982平方公里，其中湖区的面积就有573平方公里。因为在这个湖内一共有1078个岛屿，所以把它称为"千岛湖"。千岛湖中不乏美丽的岛屿，比如梅峰观岛、孔雀岛以及三潭岛等。

梅峰观岛在千岛湖中是海拔最高的一个，位于千岛湖中心湖区西端的状元半岛上，和千岛湖只有12公里的距离。它是千岛湖中一级景点，因为这个岛屿中的港湾纵横交错、群岛星罗棋布以及绝佳的生态环境。登上梅峰观景台，可以观看到大大小小的岛屿300多个，可谓是观岛的最好去处。曾经到这里的游客都一致称赞梅峰观岛的效果极佳。

孔雀岛也是一个不错的去处，位于界牌岛上，即千岛湖中心湖区与东南湖区交界处。这里空气非常清新，树木枝繁叶茂，在这里可以观看到孔雀开屏，孔雀觅食，孔雀群飞，孔雀欢叫，另外还可以和孔雀一起拍照留念，真是别有一番风趣。

三潭岛的位置在千岛湖中心湖区和东南湖区的交界处，还有10公里的距离就可以到达千岛湖镇，这里由三大区块组成，分别是山寨遗风、娱乐参与和特色餐饮。山寨遗风区的景点主要有民间用品陈列馆、山越文化馆等，还有一些本地的民家风情可供游客欣赏，比如民间歌舞、现场麻绣、茶艺表演等。

浙江千岛湖还有很多美丽的岛屿，一直吸引着八方来客前来观看，是继西湖之后，杭州第二个被评为国家5A级的旅游景区。

212. "台湾"这一地名是怎么来的?

"台湾"这个称呼的历史已经非常悠久。据《尚书·禹贡篇》中就提到了"岛夷卉服",这里指的就是台湾。司马迁的《史记》中也有关于台湾的记载。在清康熙三十一年(公元 1692 年)高拱乾主修的《台湾府志》中也有提到,夏商时期的扬州就包括台湾。

战国时期,古帝王就曾出海寻找过仙山。齐威王、齐宣王、燕昭王都曾经派人出过海。还有秦始皇求仙药的事情,非常出名。在战国时期的《山海经》中有关于"凋题国"的记载:"点涅其面,画体为鳞采,即鲛人也。""凋题"指的是皮肤上画的图案。因为台湾的原住民有在脸上画鲸蓝纹的习俗,所以可以推断"凋题国"就是指的台湾。

明朝初期,琉球中山国国王察度来京城纳贡时曾被封为琉球国王。当台湾岛被发现后,大琉球群岛就被称为了大琉球,台湾被称为了小琉球。明中后期,民间有很多称呼都指代台湾,比如鸡笼、北港、大鸡笼、大湾、台窝湾。当时官方把台湾称为东蕃或东蕃诸山、东蕃诸岛。后来,这些名字又被郑成功改为了东都、东宁。清康熙二十三年(公元 1684 年)清政府将"东宁"改为"台湾",一直沿用至今。

213. "日月潭"和"日月"有关吗?

日月潭位于台湾南投县鱼池乡水社村,它是台湾唯一的天然湖泊。日月潭这个名字到底是怎么得来的呢?下面就探寻一下日月潭名字的来历。

日月潭四周都有山,连绵不断。潭水清澈透亮,湖面宽阔,湖中倒映着群峰的影子,犹如一幅美丽的图画。夕阳西下之时,当月亮悄悄挂在天空的时候,有日光有月影,更加幽静,使日月潭显得更富有诗意。日月潭中有一个名叫珠子屿的小岛,之所以叫这个名字是因为从远处看,这个小岛就像漂浮在水面上的一颗珠子。后来人们就把这个岛屿作为界线,北边的湖形状像太阳,南边的像月亮,人们就把这个小岛叫作了日月潭。

关于日月潭来历的传说有很多,说法不一,流传最广的是第一个传说:

相传日月潭的发现要归功于一只神鹿。大约在 300 年前，有一只巨大的白鹿被当地 40 个打猎的山胞发现，白鹿拼命地跑，山胞就追了它三天三夜，都不见白鹿的踪影。第四天，山胞们偶然发现了一片翠绿的森林，在这片森林中，他们发现了一片碧水，碧水之中藏着一个拥有茂密树林的圆形小岛。这个小岛把大湖分为两半，一半像太阳，一半却像月亮。于是他们把大湖称为了"日月潭"。

214. 北京"王府井"名字的来历

王府井大街，是北京名气最大的商业区。有人就问，王府井这个名字和商业没有关系，为什么要把这个商业区起名为王府井呢？

原来，曾经北平王罗艺在这里修过王府，至今仍有帅府园的称号。罗艺就是《隋唐演义》中罗成的父亲。明朝时期，也有不少的达官贵人把王府修建在了这里。据《明成祖实录》载，这里曾经还有"十王府"、"王府街"的称号。到了民国时期，没有了帝王时代的存在，人们渐渐忘记了这些历史。

当时的北京老百姓的生活过得并不富裕，没有钱用来打井。那些能够出水的井，打出的水也是苦涩的，人们只能用那些水来蒸饭、洗衣服，喝的水还要去买。当时有一口甜水井特别有名，那口井打出来的水无色无味，还很甘甜，位置正好就在王府街旁的西侧。所以，人们就把这个地方命名为了王府井。

215. 北京"四合院"有哪些特点？

古人有诗云：庭院深深几许，庭院越深，越不得窥其堂奥。说的就是北京的四合院，四合院是一种四四方方或者是长方形的院落，就是三合院前面有加门房的屋舍来封闭。若呈"口"字形的称为二进一院；"日"字形的称为三进二院；"目"字形的称为四进三院。一般而言，大宅院中，第一进为门屋，第二进是厅堂，第三进或后进为私室或闺房，是妇女或眷属的活动空间，一般人不得随意进入。

元、明、清时期四合院逐渐成熟。元世祖忽必烈"诏旧城居民之过京城老，以赀高（有钱人）及居职（在朝廷供职）者为先，乃定制以地八亩为一分"，分给前往大都的富商、官员建造住宅，由此开始了北京传统四合院住宅大规模形成时期。1970 年代初，北京后英房胡同出土的元代四合院遗址，可视为北京四合院的雏形。后经明、清完善，逐渐形成北京特有的四合院建筑风格。

正式的四合院，一户一宅，平面格局可大可小。房屋主人可以根据土地面积的大小、家中人数的多少来建造，小到可以只有一进，大可以到三进或四进，还可以建成两个四合院宽的带跨院的。小者，房间为 13 间；一院或二院者，房间为 25 间到 40 间。厢房的后墙为院墙，拐角处再砌砖墙。大四合院从外边用墙包围，墙壁高大，不开窗户，以显示其隐秘性。从制式上来说，许多王府和寺庙也是按照四合院的布局进行设计和建造的。

216. "香港"名称的由来

关于香港名字的由来说法不一，其中最流行的说法是第一种，即香港的得名是源于一种香料。宋元时期，香港在行政上还属于广东东莞的管辖范围内。从明朝开始，在香港岛南部有一个小港湾，它是一个转运南粤香料的集散港。这个小港湾转运的香料都是来源于广东东莞，时间一长，这个小港湾就渐渐有了知名度，就被人们称为了"香港"。据说，当时香港转运的香料，质量都非常好，可谓是上乘品，还有"海南珍奇"的美称。

后来，香港当地的许多人也慢慢开始把香料作为一种致富的门道，得到了广泛经营，于是香港就和它种植的香料都有了很大的名气。这种香料曾经还成为了皇宫的贡品，当时鼎盛的制香和运香业得到了快速的发展。后来，虽然香料的种植业和转运业失去了以往的繁荣，但是香港这个名称却一直都没有改变。这就是香港名称的由来。

第六章

医疗卫生

217. 我国医院有什么样的历史？

我国是世界上第一个设置医院的国家。西汉年间，黄河一带瘟疫盛行，汉武帝刘彻为了救治百姓，命人在各地设置医治场所，配备医生和药物，免费给百姓提供药物，帮助百姓渡过难关。汉平帝元始二年（公元 2 年）就有"民疾疫者，舍空邸第，为置医药"的记载，就像现在的隔离医院。以上两则都是《汉书》中记载的内容，绝对属实可信。北魏太和二十一年（公元 497 年），孝文帝曾经就在洛阳设"别坊"，为百姓治病提供方便。隋代设有"病人坊"，专门收容那些患有麻风病的病人。

唐开元二十二年（公元 734 年），在长安和洛阳等地设有"患坊"，另外还设有悲日院、将理院等机构，专门收容那些贫穷的残疾人和乞丐。宋明年代，医院组织渐趋完善，开始分类招收需要治疗的病人。当时，医院主要有官方办的"安济坊"、慈善机构办的"慈幼局"以及私人办的"养济院"和"寿安院"等。南宋理宗宝祐年间（公元 1253～1258 年），当时，就有一个名叫刘震孙的人在广东建立了一所"寿安院"。此后，医院就成为了一个为病人治疗疾病的专门性机构。

218. 古代中医简史

中医指的是中国传统医学，它是一门研究人体生理、病理以及疾病的诊断和防治等方面内容的学科。我国古代中医学的发展经历了漫长的历史时期。

其实，早在我国原始社会就已经有了中医。春秋战国时期，已经初步形成了中医理论，出现了解剖学，医学开始分科，那时已经采用了"四诊"法，治疗方法主要有布气、砭石、针刺、汤药、导引、艾灸、祝由等。西汉时期，医生已经开始运用阴阳五行说来解释人体的生理，出现了"医工"、金针以及铜钥匙等。东汉时期，著名医学家张仲景已经了解了"八纲"（阴阳、表里、虚实、寒热）并总结了"八法"。而华佗创造了"五禽戏"，凭借着精通外科手术和麻醉声名远扬。

唐朝时期，孙思邈收集了 5000 多个药方，并采用辨证治疗，再加上具有高尚的医德，有"药王"的美称。两宋时期，宋政府设立了翰林医学院，此时医学分科已经趋近完备，并且统一了中国针灸穴位及出版了《图经》。明清以后，经方派中医逐渐被新出现的温病派所取代。一直到明朝后期，李时珍《本草纲目》的完成标志着中药药理学开始没落。总之，我国中医的发展经历了漫长的历史时期。

219. 中国传统医学的鼻祖

我国的中医历史悠久，经过不断地发展丰富，自成一派，医学理论完备，治疗方法多样，成为了一门具有中国民族特色的医学学科，而这个学科的一代宗师就是扁鹊，中医界把他奉为中医的开山鼻祖。

扁鹊是我国战国时期的著名医学家，医术高明，医德高尚，被世人称作"神医"。中国历史上的著名中医学家也相当地多，灿若星辰，可谓人才济济，但是，扁鹊对我国中医的发展有着里程碑式的特殊贡献。经过自己认真刻苦学习，再加上长期的丰富医疗实践经验，并总结前人的经验，扁鹊创立了中医延续千年的不朽诊断方法——望、闻、切四诊法，成为了中医诊治疾病的标准方法。

在当时的年代，扁鹊可以说是个医学界的全才，医术很全面，可以说是无所不通。但更为难能可贵的是他的医德也同样地高尚，长年行走于各国民间，悬壶济世，为广大的百姓医治疾病，解除痛苦，深得人们称颂和喜爱，名扬天下。扁鹊行医还有个著名的"六不治"原则：

第一不治：骄横跋扈、仗势欺人的人不治；

第二不治：见利忘义、不顾性命的人不治；

第三不治：不肯节制、暴饮暴食的人不治；

第四不治：讳疾忌医、一拖再拖的人不治；

第五不治：身体虚弱、不能服药的人不治；

第六不治：迷信巫术、不信医道的人不治。

220. "杏林"为何成为医学界的代名词？

人们一般用"杏林"来称颂医生，并且杏林还成为了中医学界的代名词，还用"杏林满园"、"杏林春暖"以及"誉满杏林"来称赞医生的医术高明及医德高尚。"杏林"到底是怎么来的呢？这就要追溯到三国时期的历史。

三国时期，吴国有一位名叫董奉的医生，家住庐山。董奉治病，却不收别人的报酬。如果他治好了一位重病患者，就让这位病人种植五棵杏树；如果他治愈的病人病情很轻，就要病人种植一棵杏树。十几年以后，杏树就有十万多棵了。董奉看到杏林十分欣慰，就住在了杏林。杏子成熟后，他又用杏子换来很多大米救济贫困的人。后来人们为了纪念董奉，就在其隐居处修建了杏坛、真人坛以及报仙坛。与此同时，"杏林"的故事就传扬开来。

明朝时期，名医郭东也效仿董奉，居山下，种杏千余株。还有明代的书画家赵孟頫在病危之际，名医严子成帮他把病治好后，特意为他画了一幅《杏林图》。后来人们就用"杏林"称赞那些具有高尚医德以及拥有精湛医术的医生，还用到了"杏林春暖"、"誉满杏林"等词句。自此，"杏林"就成为医学界的代名词。

221. 中国历史上有和扁鹊同名的人吗？

我们在日常的生活中有时候会遇见两个人同名，这也是正常的事情，没必要大惊小怪的，同样的道理，我国古代也不只有一个人叫扁鹊。除了我们的中医鼻祖战国时期的扁鹊外，还有一位比他年代更早的人也叫扁鹊，这就是传说中的轩辕黄帝时期的名医扁鹊。不同历史时期的两个人，但有趣的是两个人的名字相同，职业也相同，都是医生。到这里我们也许会猜想扁鹊可能不是他们的真正的名字，很可能是一种称呼或者称号，实际上我们的猜想是对的。

在我国的古代，扁鹊是一个有特定意义的称呼，专指那些医术精湛的人。但是为什么叫扁鹊呢？如果仔细品读这两个字，稍加联想，就会恍然大悟了。鹊就是喜鹊，人们一直把它当作吉祥的鸟儿，报喜的鸟儿。扁，户字头在上，而户字有自家的、门内的意思，综合起来就是报喜的喜鹊飞到了自己的家门，这是一种吉祥的象征，是人们喜闻乐见的。

救死扶伤的名医到家中为自己的亲人诊治疾病，解除痛苦，这不就是一件吉祥如意的事吗？所以人们就把名医冠以扁鹊的吉祥称号。这样看来，扁鹊不仅仅是这两位了，中华民族人才辈出，相信古时候在民间定有一些医术高明的人，悬壶济世，造福乡里，也被称为扁鹊。

222. 外科鼻祖——华佗

华佗是我国历史上的非常著名的医生之一，常常被后人称为"神医华佗"，在民间广为流传。千百年来，关于他精湛医术的传说语传口授，一直流传到今天。最著名的恐怕就是华佗给关羽刮骨疗毒，另一个就是给曹操治疗头痛病。

从这两个传说中可以知道，华佗是东汉末年三国时期的医学家。华佗的医术也相当地全面，其中也最擅长的就是外科。外科是医学上的专业术语，我们可以简单地理解成做手术方面。他根据自己的经验并参考前人的成就发明了古代的麻醉药：麻沸散。在给病人使用麻沸散的基础上，进行剖腹手术，治疗疾病，这是全世界医学史上外科全身麻醉进行手术的最早记载。这在医学不怎么发达的古代真的很难想象，很难让人相信，华佗也因此被称为"外科圣手"，被后人尊为"外科鼻祖"。

华佗之所以被后人传诵，除了他高超的医术之外，更重要的原因就是他崇高的品质、高尚的医德。东汉末年，宦官乱政，水旱不断，农民起义风起云涌，群雄割据，征伐不止，人们食不果腹，病无所医。华佗淡泊名利，多次拒绝为官，他非常地同情和关爱民间劳动人民，同时憎恨那些腐败欺人的封建官僚。凭着一颗善良的心和高明的医术，华佗长年在河南、安徽、山东等地悬壶济世，造福苍生。后来因不肯做曹操一个人的专用医生被曹操杀害，但是，民间的劳动人民是不会忘记他的，至今在河南许昌还有华佗的墓，足见人们对他的怀念和热爱。

223. 中医"医圣"——张仲景

张仲景是和华佗一个时代的人，在医学上的造诣和成就也是空前的，是东汉时期我古中医学的集大成者，被尊称为"医圣"。可以被称作医学上的圣人，可见他在医学上的地位，也可从中想象他在医学方面的境界是多么地炉火纯青了。

对张仲景的评价，后人除了尊他为"医圣"外，还常把他称作伟大的医学家，在世界的医学历史上，也可以称作是医史伟人。他的著作《伤寒杂病论》被认为是传世巨著，书中确立的中医治疗的基本临床原则是中医的灵魂，这部不朽的医学巨著对我国后世的医学发展影响巨大，是为中医者必读的经典之一。作为中国悠久历史上最杰出的伟大医学家之一，早在隋唐时期就已经蜚声中外了。

张仲景也是一位医术高明、医德高尚、治学严谨的千古名医，不仅受到当时老百姓的爱戴，直到现在，人们也很敬仰他。河南省南阳市现在还建有"医圣祠"，供人们悼念这位伟大的医学家。

224. 中国古代"药王"——孙思邈

孙思邈，汉族人，唐朝时期京兆华原（现陕西耀县）人，是中国历史上著名的医师与道士，同时也是中国乃至世界史上伟大的医学家和药物学家，有"药王"的美誉，被人称为"医神"。

孙思邈是唐朝时期一位医德高尚的医师。他认为，医生应该把解除病人痛苦作为自己唯一的职责，对于其他的就没有什么要求了，对病人一视同仁，"皆如至尊"，"华夷愚智，普同一等"。他身体力行，一心只为救治病人，不贪图名利，用毕生精力实现了自己的医德思想。他不仅是我国医德思想的开创者，还被西方称为"医学论之父"，他同希波克拉底一样是世界三大医德名人之一。

孙思邈不受荣华富贵的诱惑，一生淡泊名利，多次推却做官召请。据说，北周宣帝时，征召他为国子博士；到了唐太宗时，欲授予他爵位的官职；唐高宗欲拜其为谏议大夫，孙思邈都没有接受，他只是一心致力于医学。孙思邈毕生都在写书，共写出的书有 80 多种，其中《千金药方》和《千金翼方》两本最有名气，影响最大，两部巨著 60 卷，药方论 6500 首。《千金方》就是《千金药方》和《千金翼方》的合称，被誉为我国最早的一部临床医学百科全书，对后世医学的发展具有十分重要的作用。

225. 古代为什么将医生称为"郎中"？

一说到郎中我们就想到了古代的医生，其实郎中本来是一种官名，即帝王侍从官的通称，他们的职责是随从、护卫、顾问以及听候差遣。战国始有，秦汉沿置。那么从什么时候人们开始把医生称为郎中的呢？

宋代以前，人们一般用食医、疾医、金疮医等来称呼医生，称呼比较多，所以很复杂。那时候，可以治病救人的医学还很落后，医生与巫术有着千丝万缕的联系，人们根本就无法辨别什么是医以及什么是巫，所以人们干脆就把医与巫合称"巫医"。据史料记载，唐朝时期，巫医的地位普遍都很低下，只有一少部分例外。因为那少部分的巫医称经常为皇室的人治病，也就是我们说的御医，如果他们的医术比较高，还会得到皇帝额外的封赏，为了表示对他们的尊重，人们就把这些有医道的巫医称为郎中或大夫。

到了宋代，人们就将医生称为大夫或郎中了，也就成了一种职业名称。不过，令人们感到奇怪的是，黄河以北地区的医生人们称为"大夫"，而黄河以南的大多称为"郎中"。后来，就有了称呼医生为郎中的说法了。

226. "建安三神医"指的是哪三位医生？

"建安"这两个字我们并不陌生，我们知道有建安文学、建安七子。其实建安就是一个代表一定历史时期的年号，具体说建安是东汉最后一个皇帝汉献帝的年号，实际上这个时候的朝政大权是曹操控制的，汉献帝只不过是个傀儡。这就是历史上的"挟天子以令诸侯"。

建安时期虽然战乱动荡，但是也是个很精彩的历史年代。诞生了我国历史上非常著名的三位大师级的医学家，分别是华佗、张仲景、董奉。这三个人都医术高深、医德高尚、心地善良，每个人都成就斐然，是中医界里面不能不提的大家，各个堪称医学界里的巨擘。史称"建安三神医"。

华佗，发明"麻沸散"，可以给人剖腹手术，治疗疾病，开创外科麻醉手术的先河，被尊奉为外科鼻祖。他创立的"五禽戏"至今还被人们所用。此外，华佗在内外科、妇科、儿科等诸方面的临床实践诊治中，都曾妙手回春，治愈了很多的疑难杂症，堪称奇迹！所以民间往往用"华佗再世"来赞誉医家的精妙医术。可见华佗在人们心目中的地位和分量。张仲景被尊称为"医圣"，是个医学奇人、伟人、世界闻名的医学家。他的著作《伤寒杂病论》是中医的经典著作之一，至今仍是中医的必读经典书目。他的诊治理念是中医的灵魂所在，足见其在中医界的特殊地位。董奉，淡泊名利，也是医术和医德都堪做楷模的人，隐居庐山，悬壶济世，造福乡邻，并留下了"杏林"的美谈。

227. 为什么把中医行医称为"悬壶济世"?

《西游记》大家都很熟悉，里面的太上老君就是用葫芦来保存炼制的仙丹的，《葫芦娃》是我们小时候非常喜爱看的优秀国产动画片，《八仙过海》中的铁拐李也背着一个盛有灵丹妙药的葫芦，慈祥可爱的老寿星南极仙翁也手持一个葫芦，药王孙思邈上山采药也带着葫芦，他们共同的特点就是都随身带着葫芦。医家治病救人也本称作"悬壶济世"，又和葫芦有关，那么，葫芦是不是在中国文化里有特殊的意义呢？

葫芦在我们传统中华文化中是个吉祥物，在民间传统中是福禄吉祥、健康长寿的象征；在神话故事里是能给人带来福禄、吉祥的宝贝。人们相信葫芦能保护身体健康，所以会把葫芦悬挂在床边。用意是使患有疾病的人早日康复，健康的人保持健康，提高运势。从实际用途来看，用葫芦来保存药丸也是很好的方法。葫芦方便而且耐用，密封性也好，这些是陶罐、木箱子所不具备的特点。从外观上看，葫芦曲线优美，造型美观，也很惹人喜爱。把葫芦这样一个象征吉祥如意的器物悬挂于门前或者厅内，于人于己都是很吉祥的一件事，况且还有今天的所谓"招牌，打广告"的意味。久而久之，人们便把行医治病美称为"悬壶济世"了。

228. 为什么手术服的颜色变成了绿色?

从前，医生一直被我们尊称为"白大褂"。不过，目前医院手术室的医生们不再穿白大褂了，而是改穿绿大褂了。为什么手术服要改成绿色的呢？原来，使用绿色的手术服可以缓解眼睛的疲劳。因为如果一个人长时间观看一种颜色会感觉到眼睛疲劳，把手术服改成绿色可以达到颜色上的互补，长久地盯着一种颜色看，人的视神经就会发出一种补色进行自我调节。

比如，如果你一直盯着一张用鲜红色的笔在白纸上绘制出的表格，过一段时间后，你再转向另一张空白纸，你会发现这张白纸上出现了一幅一模一样的表格，只不过它的颜色发生了变化，成了浅绿色，因此我们可以说浅绿色就是红色的补色。那么，我们就可以想象一下医生在做手术的过程中，他的眼睛一直看到的就是血的颜色，时间一长，如果将视线转移到同伴的白大褂上，那么他就会看到白大褂上面布满了斑斑点点的血迹，视觉上就会出现混乱，从而影响手术的效果。所以，如果采取浅绿色衣料制作手术服，就可以解决这样的视觉问题，为手术的成功完成提供保障。因此，现在医院手术室的医生都不再穿白大褂，而是改为了绿大褂。

229. "天花"是一种什么样的疾病？

天花是由天花病毒引起的一种具有强烈传染性的疾病，也是世界上传染性最强的疾病之一。其实，我国晋代的劳动人民就已经开始关注天花的预防了。

晋代著名医学家葛洪曾经记载了两种传染病，其中一种就是天花。在葛洪的《肘后备急方》中就有关于天花这种传染病的记载，据说有一年发生了一次很怪异的流行病，凡是患上这种病的人全身都会起疱疮，刚开始时是一些小红点，时间一长就变成了白色的脓包，这种脓包很容易就会烂，如果不进行治疗，疱疮就会边长边溃烂，还会高烧不退，能够治好的概率只有10%，就算那10%的人痊愈了也会留下一个个的小瘢。

葛洪记载的这种流行病就是我们现在说的天花。阿拉伯的医生雷撒斯被西方医学界认为是西方最早记载天花的人，而葛洪认识到天花这种病以及开始预防比雷撒斯要早500多年，即葛洪就是我国第一个记载天花这种疾病的人。

230. 生活中的"药引子"有哪些？

药引子是可以起到引导的作用，使其他的药物的药力到达病变部位或某一经脉，俗称引药归经。另外，药引子还具有解毒、保护胃肠道、矫味以及增强疗效的作用。

生活中就有很多的药引子，比如黄酒、菊花、酸枣仁、芦根汤以及陈皮等。

黄酒之所以能够成为药引子是因为其酒性辛热，有舒筋活络、驱散风寒等作用，在服用治疗颈肩腰腿痛、跌打损伤、疮痈初起以及血塞经闭等症的中成药时，可以将黄酒作为药引子，每次10～15毫升，温热后送服。

菊花具有驱散风热、清热解毒以及明目平肝的功效。在服用一些治疗风热感冒、肝火上攻、瘟病初起、目赤翳障及痈肿疔疮等病症的中成药时，可以将菊花作为药引子，把10～15克的菊花煎汤送服。

酸枣仁具有补血安神、滋养心肝、益阴敛汗等功效，在服用一些治疗心悸失眠、体虚多汗以及心肝血虚等病症的中成药时，可以把酸枣仁作为药引子，用10～15克酸枣仁水煎送服。

芦根汤具有清热、生津、止呕、止血的功效。在服用一些治疗外感风热、瘟病初起等症的药物时，可以取芦根10～15克加水煎汤服用，效果特别好。

陈皮具有燥湿化痰、理气健脾的功效，在服用治疗食少吐泻、咳嗽痰多以及脾胃气滞等病症的药物时，可以把陈皮作为药引子。由此可见，药引子不但能够起到"催化剂"的作用，还可以起到辅助的作用。

231. "童子尿"是否有药用价值？

童子尿就是指还未出现性发育的男孩子产生的尿液。古人认为童子尿可以治病或者说童子尿有大补，为什么会有这样的说法呢？这是具有一定历史根据的。

在中国的本草上，人们都认为人和动物的尿和粪便可以治疗各种疑难杂症。在医学家李时珍的《本草纲目》上就有相关的记载，把人尿称为轮回酒和还元汤，童年男子的尿液更好。当时，人们认为童子尿是一种药，可以治疗各种病症，如症积满腹、寒热头痛、利大肠、止劳渴、止吐血鼻衄以及润心肺、治难产，等等。当时的古埃及也用过动物粪尿治病，但没有古代中医的记录详细丰富。

古代人类对自然的认识还不是很清楚，所以会有以上的说法。其实童子尿并没有人们说的那样神奇，甚至有毒，不具有养生保健的效果，更不能起到减肥的功能。在生产力比较低下以及医疗水平不高的社会早期，人们就把很多的东西当作了"药"，除了童子尿，人们甚至将粪便和坟场土也作为一种药来看待，完全是没有医学根据的。总而言之，童子尿可以治病是不正确的说法。

232. 何谓"六淫"?

六淫，是风、暑、湿、燥、火、寒六种外感病邪的统称。

一、风邪是"六淫之首"，风邪的致病特点：1. 风性善行数变，风邪具有飘忽不定、疾病的部位变化快的特点。2. 风性占主导作用，即风邪具有善动不居的特点。3. 风为百病之长，即风邪易伤人，使人致病。

二、暑邪是指夏季出现有炎热、升散特性的外邪。暑邪分为伤暑和中暑两种，中暑病情为重。暑邪的致病特点：1. 暑邪具有炎热的特点，易致病。2. 暑性具有易伤津耗气扰神的特点。3. 暑多挟湿。所以因暑邪得病常还带有湿邪一起，使人发病。

三、湿邪是指具有重着黏滞等特性的外邪。湿邪的致病特点：1. 湿邪为阴邪，容易损伤阳气，阻碍气机。2. 湿性黏滞。指症状上具有黏滞的特点以及病程具有缠绵性。3. 湿性重着。即湿邪致病后，容易使人体产生重着、沉重的特点。

四、燥邪是指具有干燥收敛、肃降等特性的外邪。燥邪的致病特点：1. 燥邪致病具有干燥的特点，易损伤津液。2. 燥邪秋季袭人致病最多，因秋季的所主之脏为肺，肺又与外界直接形通，最易受邪，故伤肺。

五、火邪是指具有炎热向上等特性的外邪。火邪的致病特点：1. 火热为阳邪，易耗气伤津。2. 火性炎上，易侵袭人体上部。3. 火热易伤风动血。即热邪使血的流速加快，迫使血液横溢，易导致出血；热邪可灼伤血络，使血出脉外。4. 火热易扰心神。5. 火邪易致疮痈。

六、寒邪是指具有寒冷、凝滞收引等特性的外邪。寒邪的致病特点：1. 寒邪为阴邪，易损伤阳气。2. 寒邪侵袭人体易使气机收敛，腠理堵塞，经络筋脉收缩而挛急。3. 寒邪凝滞。寒邪侵袭易影响人体气血津液的运行速度，凝滞阻塞而不通。"不通则痛"，因此，寒邪易引起"痛痹"。

233. 何谓"中药七情"?

《神农本草经》中记载："药有阴阳配合……有单行者，有相须者，有相使者，有相畏者，有相恶者，有相反者，有相杀者，凡此七情，合和视之。"其中单行、相须、相使、相畏、相杀、相恶和相反七个方面，就是中医上所说的"七情"。

1. 单行：即单味药，就是说不需要其他药物的帮助，就能发挥出预期的效果称为单行。如独参汤，只需要一味人参就能治疗元气大脱症。

2. 相须：即将药物性能和功效大致相同的药物配合使用，就可以增强原有的治疗效果。如石膏配知母可以增强清热泻火的功效。

3. 相使：即将两种在性质和功能方面有某种共性的药物搭配着使用，一种药物占据主导地位，另一种药物为次要地位，能提高主药物的疗效。如利水健脾的茯苓与补气利水的黄芪搭配着服用，茯苓就能使黄芪补气利水的药效增强。

4. 相畏：即一种药物的毒性反应或副作用，在和另一种药物一起使用的时候，容易受到另一种药物的抑制。如生半夏的毒性能被生姜抑制，故说生半夏畏生姜。

5. 相杀：即一种药物和另一种药物一起使用的时候，对另一种药物的毒性或副作用有抑制作用。如生姜能抑制生半夏的毒副作用，故生姜杀生半夏的毒。

6. 相恶：即两种药物一起使用，一种药物可以使另一药物原有的功效降低，甚至丧失药效。如人参恶莱菔子，因莱菔子能降低人参的补气功效。

7. 相反：即两种药物放在一起使用会出现毒性反应或副作用。如"十八反"中的若干药物。

234. 什么是"经脉"？

经脉是经络系统中的主干系统，同时也是十二经脉、奇经八脉以及附属于十二经脉的十二经别的统称，还是全身气血运行的主要通道。

十二经脉又名十二正经，其命名是有一定的根据的，是按照其所属脏腑、阴阳属性以及循行部位而定的。因为它们是属于十二脏腑的，所以各经运用其所属脏腑的名称，然后再结合循行于手足、内外、前中后的不同部位，最后依据阴阳学说的理论，给十二经脉起名称。

十二经脉的具体名称为：手厥阴心包经、手太阴肺经、手阳明大肠经、手少阴心经、手少阳三焦经、足太阴脾经、足少阴肾经、足阳明胃经、足厥阴肝经、足少阳胆经、足太阳膀胱经、手太阳小肠经。十二经脉是一个循环往复的传输系统，这是通过手足阴阳表里经的连接而逐经相传得到的结果。气血可以由经脉内至脏腑，外达肌表，营运全身。

235. 最早的"麻醉剂"是谁发明的？

现在医院做手术时都要先给病人注射麻醉药物，为的是减轻患者在手术中的痛苦。麻醉剂这种药是什么时候由谁发明的呢？

麻醉剂最初的名字叫作"麻沸散"，即世界上第一个发明和使用的麻醉剂，它是中国古代外科成就之一，是由我国古代杰出的医学家华佗创造出来的。在《后汉书》中就有相关的记载："若疾发结于内，针药所不能及者，乃令先以酒服麻沸散，既醉无所觉，因刳破腹背，抽割积聚。若在肠胃，则断截湔洗，除去疾秽，既而缝合，傅以神膏，四五日创愈，一月之间皆平复。"这段文字描述了有关割除肿瘤或肠胃吻合的手术过程，与现代外科手术的情景简直是一模一样，华佗不愧为世界上第一个使用麻醉药进行胸腔手术的人。

华佗发明的"麻沸散"不但对外科医学的发展起了巨大的推动作用，对后世也产生了深远的影响。华佗发明和使用麻醉剂，早于西方医学家约有1600年。因此，我们说华佗是中国第一个发明麻醉剂的医学家，也是世界上第一个麻醉剂的研制和使用者。但是，令我们感到遗憾的是，华佗的著作及麻沸散的配方都已经找不到了。

236. "药膳"最早出现在什么时候？

药膳不但是中医学的一个重要组成部分，还是中华民族一门独具特色的临床实用学科，更是中华民族祖先留给后代子孙的一笔宝贵遗产。

据记载，中国药膳食疗保健最早出现在夏禹时代。此时已有了商代伊尹制汤液的烹饪方法，并且烹调技术已经很高明了。到了春秋末期，孔子的《论语·乡党》中写道："食不厌精，脍不厌细，食饐而餲，鱼馁而肉败，不食。色恶，不食。"这是对饮食卫生提出了具体要求，是以保健的目的为出发点的。孔子认为注意饮食，可以防止疾病的发生。这是药膳食疗的发展，已经开始进入萌芽阶段。战国时期，出现了有关食疗的理论，在《黄帝内经》的有关章节中就提出了系统的食疗学理论，这对中国的食疗、食养和药膳的实践具有非常重要的意义。

汉代以前的食疗，对食疗药膳学的发展具有重要的指导作用。唐朝时期，药王孙思邈写成的《备急千金要方》标志着食疗学已经成为一门独立的学科。书中对五脏喜恶宜忌，食物气味、归经进行了详细的叙述，还着重论述食疗在医药中的地位，明确了它的重要性。并强调："夫为医者，当须先调晓病源，知其所犯，以食治之。食疗不愈，然后命药。"孙思邈认为治疗疾病应该首先运用食疗药膳的方法，足见他对食疗的重视程度，他将食疗学放到了很重要的位置。

明清时期，中医食疗药膳开始全面发展，几乎所有的本草著作都认识到了中药与食疗学之间有着重要的联系。例如明代李时珍的《本草纲目》中就记载了相当多的食疗药膳方，诸如用酒煮食乌鸡治风虚和用各种米粥治脾胃症等典型药膳。这些都明确地反映出食疗营养学发展到了一个全新的阶段。

237. "维生素"是一种什么样的元素？

我们平时买水果的时候都会考虑到这种水果中是否具有丰富的维生素。由此可见，维生素是一种好东西，尤其是对我们的身体健康特别有好处。那么，什么是维生素呢？

维生素又名维他命，就是指维持生命的物质，它是人类生命活动中必不可少的一种有机物质，同时也是保持人体健康的一种重要的活性物质。虽然人体内维生素的含量很少，但是却是不能缺少的一部分。维生素是一种有机化合物，人和动物在成长过程中都需要有维生素来补充营养。因此，维生素对机体的新陈代谢、生长、发育以及健康具有非常重要的作用。如果一个人长期缺乏某种维生素的话，生理功能就会出现问题，然后会引起某种疾病的发生。

目前，已经被人们发现的维生素有几十种。比如维生素 A、维生素 B、维生素 C 以及维生素 D 等。我们知道人们身体内缺乏维生素的原因主要有三个：第一，吃含有维生素的食物比较少，比如平时吃的食物种类比较单一或者因为食物的储存方法不合理，造成了食物中维生素的流失等；第二，维生素的吸收率比较低，比如消化系统出现了疾病或者摄入的脂肪量过少；第三，对维生素的需求量比较高，比如儿童、处在妊娠和哺乳期妇女以及特殊环境下的人群。我们知道了维生素缺乏的原因，就可以对症下药，找到补充维生素的方法，从而保证自己的健康成长。

238. 你知道我国的中医是如何诊断的吗？

中医是我国的传统文化之一，是值得我们继承并发扬的珍贵的文化遗产。

我国古代有很多名医，悬壶济世，为后人所传诵，扁鹊、华佗、张仲景，等等。历经发展，中医形成了独特而完善的"四诊法"，即望、闻、问、切。用今天的话说这是中医的专业用语。业内的专业术语。望，要用眼睛，也就是看，指认真仔细地观察病人的气色、疼痛部位等；闻，就是听的意思，指听声息，听病人的声音、呼吸的气息；问，指询问，询问病人的年龄、病情症状、生活环境等；切，也叫"号脉"，指摸脉象，通过了解脉搏的情况进而了解心脏乃至全身的整体情况。

四种诊断方法构成了一个有机的、完善的整体，互为补充。通过望、闻、问、切，在医学不怎么发达的古代，我国的中医尽可能详尽全面地了解病情，并根据诊断的情况作出有针对性的治疗措施。一直到今天，仍然为中医所用。

239. "望诊"是怎么诊断疾病的？

望诊是中医四诊法之一，指的是医生通过观察病人的神色、体型、皮肤以及排出物等来诊断病情的一种方法。

望诊能够诊断疾病是有一定的依据的，它是根据脏腑、经络等理论对疾病进行诊断。脏腑、经络等理论认为人体外部和五脏六腑有着十分密切的关系，如果脏腑功能活动发生了一些变化，就一定能够反映在人体外部的神、色、形、态等各方面。又因为十二经脉连通着五脏六腑和体表，并且与全身的筋、骨、皮、肉、脉（五体）相配：肺主皮毛，肝主筋，脾主肌肉，心主血脉，肾主骨。与此同时，五官也和五脏相关：目为肝之窍，鼻为肺之窍，耳为肾之窍，口为脾之窍，舌为心之窍。因此，我们得出通过观察体表和五官形态功能的变化征象，就能推断内脏的变化的理论。

另外，体表和五官形态的变化还可以反映出全身精气的盈亏。精、气、神的变化主要表现在头部和眼部，同时还可以通过观察全身的形态、语言气息、面部色泽、脉象以及舌象来判断精、气、神是否充、足、旺。一个人只有精充、气足、神旺，才能具有健康的体魄；如果精亏、气虚、神耗，那就是患有疾病或者身体有什么不适。因此，望诊这种方法不仅可诊察内脏病变，还可了解人体的精、气、神的变化情况。

240. "闻诊"是怎么诊断疾病的？

闻诊是中医诊断学名词，也是中医望闻问切四诊法之一，它是一种医生通过听病人发出的声或者闻病人体内排出物的气味来诊断疾病的方法。

闻诊是有一定的理论依据的。因为脏腑生理和病理活动过程中，能够使人体内发出各种声音和气味，因此就可以通过利用辨别声音和气味的方法来推断脏腑生理和病理的变化情况，在临床上可推断正气盛衰和判断疾病种类。闻诊的内容包括听声音和嗅气味两方面：

第一，听声音就是指诊听病人的声音、语言、咳嗽、呕吐、呼吸、嗳气、肠鸣、喷嚏等各种声响，然后根据声音的大小、高低、强弱、清晰程度区别寒热虚实。通常情况下，如果声高气粗重浊多属实症，反之则属虚症；如果出现了语言错乱的情况，就多属心之病变；如果咳嗽、打喷嚏比较多就可能和肺病有关；如果出现了呕吐、呃逆、嗳气多则是胃气上逆的表现；如果叹息多则与肝郁有关系。

第二，嗅气味可以分成病体和病室两方面：1. 病体的气味的产生主要是因为人体脏腑、气血、津液受了邪毒的影响产生了败气，然后从体内排出。因此，可辨脏腑气血的寒热虚实及邪气所在。通常情况下，如果没有臭味或者略有腥气的情况，多属虚寒症；如果是酸腐臭秽的气味，多属实热症。2. 病室气味，就是通过病体及其排泄物气味散发出来的，比如尿臊味多见于水肿病晚期患者；失血症病人室内有血腥气味；瘟疫病人室内有霉腐臭气。

241. "问诊"是怎么诊断疾病的？

问诊是中医四诊法之一，它是一种通过中医向病人和其知情者询问疾病的发生、发展、现状以及治疗经过等方面的情况来诊断疾病的方法。

问诊时的方法和注意事项主要有：第一，首先要了解病人的主要病症，然后根据主要病症进行有目的、有计划、有步骤的询问。在询问的过程中既要突出重点，还要对病人的病情进行全面了解；第二，医生必须要有认真负责的态度，一定要仔细地询问，要对病人寄予同情，耐心细致，取得病人的信任，这样才能获得详细可靠的资料；第三，问诊时不能用暗示或诱导的方法，以免查询的资料与实际情况不相符，对于那些病情比较严重的病人不宜询问，不能为了得到完整记录而耽误了治疗时机。另外，还可对病人进行心理上的安慰，帮助病人树立信心。第四，问诊时，不但要听病人的倾诉，还要询问病人的一般情况，比如姓名、年龄、性别、婚姻、职业以及就诊日期等，还要询问病人疾病发生发展情况、当前症状以及个人病史等，对于妇女还需要询问她的月经和生育情况。其中，现在症状是问诊的主要内容和辨证的重要依据。对于现在症状的问诊，就要涉及问寒热、问汗、问胸胁、问胃脘、问头身、问腰腹、问饮食等内容。

242. "切诊"是怎样诊断疾病的？

切诊是中医四诊法之一，它是一种通过医者用手和指端触摸和按压病人体表的某些部位来诊察病情的方法。

切诊包括脉诊和按诊。脉诊是用手指按切病人的动脉，进而了解病人的病情，也称切脉或诊脉。五脏六腑的气血都是靠血脉输送的，遍及全身的每个角落。如果机体受到内外因素的影响，就会影响到气血在血脉中的流通情况，进而脉搏就会发生一些变化。最后，医者就可以切脉的方法了解到病人脉位的深浅、脉位的搏动情况、脉的形态及血流的流利度等，这样就可以判断出脏腑、气血以及疾病的表里、虚实、寒热等状态。如病变在肌表时就会有浮脉的表现；如果病变在脏腑时，就会有沉脉的表征；如果病变在阴症病候时，就会出现阳气不足、血行缓慢的情况，则是迟脉的表现，等等。

脉诊是中医中特有的一种诊法，是前人经过了反复的实践和验证才总结出来的一种诊断疾病的方法，是中医辨证的一个重要依据。什么事情都不是完美的，切诊也一样。在给病人切诊时，有时也会出现脉症不符的特殊情况，比如阳症反见阴脉、阴症反见阳脉等特殊情况。所以，不能片面地认为脉诊可以正确地诊断出各种疾病，要根据事实情况作出正确的诊断。

243. "心理疗法"是一种什么样的疗法？

心理疗法又叫精神疗法，这种治疗方法和化学、天然药物及物理治疗有着一定的区别。它是在医生和病人交往接触过程中，通过言语影响病人心理活动，从而治疗疾病的一种神奇疗法。

心理治疗方法具有一定的历史渊源。我们在翻看中国古代医家的医著时，就可以发现中医先哲们从整体宏观的角度探讨了"形神"即心身间的生理病理关系。随着历史的发展，心理疗法逐渐形成了具有民族特色的"脏腑藏神"、"七情内伤"的理论和本土化的"情志相胜"的操作技术，留下了耐人寻味的经典医案。与现代心理治疗的一些方法有着异曲同工之妙。

张从正（约公元 1156～1228 年），金元四大医家之一，是中医"攻下派"的代表医家。张氏精于中医的心理治疗，他在发挥《黄帝内经》中情态相胜的理论时说："悲可治怒，以怆恻苦楚之言感之；恐可以治喜，以恐惧死亡之言怖之；怒可以治思，以污辱欺罔之言触之；思可以治恐，以虑彼志此之言夺之。凡此五者，必诡诈谲怪，无所不至，然后可以动人耳目，易人听视。"在《儒门事亲》中，记载了张氏运用感、娱、怖、触、夺等方法没有用药就治愈疾病的验案，通过这些，我们基本上可以了解古代中医的心理疗法。

244. "中医八纲"指的是什么？

中医所说的"八纲"，是以阴、阳、表、里、寒、热、虚、实为主的辨证论治的理论基础。医生根据对病人的"望、闻、问、切"初步诊断后，根据人体正气的盛衰，病邪的性质，疾病所在的部位深浅等情况，进行综合分析，归纳为阴、阳、表、里、寒、热、虚、实八类症状，即为"八纲"。

八纲辨证是中医师诊断病情时常用的一种分析疾病性质及产生原因的辨证方法，通过八纲辨证法可确定其症状的分类，判断病因，为确诊和治疗提供了科学基础。八纲辨证是其他各种辨证法的基础。其他辨证法均是在八纲辨证基础上的深化。

在八纲辨证中，阴阳、寒热、表里、虚实八类证候之间的关系，并非是彼此平行的。一般而言，表证、热证、实证隶属于阳证范畴，里证、寒证、虚证统属于阴证范畴。所以，八纲辨证中，阴阳两证又是概括其他六证的总纲。此外，八类证候也不是相互独立，而是彼此错杂，互为交叉，体现出复杂的临床表现。在一定的条件下，疾病的表里病位和虚实寒热性质往往可以发生不同程度的转化，如表邪入里、里邪出表、寒证化热、热证转寒、由实转虚、因虚致实等。当疾病发展到一定阶段时，还可以出现一些与病变性质相反的假象。如真寒假热、真热假寒、真虚假实、真实假虚等。所以，进行八纲辨证时不仅要熟悉八纲证候的各自特点，同时还应注意它们之间的相互联系。

245. "小儿推拿法"可以治疗什么疾病?

小儿推拿法也称为小儿按摩，它是推拿法其中的一个流派。小儿推拿法主要是根据小儿生理病理特点，然后选取一定的穴位和部位，采用各式各样的轻揉细腻的手法，从而达到治疗小儿疾病的目的。

通过小儿推拿法可以治疗小孩各种常见的病症，如小儿消化不良、夜啼、遗尿、腹痛以及脱肛等疾病。小儿推拿这种治疗疾病的方法在文献中都可以查到相关资料，如在马王堆《帛书·五十二病方》中记载，用勺匙的周边括擦患儿病变部位就可以达到治疗疾病的目的；在晋代《肘后备急方》就有用捏脊方法治疗腹痛的相关介绍。唐朝时期，小儿推拿法得到了进一步发展，例如唐《外台秘要》中记载利用按摩小儿的头部及脊背可以防治小儿夜卧不安。到了宋代，在北宋《苏沈良方》中记载了有关掐法治疗脐风口撮等病症。

明清时期，出现了小儿推拿专科。有关小儿推拿著作就有 30 多种，目前，尚存的著作约有 10 种。最早的小儿推拿著作是《针灸大成》中的《按摩经》。而现存最早的小儿推拿专著是《小儿推拿方脉活婴秘旨全书》。因此，我们大致上可以了解小儿推拿法的发展历程。

246. "针灸疗法"如何治病?

针灸就是针法和灸法的合称。针法指的是把毫针依据一定的穴位刺入患者的体内，运用捻转和提插等针刺的手法达到治疗疾病的目的；灸法指的是把点燃的艾绒依据一定的穴位熏灼患者的皮肤，利用热的刺激达到治疗疾病的目的。

针灸是由"针"和"灸"构成的，它的内容包括针灸理论、针灸技术、腧穴以及有关的器具，针灸的形成和发展带有汉民族文化的色彩，并具有地域性的特征，是中医学的重要组成部分之一，还是汉民族文化发展和科学发展留给后代子孙的一笔宝贵的遗产。针灸治疗法是中国特有的一种疾病治疗方法之一，能够达到内外兼治的目的。

针灸是利用经络、腧穴的传导以及运用一定的操作方法，进而达到治疗患者疾病的目的。在临床上，先按照中医的诊疗方法确诊出疾病产生的原因，然后分辨出疾病的性质，并确定哪一经脉或者哪一脏腑出现了病变，接着辨明是表里、寒热、虚实三种类型的哪一类，做出诊断。然后根据相应的配穴处方对病人进行治疗。通过针灸的方法可以通经脉，调气血，平衡阴阳，使脏腑功能趋于调和，进而起到预防疾病的效果。

千百年来，针灸疗法对人们的健康、繁衍生息作出过卓越的贡献。至今，针灸治疗法仍然承担着治疗疾病的任务，深受广大群众信赖。

247. "拔火罐"是怎样出名的?

拔罐法又名"火罐气"，古称"角法"。它是一种治疗瘀血现象的疗法，即用杯罐做工具，借热力排去其中的空气产生负压，使其吸着在皮肤上，进而达到治疗疾病的目的。

火罐疗法，在我国已经有了很长的历史了，也是祖国医学的一笔宝贵遗产。在《外科正宗》就有火罐疗法的记载，那时叫作"拔筒法"。在《本草纲目拾遗》中同样也有关于火罐疗法的相关记载，其中这个疗法被叫作"火罐气"。其实，古代人刚开始治疗外科痈肿时，并没有使用火罐，而是把牛角筒磨出一个小孔，再将它罩在患部排吸脓血，所以一些古籍中才把"火罐气"也称作"角法"。晋代的医学家葛洪所著的《肘后备急方》中有关于拔火罐治疗疾病最早的记载，人们当时是利用挖空的兽角来吸拔脓疮的外治方法。

后来，竹罐、陶罐、玻璃罐逐渐代替了牛角筒，治病范围也开始扩大，从早期的外科痈肿扩大到风湿痛、一般风湿感冒、腰背肌肉劳损以及外伤瘀血等症状。唐代王焘著的《外台秘要》中同样也有关于如何使用竹筒火罐来治病的文字记载，如："取三指大青竹筒，长寸半，一头留节，无节头削令薄似剑，煮此筒子数沸，及热出筒，笼墨点处按之，良久，以刀弹破所角处，又煮筒子重角之，当出黄白赤水，次有脓出，亦有虫出者，数数如此角之，令恶物出尽，乃即除，当目明身轻也。"由此可见，我国晋、唐时代就已经利用拔火罐治疗疾病了。

248. "刮痧"为何能治病？

刮痧是中国一种传统的自然疗法，这种疗法是建立在中医皮部理论的基础上，然后再利用玉石、牛角等工具刮拭皮肤的相关部位，最终达到疏通经络、活血化瘀之目的。

刮痧这种自然治疗方法不但可以扩张毛细血管，增加汗腺分泌，促进血液循环，还对一些由于高血压、中暑、肌肉酸疼等原因形成的风寒痹症有很好的治疗效果。经常刮痧，还具有调整经气、缓解疲劳、增强免疫力的作用。刮痧这种疗法，现在已经发展为一种极为广泛的自然治疗方法。

其实，刮痧这种疗法已经有很长的历史了。明代的医学家张凤逵的《伤暑全书》中就有对痧症这个病的病因、病机以及症状有具体的论述。张凤逵认为，如果毒邪从皮毛进入体内，就能阻塞人体的脉络，阻塞气血，导致气血流通不畅；如果毒邪从口鼻处进入体内，就阻塞络脉，导致络脉气血不通畅。毒邪进入体内越深，郁积得就越厉害，那么毒邪就越剧烈，来势汹汹，就像燎原之势。对于这种情况，就必须马上采取措施，即刮痧的自然疗法治疗这样的病症。

在运用刮痧自然疗法的时候，第一要将刮痧器皿放置人体表皮经络的穴位，然后进行刮治，一直到刮出皮下出现了有血凝结成像米粒那样大小的红点为止。这个疗法可以使人体发汗，然后经过毛孔的扩张就可以将病毒排出体外，从而达到疏通经络、活血化瘀的目的。

249. 古人懂"胎教"吗？

胎教一词最早出现在我国的汉朝时期，那时胎教的基本含义是孕妇必须遵守的道德以及行为规范。古人认为，胎儿在母体中能够容易受到孕妇情绪和言行的影响，所以孕妇必须谨遵礼仪，给胎儿带来积极的影响。在《大戴礼记·保傅》中记载："古者胎教，王后腹之七月，而就宴室。"

西周时期，据刘向《列女传》中记载，周文王的母亲太任在妊娠期间，"目不视恶色，耳不听淫声，口不出敖言，能以胎教"。意思是说，太任怀孕时，从来不看邪恶的东西，不听淫乱的声音，不说狂傲的话，这就是在行胎教。"文王生而明圣，太任教之以一而识百，君子谓太任为能胎教。"就是说文王从一生下来就非常聪明，"教之以一而识百"，这是太任运用胎教的原因。

在贾谊《新书·胎教》篇中也有记载："周妃后妊成王于身，立而不跛，坐而不差，笑而不喧，独处不倨，虽怒不骂，胎教之谓也。"意思是说周成王的母亲怀孕时，保持良好的站姿，站立的时候不把重心倾斜在一边，保持良好的坐姿，坐的时候不歪斜，笑但不放声喧哗，独处时也不懈怠放任，即使发怒了也不骂人等，周成王的母亲总是用礼教的规范来约束自己的一言一行，为的是给腹中的胎儿带来积极的影响。由此可见，古人已经懂得了用胎教来影响孩子。

250.《伤寒杂病论》

东汉著名医学家张仲景去世后，他所著的《伤寒杂病论》一书开始在民间流行。但是当时由于出版条件的限制，人们只能抄阅，流通速度十分缓慢。

晋朝时期，一位名叫王叔和的太医令在一个偶然的机会看见了《伤寒杂病论》这本书。王叔和非常喜欢这本奇书，只是这本书不够完整，还差一部分的内容。王叔和为了能够尽快地阅读这本书，他就全力搜集《伤寒杂病论》的各种抄本，最后找到了关于伤寒的所有部分内容，然后加以整理，把它命名为《伤寒论》。《伤寒论》中记述了 397 条治法、载方 113 首，共 22 篇。但还是缺少《伤寒杂病论》中有关杂病的部分。

宋仁宗时，有一个名叫王洙的翰林学士在翰林院的书库里发现了一本名为《金匮玉函要略方论》的书。这本书一部分内容和《伤寒论》比较相似，而另一部分，介绍了有关杂病的知识。后来，名医林亿、孙奇等人奉皇上之命校订《伤寒论》时，把它和《金匮玉函要略方论》进行了对比，知道了是张仲景写的，就更名为《金匮要略》，共计 25 篇，载方 262 首。在宋代，《金匮要略》和《伤寒论》都得到了校订和发行。张仲景著的这两本书与《黄帝内经》、《神农本草经》并称为"中医四大经典"。

251.《黄帝内经》

春秋战国时期，《黄帝内经》是古代医家托轩辕黄帝之名创作的一部医学巨作，共有《灵枢》和《素问》两部分，是中国传统医学四大经典著作之一。这本医学著作主要研究人的生理学、诊断学、病理学、药物学和治疗原则等内容，是我国医学宝库中现存最早的一部医学著作。

关于《黄帝内经》有一个有趣的传说，黄帝时期，一共有三位名医，最有名就数俞跗了。他医道十分高明，尤其是外科手术方面特别有经验。据说，他治病一般不用汤药、石针和按摩的方法，除非必须做手术，才会动用刀子。

有一次，俞跗在河边偶然发现了几个人正准备埋葬一个因落水而死的女人。俞跗快步走上前去，阻止了他们，并询问死者掉进水里已经有多长时间了。其中有一个抬尸体的人说，那个女人是刚掉进水里的，刚从水里捞上来就没有呼吸了。于是，俞跗就让他们把尸体放在地上，首先为死者把了脉，接着看了看死者的眼睛，最后他让人把死者的双脚捆绑好倒吊在树上。死者刚一被吊起，就大口地往外吐水，吐完水后，俞跗才叫人将死者放下来。俞跗用双手在死者的胸脯上一压一放，然后拔掉了几根头发，放在了死者鼻孔上，一会儿发现发丝有了微动，然后告诉死者的家人说："别担心了，她已经活过来了，把她抬回家好好调养吧！"这个传说中俞跗治病的方法其实就用到了《黄帝内经》中记载的一些医学知识。

252.《备急千金要方》

《备急千金要方》简称《千金要方》或《千金方》，它是由唐代著名医学家孙思邈写成的一部综合性的临床医著，被誉为中国最早的临床百科全书，对后世影响颇深。

唐代著名医学家孙思邈认为"人命至重，有贵千金，一方济之，德逾于此"，就用"千金"来命名。《千金要方》在《大医精诚》、《大医习业》中主要书写了有关中医伦理学的基础；《千金要方》中对妇科和儿科专卷的论述，为宋代妇、儿科成为独立的学科奠定了基础；《千金要方》中的有关治疗内科疾病的方法，即提倡以脏腑寒热虚实为纲，这和现代医学按系统分类的内容有相似之处；《千金要方》中把飞尸鬼疰划分到了肺脏证治，提出饮食不当容易导致霍乱，还有关于骨关节结核易发部位的描述以及糖尿病与痈疽关系的记载，这些都表明了当时人们对疾病已经有了深度的认识；《千金要方》中有关针灸孔穴主治的论述，为针灸治疗提供了理论依据，增加了针灸取穴的准确性。因此，《千金要方》得到了后世医学家的重视。

253.《本草纲目》

《本草纲目》是我国明朝时期著名的医学家编著而成，他花费了毕生的精力完成了这样一部药物学著作。李时珍亲身经历，广收博采，全面整理和总结了中草药学，是李时珍 30 余年心血的结晶，不愧是我国古代的百科全书。就如李建元在《进本草纲目疏》中所说："上自坟典、下至传奇，凡有相关，靡不收采，虽命医书，实该物理。"

《本草纲目》全书收录植物药有 881 种，附录 61 种，共 942 种，再加上具名未用植物 153 种，共计 1095 种，占全部药物总数的 58%。李时珍把草部分为芳草、湿草、山草、毒草、蔓草、石草、水草、苔草、杂草九类，然后又将植物分为谷部、草部、果部、菜部、本部五部，是我国医药宝库中的一份珍贵遗产。这本书系统总结了 16 世纪以前的中医药学，在训诂、语言文字、历史、地理、植物、动物、矿物、冶金等方面取得了令人瞩目的成就。总而言之，这本药典在其他包含的药物数量、严密的科学分类以及生动流畅的文笔等方面都比历史上任何一部本草著作水平要高很多。《本草纲目》被誉为"东方药物巨典"，是我国医药宝库中的一份珍贵遗产，对人类近代科学以及医学的发展产生了深远的影响。

254."甘草"这种草药是怎么发现的？

甘草是一种补益中草药，它的药用部位是根和根茎，长为 25～100 厘米，直径为 0.6～3.5 厘米，药材的根呈圆柱形，其表面有芽痕，甘草的外皮松紧不一致，表面为灰棕色或红棕色。甘草具有清热解毒、祛痰止咳以及脘腹等功效。

甘草，它的药性比较和缓，能和很多的药物一起调和使用，是中药中应用最广泛的药物之一。甘草又被称为"甘国佬"，因为很多处方中都由它"压轴"。关于甘草的发现有一个有意思的故事。据说，从前某乡村中有一老医生，医术十分高明。

有一次，他打算去外地给人治病，临走的时候给徒弟了几包已经事先开好的药，让他的徒弟应付到家里来看病的人。那位老医生去了很久都没有回来，他留给徒弟的药眼看就要用完了。徒弟在束手无策的情况下，就将院子里那些烧水用的且带有丝丝甜味的干柴切碎包了起来，就说是他师傅走时留下的。出乎意料的是，那些患有脾胃虚弱、咳嗽痰多、咽痛、痈疽肿痛以及小儿胎毒的病人吃了这些甜丝丝的干柴，病都痊愈了。其实，这些干柴，就是我们所说的甘草。从此，甘草就成为了一种治疗疾病的中草药。

255. "冬虫夏草"对人体有什么样的功效？

冬虫夏草，是一种传统的名贵滋补中药材，有调节免疫系统功能、抗肿瘤、抗疲劳等多种功效。

冬虫夏草是一种名贵的中药材，具有阴阳双补的作用，在服用冬虫夏草的时候，一定要注意，或单药服用，或配合他药同用。我们可以把冬虫夏草用于煎水、炖汤、做成药膳来服用或用于泡酒、泡茶等。列如出现了腰痛、梦遗、耳鸣健忘以及神思恍惚等诸多症状时，就可以把 2 克的冬虫夏草研末空腹送服，每日早晚各一次；也可用 5 克的冬虫夏草配上杜仲、川断等煎汤饮服。如果是因为生病痊愈后依然体虚，或平素体虚容易感冒，就可以经常将冬虫夏草和猪、鸡、鸭、羊肉等一起炖着吃。如果和老公鸭一起炖，就需要 10 枚的冬虫夏草，然后加入少许黄酒，煮烂食用，可增强体质。冬虫夏草还有以下功效：1. 对心血管系统很有好处，可以改善心肌缺血，心律不齐；2. 能改善呼吸系统，扩张支气管，祛痰平喘；3. 对中枢神经系统能起镇静、抗惊厥、降温作用；4. 可以缓解慢性肾炎、肾功能衰竭等症状。5. 能提高机体免疫功能，增强抗病能力。

冬虫夏草有如此多的功效，不愧是一种稀奇珍贵的中药材，其用途和价值将会被越来越多的人认识和应用。

256. 枸杞子的药理作用

枸杞子是茄科植物宁夏枸杞的果实，其味甘、性平，具有补肝益肾的作用。《本草纲目》中说："久服坚筋骨，轻身不老，耐寒暑。"因为枸杞子中含有 14 种氨基酸，并含特殊的营养成分，例如甜菜碱、玉蜀黄素、酸浆果红素等，所以枸杞子具有很好的保健功效。

枸杞子的药理作用主要有：1. 食用枸杞子可以提高机体的免疫能力，增强机体适应调节能力，提高抵御疾病的能力，保持身体健康；2. 食用枸杞子可以抗癌，经试验研究发现：枸杞子中含有的一些微量元素可以控制癌细胞的生成和扩散，可以使癌细胞完全破裂，抑制率达 100%；3. 食用枸杞子可以明目，所以枸杞子还有"明眼子"这一俗称。一些患有肝视物昏花和夜盲症的人，就可以经常食用枸杞子；4. 食用枸杞子可以抗疲劳，枸杞子具有增加肌糖原和肝糖原储藏量的功能，进而提高人体的活力，起到抗疲劳的作用；5. 食用枸杞子可以改善大脑的功能，如果出现了记忆力下降，就可以食用一些枸杞子，增强记忆能力，提高学习水平；6. 食用枸杞子具有增强人体造血的功能。枸杞子具有显著增强造血细胞增殖的能力，增加白细胞的数量，提高人体的造血能力；7. 食用枸杞子可以治疗肥胖症。每天坚持用枸杞子冲茶饮用，可以减轻体重，起到减肥的作用。由此可见，枸杞子具有很高的药用价值。

257. "灵芝"具有哪些作用？

灵芝还有其他的名字，例如灵芝草、神芝、仙草等，它是一种产于亚洲东部的多孔菌科植物赤芝或紫芝的全株，还是一种具有千年药用历史的中国传统名贵药材。灵芝具有增强人体免疫力、调节血糖、控制血压、辅助肿瘤放化疗以及保肝护肝等功效。灵芝具有以下几种作用：

1. 灵芝具有保肝解毒作用。灵芝可以保护肝损伤，可以促进肝脏对药物和毒物的代谢，尤其对中毒性肝炎有显著的疗效。另外，灵芝可明显消除患有慢性肝炎的人出现的头晕、恶心、乏力、肝区不适等症状，可以改善肝功能。

2. 灵芝对人体的心血管系统具有很好的调节作用。动物实验和临床试验均表明，灵芝对扩张冠状动脉、增加冠脉血流量、改善心肌微循环、增强心肌氧和能量的供给有很大的益处。因此，灵芝可以广泛用于治疗或预防冠心病、心绞痛等症状。此外，灵芝还可以明显降低高血脂病患者的血胆固醇、脂蛋白和甘油三酯，防止出现动脉粥样硬化斑块。

3. 灵芝具有抗神经衰弱的功效。灵芝对中枢神经可以起到很好的调节作用。灵芝中的提取物可以使运动性降低，协调运动失调，还能使因服用中枢兴奋药咖啡因，然后导致痉挛和死亡的时间增长。这些结果均表明，灵芝对中枢神经系统有很好的扣制作用，起到了抵抗精神衰弱的功效。灵芝的作用还有很多，在这里就不一一列举了，总之，灵芝具有很高的药用价值。

258. "当归"名字的由来

当归别名秦归、云归、西当归、岷当归，它是一种多年生长的草本植物。当归的根部可以入药，甘肃、云南、青海、湖南、湖北、贵州等地都是当归的生长地。当归是一种中药，并且具有很高的药用价值。

当归的外形成伞状，当归的根略呈圆柱形，根的上端称为"归头"，主根称"归身"或"寸身"，支根称"归尾"或"归腿"，全体称"全归"。当归一般是在秋末时采挖，然后除掉须根和泥沙，就可以除去水分，再将其捆成小把后上棚，用烟火熏干。全当归具有活血的作用；当归身可以补血，而当归尾可以破血。甘肃定西市的岷县的当归品质是最好的，有"中国当归之乡"之称。可是为什么要把它命名为当归呢？源于三种说法：

第一种说法是，当归是调节女性疾病的良药，尤其是具有调血的功效，又有思念丈夫的意思，所以有当归之名，和唐诗"胡麻好种无人种，正是归时又不归"的意思一样。

第二种说法是，当归对妊娠妇女产后恶血上冲具有很好的疗效，如果出现了气血逆乱，服用后就可以使气血回归原处，当归之名由此得来。

第三中说法是，当归源于地名。当归的主要产地位于甘肃岷县，唐朝时岷县附近叫"当州"，当地有一种香草的名字就叫"蕲"，古时"蕲"和"归"的发音中用相同的押韵，所以叫作当归。这就是当归名字的由来。

259. 中医主要分为哪些流派？

中医学的形成就是对我国古代传统医学精华部分的继承和发扬，其实本无流派之分，因为不同医生主治的领域不同、相同的医术掌握的程度不同，也就出现了所谓的流派。在古中医主要有以下几个流派：

伤寒派：因张仲景的《伤寒论》而问世。伤寒派是问世最早的流派。张仲景介绍的辨证方法是六经辨证。其中还有明显的药证辨证、方证辨证以及体质辨证的例子。张仲景的伤寒论对于中医的兴盛有着极其重要的贡献。

脾胃派：该派由李东垣创立，也叫作补土派。李东恒创立《脾胃论》学说，认为脾胃是水谷气血之海，后天之本，虚则百病丛生，主张疾病由补脾胃，从脾胃着手论治。

滋阴派：由朱丹溪创立。该派治疗以滋阴为主。他创立"阳常有余，阴常不足"的论点，强调保护阴气的重要性，确立"滋阴降火"的治则，为倡导滋阴学说，打下牢固的基础。

寒凉派：以金元四大医学家之一的刘完素为主要人物，刘完素提出"五运六气"的理论，重视针灸治法，临床施治重视井穴、原穴。以火热论思想指导针灸临床，形成了以清热泻火为基点的针灸学术思想，对金元以后的医家影响很大。

温补派：指由张景岳、薛己主导的温补阴阳的流派，提出了"温补学说"，提出"阴常不足，阳本无余"的著名论点。

温病学派：以叶天士为代表。该派用药多以寒凉轻灵为特点。崇尚阴柔，恣用寒凉，治病喜欢补而害怕攻下，喜轻避重，讲究平和。

火神派：该派脱胎与伤寒派，但更主张补阳为先。所以该流派也叫作温阳派和扶阳派。代表人物是郑钦安。后人有吴佩衡、祝味菊、范中林、唐步祺、卢崇汉等。

第七章

教育常识

260. "八股文"是什么?

八股文,是中国明朝和清朝科举考试所采用的一种文体,又叫作制艺、制义、时艺、明文(相对于古文而言)、八比文等。之所以称为"八股文",主要是因为对文章有一定的要求,即必须要有四段对偶排比的文字,共有八股。"股"或"比",都是对偶的含义。

八股文主要在明清比较流行,其基本特点,大致为以下几个方面。

1. 题目一律用"五经"、"四书"中的原文。

2. 内容必须以程朱学派的注释为准。

3. 体裁结构有一套极为固定的格式。

全文由破题、起讲、入题等几部分组成。八股文对字数有一定的要求,有着明确的限制。按照明初的制度分为乡试和会试,用"四书"义一道为 300 字,用"五经"义一道为 500 字。清康熙时对字数的要求为 550 字,从乾隆后一律按照字数为 700 字的标准。

明清两代,大部分的官私学校都将八股文作为必修的课程。无论是童试、乡试还是会试,都要用到八股文。如果不懂八股文,是无法通过科举考试的,就更谈不上做官了。但是八股文只有一个用途,那就是应付科举考试,除此之外就没有其他的作用了。明清时期有许多有才的人士对八股文的态度都比较厌恶。八股文后来没有得到发展而是被人们遗弃,应该说是历史发展的必然结果。

261. "春秋笔法"是一种什么样的笔法?

"春秋笔法",又称"春秋书法"或"微言大义"。其实它就是我国古代史学编撰的一种叙述方式和写作技巧。

"春秋笔法"是孔子开创的一种笔法,即一种使用语言的方法和写作技巧。在文章的记叙之中,要从文章的整体上表现出作者的某种思想倾向,不能直接通过议论性的话语表达出来。"春秋笔法"正是符合了封建礼法的标准要求,不但能够表达出事实,而且还可以做到"为尊者讳,为贤者讳,为亲者讳"。

"春秋笔法"这种传统叙述史学的方法，在孔子写的《春秋》之中就能找到有关的文献记载。后世经学的评论家就对《春秋》做出过评价，他们认为《春秋》中每一个字都含有褒贬的意思，因此称曲折而意含褒贬的文字为"春秋笔法"。我们可以看出，春秋笔法是一种比较委婉的表达方法，人们也称之为"曲笔"。虽然它是一种委婉表达作者观点意见的写作方法，但是实际上还是以事实为依据的。所以我们说"曲笔"并没有歪曲史实。

自古以来，不同时期的人都会带有其所处历史时期的烙印和局限性。在记录历史时，一定要有所避讳，不可能要总是"直笔"，这是一种历史事实。

262. 你知道儒家"五常"吗？

中国儒家五常指：仁、义、礼、智、信，为了促进自身发展以及社会进步，每个人必须拥有这五种最基本的品格和德行。

仁，就是现在常说的换位思考，辩证地看待问题。仁是最基本的品格，最普遍的德行准则。

义，和仁并用为道德的代表。义也是一种人生观、价值观。很多有关义的词语，像"见义勇为"、"大义凛然"、"义正词严"等，意味着人生的责任和奉献。

礼，礼和仁二者互为表里，仁是礼的内在精神，礼是仁的外在形式。守礼重礼是礼仪之邦的重要传统美德和重要文化。明礼，从大的方面讲，就是讲文明；具体到个人说，就是日常待人接物的举止表现。礼仪作为个人修养的一个重要方面，用于处理与他人的关系，直接体现了个人的素质和魅力。这些已经成为个人、社会、国家文明发展程度的一个标准和最直观的体现。

智，睿智、理智、明智、明达。就是说要把智力和道德联系起来。

信，讲信用，靠得住，说话算数。这是做人处世的根本，童叟无欺是兴业之道，也是中华民族共认的基本美德。

263. 经史子集是什么呢？

中国传统古籍按内容区分，可以分为经、史、子、集四大类。今天，它依然是我们熟悉古代文化典籍以及了解传统文化的一条捷径。

经：指的是儒家经典著作。

史：就是史书。其中包括正史类、编年类、纪事本末类、杂史类、别史类、诏令奏议类、传记类、史钞类、载记类、时令类、地理类、职官类、政书类、目录类、史评类 15 个大的类别。

子：子部收录的是诸子百家著作和类书。包含儒、兵、法、农、医、天文算法、术数、艺术、谱录、杂家、类书、小说家、释、道 14 大类。

集：集部是诗文词总集和专集等，包括楚辞、别集、总集、诗文评、词曲 5 个大类。

264. "四书五经" 具体指哪些书？

四书五经是四书和五经的合称，是中国儒家经典的书籍。

四书指的是《论语》、《孟子》、《大学》、《中庸》这四本书。

五经指的是《诗经》、《尚书》、《礼记》、《周易》和《春秋》，简称"诗、书、礼、易、春秋"。四书五经之前，还有本《乐经》，合称"诗、书、礼、乐、易、春秋"也被称为六经。其中的《乐经》后来流失了，所以就成为了五经。

四书五经是南宋以后儒学的基本书目，儒生学子必读之书。

四书五经是封建科举时代选拔人才的命题书和教科书。同时，四书五经在社会规范、人际交流、社会文化等方面产生了不可估量的影响，其影响力甚至播于海外，是中华文化的千古名篇，也是人类文明的共同遗产。

265. 你了解中国的 "二十四史" 吗？

二十四史指的是我国古代二十四部正史，是被历来的封建王朝视为正统的史书，因此又称"正史"。它记载从传说中的黄帝，止于明朝崇祯十七年（1644 年），大约 4000 万字，用统一的有本纪、列传的纪传体编写。

二十四史共包括《史记》《汉书》《后汉书》《三国志》《晋书》《宋书》《南齐书》《梁书》《陈书》《南史》《魏书》《周书》《北齐书》《北史》《隋书》

《旧唐书》《新唐书》《旧五代史》《新五代史》《宋史》《辽史》《金史》《元史》《明史》。

二十四史的内容非常丰富，记载了历朝的经济、政治、文化艺术和科学技术等诸多方面的情况。

266.《三十六计》主要包括哪些内容？

《三十六计》或称"三十六策"，是指中国古代三十六个兵法策略，语源于南北朝，成书于明清。它是根据我国古代卓越的军事思想和丰富的斗争经验总结而成的兵书，是中华民族悠久文化遗产之一。

除了檀公策外，每字包含了三十六计中的一计，依序为：金蝉脱壳、抛砖引玉、借刀杀人、以逸待劳、擒贼擒王、趁火打劫、关门捉贼、浑水摸鱼、打草惊蛇、瞒天过海、反间计、笑里藏刀、顺手牵羊、调虎离山、李代桃僵、指桑骂槐、隔岸观火、树上开花、暗度陈仓、走为上、假痴不癫、欲擒故纵、釜底抽薪、空城计、苦肉计、远交近攻、反客为主、上屋抽梯、偷梁换柱、无中生有、美人计、借尸还魂、声东击西、围魏救赵、连环计、假道伐虢。为便于人们熟记这三十六条妙计，有位学者在三十六计中每取一字，依序组成一首诗：金玉檀公策，借以擒劫贼，鱼蛇海间笑，羊虎桃桑隔，树暗走痴故，釜空苦远客，屋梁有美尸，击魏连伐虢。

267."前四史"指什么？

前四史是指"二十四史"中的前四部史书，即《史记》《汉书》《后汉书》和《三国志》。

《史记》是西汉司马迁的著作，它是中国历史第一部纪传体通史。鲁迅曾赞誉这部巨著是"史家之绝唱，无韵之《离骚》"。

《汉书》是东汉班固撰写的，它是中国第一部纪传体断代史，同时也是继《史记》之后中国古代又一部重要的史书。

《后汉书》是南朝宋范晔撰写的记载东汉历史的纪传体史书。这部史书共有九十卷，书中分十纪、八十列传和八志（司马彪续作），主要记载了东汉的汉光武帝到汉献帝之间的 195 年的历史史实。

《三国志》的作者是晋代的陈寿，这部史书是一部记载魏、蜀、吴三国鼎立时期的纪传体国别史。

268. "六艺"具体是什么？

六艺是中国古代儒家要求学生掌握的六种基本才能，分别是礼、乐、射、御、书、数。

还有另外的一种说法，六艺即六经，为《易》《书》《诗》《礼》《乐》《春秋》六本书。六艺现代的解释，包括"礼、乐、射、御、书、数"六种技艺。

礼：即指礼节。

乐：是指音乐、诗歌、舞蹈等。

射：就是射箭技术。

御：驾驭马车的本领。

书：书法（书写、识字、文字）。

数：算法（计数）数学。

269.《道德经》

《道德经》，又称《道德真经》《老子》《五千言》《老子五千文》，一般认为是老子撰写。是中国古代先秦诸子分家前的一部著作，是道家哲学思想的重要来源。《道德经》分上、下两篇，原文上篇《德经》、下篇《道经》，不分章，后改为《道经》在前，《德经》在后，并分为 81 章。它是中国历史上首部完整的哲学著作，也是一部凝结了古代华夏智慧的经典之作。

《道德经》中所说的无为不是让人没有作为，什么也不做，而是不妄为，顺天而动，不违反自然规律。对于自己该做的事情，当然还是要做的。全书虽然只有区区五千字，但是却历来被看作是百经之首，包含对立面的转换、居而不争等思想等。

270. 儒家亚圣——孟子

孟子（前372～前289年），名轲，字子舆（待考，一说字子车或子居）。战国时期邹国人，鲁国庆父后裔。中国古代著名思想家、教育家，战国时期儒家代表人物。

著有《孟子》一书。提倡仁政，提出了民贵君轻的思想，但没有得到实际的实行机会。孟子继承并发扬了孔子的思想，成为仅次于孔子的一代儒家宗师，有"亚圣"之称，与孔子合称为"孔孟"。孟子的文章气势磅礴，逻辑严密，说理酣畅透彻，是传统散文写作的最高峰。

作为儒家的代表人物之一，他和孔子一样，周游列国，游说诸侯，宣讲自己的政治主张，希望得到采纳并实施，但是当时诸强国都致力于富国强兵，希望通过武力统一，所以最后孟子和学生一起退居讲学、著书。

"孟母三迁"的故事想必大家都听过，说明人应该学习人身上的好的东西，这也同时说明环境对人的成长是有很大的影响作用的。

271. "四书"之《孟子》

《孟子》是中国儒家典籍中的一部，记录了战国时期思想家孟子的治国思想和政治策略，是孟子和他的弟子记录并整理而成的。《孟子》在儒家典籍中占有很重要的地位，为"四书"之一。

全书共七篇，记录了孟子的政治观点、治国理念。包含了其他诸思想家的思辨，对各诸侯的游说，以及对自己弟子的言传身教。《孟子》文章雄健优美，很多的词汇出自它。譬如明察秋毫，缘木求鱼，此一时，彼一时等，还有很多的名言警句。如，天时不如地利，地利不如人和；穷则独善其身，达则兼济天下，等等。

272. 清代八旗是怎么划分的？

八旗制度是清太祖努尔哈赤于明万历二十九年（公元1601年）正式创

立，初建时设四旗：黄旗、白旗、红旗、蓝旗。1614 年因"归服益广"，将四旗改为正黄、正白、正红、正蓝，并增设镶黄、镶白、镶红、镶蓝四旗，合称八旗，统率满、蒙、汉族军队。

满族的先世女真人以射猎为业，每年到采捕季节，以氏族或村寨为单位，由有名望的人当首领，这种以血缘和地缘为单位进行集体狩猎的组织形式，称为牛录制。总领称为牛录额真（牛录意为大箭；额真，又称厄真，意为主）。规定每 300 人为一牛录，设牛录额真一人，五牛录为一甲喇（队），设甲喇额真（参领）一人，五甲喇为一固山，设固山额真（都统、旗主）一人，副职一人，称为左右梅勒额真（副都统）。皇太极即位后，为扩大兵源在满八旗的基础上又创建了蒙古八旗和汉军八旗，其编制与满八旗相同。满、蒙、汉八旗共二十四旗构成了清代八旗制度的整体。满清入关后八旗军又分成了禁旅八旗和驻防八旗。

273. 三代是指哪三代？

三代指祖至孙三辈，也指曾祖、祖父、父亲三代祖孙三代同堂，同时也常指中国古代夏、商、周三个朝代。

夏朝自公元前 22 世纪末开始，到公元前 17 世纪初结束。商朝自公元前 17 世纪初开始至公元前 11 世纪结束。商朝也称殷商，因为盘庚曾迁都于殷这个地方。周朝可以分为西周和东周，大约从公元前 11 世纪到公元前 256 年。西周从公元前 11 世纪开始到公元前 771 年结束。东周从公元前 770 年到公元前 256 年结束。

274.《庄子》

《庄子》是庄子和他的弟子以及后学所著，又名《南华经》，是道家学派的经典著作。共分三十三篇，分内、外以及杂篇。内篇可以代表庄子的思想核心，而外篇和杂篇经后学百年发展，形成复杂体系。《庄子》无论是在哲学思想还是文学语言方面都达到了很高的水平，是我国古代文化典籍中的夺目瑰宝。以《逍遥游》为代表，阐释了庄子的思想，在中国文学史和思想史上都占有重要的地位。

275. 什么是"五采"?

五采亦作"五彩",即"五色",青、赤、白、黑、黄这五种颜色。同时也泛指各种颜色。中国文化博大精深,五彩同时也对应着"五行",也就是中国传统的五行学说中的金、木、水、火、土。还有一种说法,五彩也象征着东、西、南、北、中五个方位,代表五方神力。

五彩也指瓷器釉面上的多种颜色,并不一定就只有五种颜色,习惯上多于或者少于五种颜色也可以称作五彩瓷。中国烧制瓷器的历史悠久,随着经验的积累、技术的进步,明清时期发明创造了五彩这个瓷器新品种。明代"青花五彩"是其独特的时代特色,清朝时期的五彩以康熙年间最为著名。

276. 道家和道教是一个意思吗?

道家是一种思想,是中国古代的重要思想派别之一。道家思想崇尚自然,强调无为而治。具有辩证法的因素和无神论的倾向,主张顺应自然,道法自然,反对斗争。道家思想虽然没有像儒家一样成为官方主流思想,但是,道家思想对后世的影响是巨大和深远的,时至今日,道家思想也是形成道教思想的重要基础和来源。

而道教首先从字面上就可以看出它是一种宗教,值得一提的是,道教是中国固有的一种土生土长的宗教,是我国的本土宗教,不像其他宗教那样是流传过来的。道教在我国距今已有1800余年的发展历史,它和中华本土文明、文化紧密相连,并深深扎根于中华沃土之中,具有非常鲜明的中国文化特色,并对中华文化的各个层面产生了深远影响。

道家和道教虽然不是一回事,但道家和道教是有着千丝万缕的联系的。事实上,道教继承和发展了道家思想,并以道家代表人物为自己宗教的创始人。

277. 《左传》的"左"是什么意思?

《左传》原名叫《左氏春秋》。汉代改称《春秋左氏传》,简称《左传》。相传是春秋末年一个叫左丘明的人所著,所以叫《左传》。又因为是为了解释孔子的《春秋》而著,所以其原名叫《左氏春秋》。实际上《左传》是一部独立撰写的史书,它述说了自鲁隐公元年(前 722 年),一直到鲁悼公十四年(前 453 年),共 200 多年的历史。以《春秋》为本,通过记述春秋时期的具体史实来说明《春秋》的纲目,是儒家重要经典之一。

《左传》作为编年体史书,叙述详细。和另外的两本叫《春秋公羊传》、《春秋谷梁传》的书并称"春秋三传"。《左传》不仅仅是一部史书,对史学作出了贡献,它的文学价值也很高。《左传》之所以如此被后世看重,也正是基于这两点。它代表了先秦时期史学和文学的最高成就,是一部集大成式的巨著,文史并茂。它承《尚书》、《春秋》之后,启《史记》、《汉书》之先,可谓承前启后,继往开来,是中国最优秀的史书之一。

278. 刘知几是何许人也?

刘知几,唐代人,出身于一个书香门第、世代官宦之家,著名史学家。

从少年时代起,刘知几就博览群书,积累了丰富的知识,为后来的学问打下了坚实的基础。同时受家风的熏陶,他也喜好诗词歌赋,踏上仕途后专心史学事业。

良好的家风和从小就博览群书,刘知几于永隆元年(公元 680 年)以弱冠举进士,后来又历任著作佐郎、中书舍人、著作郎,又撰起居注,兼修国史二十余年。此时,刘知几已经是当时社会闻名的学者。景龙二年(公元 708 年),他辞去史职,开始从事私人修史工作。详细地论述史书的类别和内容,以及自己对史学的见解,撰写了中国第一部史学评论专注,对后世影响深远。

开元九年(公元 721 年),刘知几 60 岁时因营救长子犯罪流配一事惹怒唐玄宗,而后被唐玄宗贬为安州都督府别驾,不久以后去世。他的《史通》,对中国唐朝以前的史籍作了全面的分析和评论,是中国历史上第一部史学理论专著。刘知几对唐朝前期的史料进行了详细的记载，就从这一方面来说，刘知几就是一位称职合格的史官。

279. 史书常见体例简介

纪传体：纪传体史书首始于西汉司马迁的《史记》，它以人物传记为中心，用"本纪"叙述帝王；用"世家"记叙王侯封国和特殊人物；用"表"统计年代、世系及人物；用"书"记载典章制度；用"列传"记人物、民族及外国。历代修正史都以此为典范而沿用。

编年体：编年体史书按年、月、日顺序编写，以年月为经，以事实为纬，像《左传》、《资治通鉴》等都是这类代表。

纪事本末体：首创于南宋袁枢的《通鉴纪事本末》。这种体例的特点是以历史事件为纲，重要史事分别列目，独立成篇，各篇又按年、月、日顺序编写。

通史：通史是指连贯地记叙各个时代的史实的史书，西汉司马迁的《史记》便可称为通史。因为他记载了上自传说中的黄帝，下至汉武帝时代，历时 3000 多年的史实。

断代史：顾名思义，记载一朝一代历史的史书称为断代史，首创于东汉班固的《汉书》。《二十四史》中除《史记》外，其余都属断代史。

除此之外，还有记载各种专门学科历史的史书称专史，比如经济史、思想史、文学史等。

280. 我国第一部纪传体通史是什么？

司马迁编著的《史记》是我国第一部纪传体通史，记载了上自上古传说中的黄帝时代，下至汉武帝元狩元年间共 3000 多年的历史，包括政治、军事、经济、文化等方面的内容。

《史记》也被称为"信史"，是司马迁花了 18 年的时间所写成的。全书共一百三十卷，约五十二万六千五百字，有十表、八书、十二本纪、三十世家、七十列传。它包罗万象，而又融会贯通，脉络清晰，"王迹所兴，原始察终，见盛观衰，论考之行"（《太史公自序》），所谓"究天人之际，通古今之变"。

《史记》是历史上第一本"纪传体"史书，它不同于前代史书所采用的以时间为次序的编年体，或以地域为划分的国别体，而是以人物传记为中心来反映历史内容的一种体例。从此以后，从东汉班固的《汉书》到民国初期的《清史稿》，近两千年间历代所修正史，尽管在个别名目上有某些增改，但都绝无例外地沿袭了《史记》的本纪和列传两部分，而成为传统。同时，《史记》还被认为是一部优秀的文学著作，在文学史上有重要地位，具有极高的文学价值，被鲁迅誉为"史家之绝唱，无韵之《离骚》"。

281.《春秋三传》是什么？

《春秋三传》即指《左氏春秋传》、《春秋公羊传》、《春秋谷梁传》，合称《春秋三传》。三传实际上就是三部编年体史书。为什么叫《春秋三传》呢？因为《春秋》这部书语言深奥难懂，如果不加注释是没有办法看懂的。而这三部书就是对《春秋》的注释。

《左传》是春秋时期左丘明所著，记载了春秋时期社会状况的各个方面，是先秦史学的最高峰，也是我们研究春秋时期历史的重要文献典籍。

《春秋公羊传》是战国时期齐国人公羊高所著，其述史相当简略，主要是针对《春秋》所谓的"微言大义"的解释，起止年代当然也和《春秋》一致。其阐述方式是问答方式。

《春秋谷梁传》是为专门注释《春秋》所著，成书时间是在西汉年间。用语录体和对话体来注解《春秋》，是儒家的经典著作之一，也是我们探究儒家思想从战国到汉朝这一时期的重要典籍之一。

282.《大学》是今天我们上的大学吗？

《大学》原本是《礼记》中的一篇。宋代人把它从《礼记》中抽出来，与《论语》、《孟子》、《中庸》相配合，到朱熹撰《四书章句集注》时，便成了"四书"之一。

《大学》开篇就讲道："大学之道，在明明德，在亲民，在止于至善。"这就是后人所说的《大学》"三纲领"。那么，什么是所谓的"明明德"呢？它的意思就是说发扬人的光明正大的品德。所谓"在亲民"的意思就是使人弃旧图新、去恶从善。这里的"亲"同"新",是革新、弃旧图新的意思。所谓"止于至善",就是要求达到儒家封建伦理道德所追求的至善境界。"为人君止于仁,为人臣止于敬,为人子止于孝,为人父止于慈,与国人交止于信。"这就是儒家《大学》提出的封建时代教育纲领和培养目标。

《大学》行文简洁,语意深刻,影响巨大。修身、齐家等说法时至今日仍然具有积极的时代意义,对我们为人处世、家庭、事业都有很好的启发意义。

283.《山海经》是一部怎样的著作?

《山海经》是先秦重要古籍,是一部富有神话传说的最古老的地理书。内容包罗万象,主要记述古代地理、动物、植物、矿产、神话、巫术、宗教等,也包括古史、医药、民俗、民族等方面的内容。除此之外,《山海经》还以流水账方式记载了一些奇怪的事件,对这些事件至今仍然存在较大的争论。最有代表性的神话寓言故事包括夸父逐日、女娲补天、精卫填海、大禹治水、共工怒触不周山、羿射九日等。

《山海经》全书现存 18 篇,据说原共 22 篇,约 32650 字。分为《山经》和《海经》两个大的部分。共藏《山经》5 篇、《海外经》4 篇、《海内经》4 篇、《大荒经》4 篇及书末《海内经》1 篇。《汉书·艺文志》载此书时作 13 篇,未把《大荒经》和书末《海内经》计算在内,也有人认为这 5 篇是西汉刘向父子校书时所增加的。全书内容,以《山经》5 篇和《海外经》4 篇作为一组;《海内经》4 篇作为一组;而《大荒经》4 篇以及书末《海内经》1 篇又作为一组。每组的组织结构,自首至尾,前后贯穿,有纲有目。

《山经》的一组,依南、西、北、东、中的方位次序分篇,每篇又分若干节,前一节和后一节又用有关联的语句相承接,使篇节间的关系表现得非常清楚。《山经》主要记载山川地理、动植物和矿物等的分布情况。《海经》中的《海外经》主要记载海外各国的奇异风貌;《海内经》主要记载海内的神奇事物。《大荒经》主要记载了与黄帝、女娲和大禹等有关的许多重要神话资料,反映了中华民族的英雄气概。

284. 《中庸》与中庸之道

日常生活中，我们常常听到有人说做人做事不要极端，要懂得中庸之道。那么什么是所谓的中庸之道呢？

其实我国儒家有一本重要的经典著作名字就叫《中庸》。《中庸》原本是《小戴礼记》中的一篇。其作者为孔子的后裔子思，后来历经了秦代学者的修改整理。到了我国的宋朝时期，《中庸》被提到突出地位上来，仅宋朝一代探索中庸之道的文章就不下百篇，特别是北宋的程颢、程颐二人，都极力地尊崇《中庸》。南宋时期的朱熹又作了《中庸章句》一书，并且把《中庸》和《大学》、《论语》、《孟子》并列称为"四书"，这也就是后来我们常常说的"四书五经"中的"四书"。

从宋元时期以后，《中庸》成为了官方教育和科举考试的必读书目，对我国古代的教育产生了深远的影响。中庸之道作为一种立身处世的哲学智慧，也对人们的行为思想产生了长远的影响和深刻的启迪。就连圣人孔子都说"中庸"是人们所追求的最高的道德境界和标准，也是我们处理解决所有问题的最高智慧。

综合地说，中庸之道基本上应该是适当、适度、恰如其分，坚持原则、刚好合适。在我们看问题和处理事情的过程中，不偏激、不片面、中正、自然，根据具体的事实和时间，因地制宜，与时俱进，和谐统一。

285. 格物致知是什么意思？

格物致知这四个字出自《礼记·大学》，原文是："致知在格物，物格而后知至。"

格就是推究、探寻；致是求得、得到的意思。格物致知就是探究学习事物原理，从而认识事物获得知识。这是当代的解释，实际上，即便是在儒家内部，对格物致知的认识自古也是有所不同的。而对于我们现代人来说，我们理解当代的解释就可以了。格物就是我们通过实践，通过自己的研究学习，从而达到我们认识世界和更好地改造世界，以及和世界和谐相处的状态，也就是达到致知。

286. 《礼记》是礼法方面的书吗？

《礼记》，儒家的十三经之一，是有关我国古代各种典章制度方面的典籍。它是从战国至秦汉年间的儒家学者对经书《仪礼》解释说明的文章选集，同时也是一部儒家思想的资料大汇编。关于《礼记》的作者，据考证不止一人，写作时间也有先有后，其中多数篇章可能是孔子著名的七十二名高徒弟子及其学生们共同的作品，同时，《礼记》还兼收了先秦时期的其他典籍。

事实上，《礼记》涉及的内容是很广博的，从日常生活、祭祀、地理历史到天文历法、道德、哲学，可谓包罗万象，是研究先秦社会的重要文献。《礼记》在文学上也具有很大的价值。这些用记叙文写作的篇章，各有特色，有的用短小的故事寓意某个道理，有的是气势磅礴、一泻千里，有的是结构严谨、语言凝练。此外，书中还收录了很多的名言警句，寓意深刻，耐人寻味。作为儒家十三经之一的经典著作，以其丰富的思想内涵对中华文化产生过深远的影响。中国作为世界闻名的礼仪之邦，是和《礼记》的千年教化有必然的关系的。它对中国孝道的形成发展和中国人生活习惯、交往礼仪的形成起了很大的作用。

287. 《聊斋志异》有哪些艺术成就？

《聊斋志异》，清代短篇小说集，是蒲松龄的代表作，在他 40 岁左右时基本完成，此后不断有所增补和修改。"聊斋"是他的书屋名称，"志"是记述的意思，"异"指奇异的故事。全书共有短篇小说 491 篇，题材非常广泛，内容极其丰富。多数作品通过谈狐说鬼的手法，对当时社会的腐败、黑暗进行了有力的批判，在一定程度上揭露了社会矛盾，表达了人民的愿望。它成功地塑造了众多的艺术典型，人物形象鲜明生动，故事情节曲折离奇，结构布局严谨巧妙，文笔简练，描写细腻，堪称中国古典短篇小说之巅峰。

在文学史上，它是一部著名的短篇小说集，反映了 17 世纪中国的社会面貌。蒲松龄的同乡好友王士祯则为《聊斋志异》题诗："姑妄言之姑听之，豆棚瓜架雨如丝。料应厌作人间语，爱听秋坟鬼唱诗（时）。"王士祯对《聊斋志异》甚为喜爱，给予极高评价，并为其作评点，甚至欲以五百两黄金购《聊斋志异》之手稿而不可得。

288. "孺子可教"说的是谁？

出自西汉·司马迁《史记·留侯世家》："父以足受，笑而去。良殊大惊，随目之。父去里所，复返，曰：'孺子可教矣！'"意为年轻人有出息，可以造就。关于"孺子可教"还有一个脍炙人口的典故。

张良，字子房。汉高祖刘邦的谋臣，秦末汉初时优秀的军事家、政治家。他原是韩国的公子，姓姬，因刺杀秦始皇未遂，逃到下邳隐匿，改名为张良。有一天，张良来到下邳附近的圯水桥上闲游，在桥上遇到一位衣衫褴褛的老人。那老人的一只鞋掉在桥下，看到张良走来，便叫道："喂！小伙子！你替我去把鞋拣起来！"张良心中很不痛快，但他看到对方年纪很老，便下桥把鞋捡了起来。老人随后又说道："把鞋给我穿上。"张良很不高兴，但转念想到鞋都拾起来，又何必计较，就恭敬地替老人穿上鞋。老人起身，一句感谢的话也没说，转身离去了。老人走了一段路，返身回来，对张良说道："你这小伙子很有出息，值得我深教。五天后的早上，到桥上来见我。"张良连忙答应。第五天一大早，张良便早早地来到桥上。但老人已先到了，生气地说："五天之后，早些来这里见我！"又过了五天，张良起了个早，赶到桥上，不料老人又先到了，老人说："五天后再来。"又过了五天，张良刚过半夜就摸黑来到桥上等候。天蒙蒙亮时，他看到老人一步一挪地走上桥来，赶忙上前搀扶。老人拿出一部《太公兵法》交给张良，说："你要下苦功研读这部书。通读之后，就可以做帝王的老师。"张良对老人表示感谢后，老人扬长而去。后来，张良精读《太公兵法》，在战场屡建奇功，成了汉高祖刘邦手下的重要谋臣，为刘邦建立大汉立下了汗马功劳。

289. 中国唯一被称作经的佛书

《坛经》，也叫《六祖法宝坛经》，是一部关于中国佛教禅宗创始者、禅宗六祖慧能（也作惠能）的传法记录。因为是在法坛上宣讲的经教，故称之为《坛经》。它是中国唯一的一部被尊为经的佛书。《坛经》记载了惠能大师一生得法传道的事迹和教育启导门徒的言行，内容很丰富，文字也很通俗，是我们研究禅宗思想的重要依据，对佛教在中国的发展，特别是禅宗的发展起了重要的作用。

290. "南能北秀"指什么?

南能北秀是南宗慧能和北宗神秀的一种简称。

慧能和神秀是五祖弘忍的同门弟子。后来五祖传衣钵于慧能，慧能对禅宗的发展起了很大作用，其思想对后来禅宗各派的发展奠定了理论的基础。作为同门师兄弟的神秀和慧能的"顿悟"不同，他讲究"渐悟"，开创了北宗，在华北影响很大。在地域上，南方以慧能为代表，北方以神秀为代表，所以就有了南能北秀的说法。

唐玄宗时期，在现在的河南滑县举行的每五年一次的僧侣辩论大会上，南宗慧能的弟子菏泽神会辩倒了北宗神秀的弟子，从此以后，南宗成为中国禅宗的正统。

291. "孟母三迁"是为何?

"孟母三迁"说的是孟子的母亲为了给孟子提供一个良好的学习氛围，三次搬家的故事。《三字经》里说："昔孟母，择邻处。"说的就是此事。

孟子是战国时期鲁国伟大的思想家，有"亚圣"之称，其影响力仅次于孔子。孟子很小的时候便失去了父亲，他的母亲一直希望孟子将来有所成就，能够报效国家，光宗耀祖。起初母子二人住在墓园附近，年幼的孟子经常和邻居小伙伴一起学大人披麻戴孝、跪拜哭嚎和鼓乐吹打的样子，以此为趣。孟母看到后，感觉这样的环境不适合孟子成长，便带着孟子搬到集市周围。没过多久，孟子又学起了商家做生意的套数，连杀猪宰羊的把式也模仿得惟妙惟肖。孟子的妈妈知道后，眉头紧皱，又带着孟子将家迁到了学堂附近。这次，孟子看到学堂里的学生学习诗、书、礼、仪，很感兴趣，经常和小朋友模仿先生教学生演戏周礼。孟母见到孟子的行为后很满意，就把家安置在了这里。在孟母的精心教导下，孟子发愤图强，专心读书，终于成为了儒家学派的代表人物之一，受到后人的广泛传颂。孟子的母亲更是成为了后人教育子女的典范。

292. 我国现存最早的诗歌总集是什么？

《诗经》是中国第一部诗歌总集，收入自西周初年至春秋中叶 500 多年的诗歌 305 篇，又称《诗三百》。先秦称为《诗》，或取其整数称《诗三百》。西汉时被尊为儒家经典，始称《诗经》，并沿用至今。

《诗经》中诗的分类，有"四始六义"之说。"四始"指《风》、《大雅》、《小雅》、《颂》的四篇列首位的诗。"六义"则指"风、雅、颂，赋、比、兴"。"风、雅、颂"是按音乐的不同对《诗经》的分类，"赋、比、兴"是《诗经》的表现手法。《诗经》多以四言为主，兼有杂言。

《诗经》为中国第一部纯文学的专著，它开启了中国诗叙事、抒情的内涵，称"纯文学之祖"。它是中国最早的诗歌总集，确定了中国诗的修辞原则及押韵原则，称"总集之祖"、"诗歌（韵文）之祖"。也是北方文学的代表，他所代表的区域是黄河流域，称"北方文学之代表"。

孔子对《诗经》有很高的评价。对于《诗经》的思想内容，他说"诗三百，一言以蔽之，思无邪"。对于它的特点，则"温柔敦厚，诗教也"（即以为诗经使人读后有澄清心灵的功效，作为教化的工具实为最佳良策）。孔子甚至说"不学诗，无以言"，显示出《诗经》对中国古代文学的深刻影响。孔子认为，研究诗经可以培养联想力，提高观察力，学习讽刺方法，可以运用其中的道理侍奉父母，服侍君主，从而达成齐家、治国、平天下的理想，即《论语》中所谓"可以兴，可以观，可以群，可以怨。迩之事父，远之事君；多识于鸟兽草木之名"。在古代，《诗经》还有政治上的作用。春秋时期，各国之间的外交，经常用歌诗或奏诗的方法来表达一些不想说或难以言喻的话，类似于现在的外交辞令。

293. 启发后人的《贞观政要》

《贞观政要》是一部政论性的史书，唐朝吴兢著。

唐朝是中国封建时代的辉煌时代，唐太宗李世民执政时期被后世誉为"贞观之治"。到唐玄宗天宝年间，虽然社会依旧繁荣，但也潜伏着危机。吴兢本着维护和保持唐王朝继续繁荣、长治久安的愿望编写了这部书，书中总结了唐太宗成功的治国施政经验，君臣的交流相处等一系列的内容，为后世君王树立起成功的治国榜样。

记言为主是这部书的特点，所记大体上是贞观年间唐太宗李世民和主要大臣魏征、王珪、房玄龄、杜如晦等人关于施政方面的对话，此外就是一些大臣的谏议和劝谏奏疏。再有就是《贞观政要》也记载了一些政治、经济方面的重大措施。吴兢撰此书，其目的是为"垂世立教"、"义在惩劝"。所以本书也成为后人批评腐败政治的有力武器，同时也是清明政治的蓝本。

作者吴兢，"直笔书史"，为我们留下珍贵的信史，被赞誉为当世董狐。他认真负责、刚正不阿的高尚品质，值得我们尊敬。

294. 中国思想启蒙之父

黄宗羲，是我国著名的思想家、经学家、史学家、教育家、天文历算学家、地理学家。是明末清初三大思想家之一、浙东三黄之一、明末清初五大家之一，被誉为中国思想启蒙之父。

他的知识渊博，其思想高远而深邃。特别是他首次从"民本"的角度抨击君主专制制度，堪为中国思想启蒙第一人。其一生取得的成就是巨大的，著作也是宏大的。

295.《明夷待访录》讲的是什么？

中国也有"人权宣言"，而且比西方卢梭的《民约论》还要早一个世纪，这就是《明夷待访录》。

本书是有中国思想启蒙之父美誉的黄宗羲所著，著于明清之际，是我国第一部具有启蒙性质的批判君主专制、呼唤民主政体的名作。《明夷待访录》主张民权，反对封建的君主专制制度，虽然没有彻底否定君主制度，但是他抨击了一家之言的专制制度，具有了近代的民主主义的思想，并且是从中国社会发展和文化中独自觉悟产生出来的，没有受到西方民主思想的影响，这更是难能可贵的。这种思想对清末维新派和以孙中山为首的革命派都有很大的影响。

296. 隐士鼻祖

许由，我国上古时期的一位高洁之士，是尧舜时代的有名贤人，也是中国历史上文献记载中的第一位隐士。

尧在位的时期，他率领着许姓部落在今颍水流域的许昌、汝州、登封一带繁衍生息，后来这一地区就成了许国的封地，他本人也成为天下许姓的始祖。许由性情高洁，贤名远播。传说曾经做过尧、舜、禹三位上古贤君的老师，因此被后世称为"三代宗师"。尧帝多次向他请教，后来打算把帝位禅让给他。许由听到后，就到颍水河边清洗耳朵，以示自己无心于权力富贵的精神。后来尧帝想让他做大官，许由也坚辞不受。最后就隐居于箕山，自耕自食，日出躬耕，日落而息，寄情予山水田园。只做闲云野鹤，潇洒徜徉于自由的天地之间。不愿做笼中之鸟，为世俗凡物所累。

许由的这种淡泊名誉利禄、厌恶官场、归隐山野、亲自耕种的思想是中国传统文化中的隐士思想的最早源头，对后来中国传统知识分子的隐士思想的形成和发展有重要的影响。

297.《文心雕龙》是一部怎样的著作？

《文心雕龙》是中国南朝文学理论家刘勰创作的一部文学理论著作，成书于公元 501～502 年（南朝齐和帝中兴元、二年）间。它是中国文学理论批评史上第一部有严密体系、"体大而虑周"（章学诚《文史通义·诗话篇》）的文学理论专著。全书以孔子美学思想为基础，兼采道家，全面总结了齐梁时代以前的美学成果，细致地探索和论述了语言文学的审美本质及其创造、鉴赏的美学规律。

《文心雕龙》共 10 卷，50 篇（原分上、下部，各 25 篇），全书包括四个重要方面。上部，从《原道》至《辨骚》的 5 篇，是全书的纲领，而其核心则是《原道》、《徵圣》、《宗经》3 篇，要求一切要本之于道，稽诸于圣，宗之于经。从《明诗》到《书记》的 20 篇，以"论文序笔"为中心，对各种文体源流及作家、作品逐一进行研究和评价。以有韵文为对象的"论文"部分中，以《明诗》、《乐府》、《诠赋》等篇较重要；以无韵文为对象的"序笔"部分中，则以《史传》、《诸子》、《论说》等篇意义较大。下部，从《神思》到《物色》的 20 篇（《时序》不计在内），以"剖情析采"为中心，重点研究有关创作过程中各个方面的问题，是创作论。《时序》、《才略》、《知音》、《程器》4 篇，则主要是文学史论和批评鉴赏论。下部的这两个部分，是全书最主要的精华所在。以上四个方面共 49 篇，加上最后叙述作者写作此书的动机、态度、原则，共 50 篇。

《文心雕龙》提出的"辞约而旨丰，事近而喻远"，"隐之为体义主文外"，"文外之重旨"，"使玩之者无穷，味之者，不厌"等说法，虽不完全是刘勰的独创，但对文学语言的有限与无限、确定性与非确定性之间相互统一的审美特征，作了比前人更为具体的说明。

298. 隐士务光

务光，我国古代隐士。夏桀残暴无德，鱼肉人民，商汤顺应时代的要求和历史的发展为民请命，准备攻伐夏桀。出发前向务光请教怎么谋划方能顺利取得胜利，务光的回答是"不关我的事，我不知道"等。这种冷漠的表现实际上就是表明自己的观点是不同意攻伐夏桀。后来商汤推翻了夏桀，传说曾让位给务光，而务光不肯接受，他认为这是一种耻辱，并负石沉水而死。

历史发展，浩浩荡荡，从低到高，这是规律，是潮流，顺之者昌，逆之者亡。务光却把推翻夏桀看作是不仁不义的行为，思想守旧，不分是非。在每个历史发展的转折点上，总有一些这样不识时务的人，固守旧有的不合时宜的落后陈旧观念，看不到新鲜的、充满活力的新兴事物，不思进取，这样的人最终也必将淹没在历史的滚滚洪流之中。

今天的我们生活在一个飞速发展的时代，更不能故步自封，否则必将成为鼠目寸光的井底之蛙。

299. 抱节守志的典范

伯夷、叔齐是兄弟，商末孤竹君的两个儿子。传说孤竹君的遗命是要立次子叔齐为继承人。但是孤竹君死后，叔齐想让位给哥哥伯夷，伯夷说"父亲的遗命是立你为君，我不能违背他老人家的意愿"，于是坚辞不受。弟弟叔齐也不愿登位，最终的结果是他们两人先后都逃到了周国。他们不愿登位，实际上的原因是他们不满商纣的无道暴政，不愿拱卫商纣，用今天的话说就是不想和商纣同流合污。

后来周武王兴兵伐纣，他们兄弟两人拦住武王的马，指责武王抬着自己父亲的棺木不埋葬是为不孝，讨伐自己的君主是为不仁。武王周围的人想杀死他们，被姜子牙制止了。武王牧野之战大败商朝军队，建立了周朝，成为天下的共主。伯夷、叔齐却以身为周民而耻，拒绝食用周朝的粮食，这就是著名的"不食周粟"。他们兄弟俩隐居在首阳山，以山野菜为食，以表明自己的志节。后来一妇人对他们说："你们守节不吃周朝的粮食，可是，现在是周朝的天下，这山中的野菜也是周朝的啊。"这句话深深触动了他们，于是兄弟俩就此绝食，最后兄弟俩饿死了。

这种行为在今天我们看来似乎有点迂腐，但是它符合儒家所倡导的价值观，再加上统治阶级出于维护其统治的需要，不食周粟的他们被当成了固守志节的典范。

300. 你知道避讳的具体意思吗？

我国封建时代，等级制度森严，为了维护等级制度的需要，在说话、写文章的时候，如果提到君主或尊亲的名字都不能直接说出或写出来，这就叫作避讳。几千年来，成为了中国文化的一个独有特色，同时也影响着人们的思想行为。

避讳在中国古代的历史上是一种硬性的要求规范，对于君主、尊长的名字是必须要回避的，不能直呼其名。需要避讳的对象主要有四类，即帝王、长官、贤者、长辈。这和"春秋为尊者讳，为亲者讳，为贤者讳"的总原则是相符的。在这一原则的影响下，避讳涉及了方方面面，也产生了避讳的种种具体方法，主要有改字、缺笔和孔字。避讳的长期运用，使很多的人名和地名等都有所变动，长期下来，造成了文史资料的混乱，给后世的研究阅读造成了诸多不便。

301. 宋代理学的集大成者是谁？

朱熹是孔孟之后最杰出的儒家大师级人物，南宋高宗建炎四年出生于南剑州尤溪（今属福建三明市尤溪县）。南宋思想家、诗人、哲学家、理学家、教育家。宋代理学的集大成者。

早年的他曾随母迁居建阳崇安县，年仅十九岁就高中进士，可谓少年得志。不单单是因为聪慧，更重要的原因是他刻苦攻读、博览群书的结果。入仕为官，历经南宋高、孝、光、宁四朝。晚年被革职回家，三年后病逝。

朱熹一生游历甚广，著作颇丰，影响很大。作为中国古代儒家的代表人物之一，封建时代后期的元、玥、清三朝一直以其学术思想作为官方的正统哲学，这也表面封建社会意识形态发展得更加完善。两宋时期学术成就最高的朱熹，他的思想不但对中国，在世界文化史上也有重要的影响。朱熹的思想自明朝洪武年间开始成为维护封建统治秩序的精神支柱，强化了封建伦理道德，但也阻碍了封建社会后期的社会变革。

302. 朱熹思想的代表《朱子语类》

《朱子语类》大体上代表了朱熹的思想，这是一部朱熹与其弟子之间问答的语录汇编。全书的编排次第，开篇即论理气、性理、鬼神等有关世界本原的问题，将太极、理作为天地万物的开端；接着阐释仁义礼智、心性情意等伦理道德及人物性命之本源；再接着论知行、力行、读书、为学的方法；最后分论《四书》、《五经》，月以明理，以孔孟周程张朱为传此理者，排斥释老、明道统。《朱子语类》，总体上说内容丰富，析理精密。

303.《梦溪笔谈》为何有古代百科全书之称？

《梦溪笔谈》是北宋科学家沈括所著的笔记体著作，大约成书于1086～1093年，收录了沈括一生的所见所闻和见解。被西方学者称为中国古代的百科全书，已有多种外语译本。

《梦溪笔谈》详细记载了我国劳动人民在科学技术方面的卓越贡献和他自己的研究成果，反映了我国古代特别是北宋时期自然科学达到的辉煌成就，主要包括《笔谈》、《补笔谈》、《续笔谈》三部分。《笔谈》26卷，分为17门，依次为"故事、辩证、乐律、象数、人事、官政、机智、艺文、书画、技艺、器用、神奇、异事、谬误、讥谑、杂志、药议"。《补笔谈》三卷，包括上述内容中十一门。《续笔谈》一卷，不分门。

全书共609条（不同版本稍有出入），内容涉及天文、数学、物理、化学、生物、地质、地理、气象、医药、农学、工程技术、文学、史事、音乐和美术等。在这些条目中，属于人文科学例如人类学、考古学、语言学、音乐等方面的内容，约占全部条目的18％；属于自然科学方面的内容，约占总数的36％，其余的则为人事资料、军事、法律及杂闻逸事等，约占全书的46％。

就性质而言，《梦溪笔谈》属于笔记类。从内容上说，它以多于1/3的篇幅记述并阐发自然科学知识，这在笔记类著述中是少见的。因为沈括本人具有很高的科学素养，他所记述的科技知识也就具有极高价值，基本上反映了北宋的科学发展水平和他自己的研究心得，因而被英国学者李约瑟誉为"中国科学史上的里程碑"，还称誉沈括为"中国整部科学史中最卓越的人物"。

304. 泰州学派的一代宗师

李贽是我国明代的思想家、文学家，泰州学派的一代宗师。起初姓林，名载贽，后来改姓李，名贽，字宏甫，号卓吾，别号温陵居士、百泉居士等。李贽生活在明王朝后期，封建统治腐败，社会矛盾尖锐，农民起义风起云涌。商品经济发展，资本主义萌芽开始出现。文化上科举制禁锢思想，因循守旧，程朱理学的伪善也引起了有见识的知识分子的反感。因此，李贽猛烈批判维护封建礼制的假道学和那些整天把仁义道德挂在嘴边的伪君子。

李贽对封建统治阶级极力鼓吹的孔孟之道大加鞭笞，揭露了封建统治阶级对人们的残酷压榨和鱼肉，表达了对人民的同情。这是后来启蒙思想民本思想的先驱。由于所谓的"离经叛道"，李贽晚年被诬陷，在狱中自刎而死。李贽的一生著作很多，焚毁的也很多，主要存有《焚书》、《续焚书》、《藏书》等。

305. 《童心说》是有关儿童心理的学说吗？

《童心说》是李贽《焚书》卷三里的一篇杂论，也可以视作一篇散文。李贽在文中用了"童心"一词，所谓"童心"就是真心、本心，是表达个体真实的感受、感悟的心。《童心说》主要揭露封建道学以及其在教育方面虚伪性，洋溢着作者的自由主义教育思想和反对封建教育桎梏，以及追求个性自由和解放的精神。这是对封建专制的程朱理学残酷束缚人们精神和理智、压制人们个性自由的揭露和批判。它提倡人性的自由发展和解放，是封建礼教压制下的自觉觉悟。这在当时绝对如晴空霹雳，振聋发聩，具有了启蒙思想的萌芽。

306. "六朝"是指哪六个朝代？

六朝就是一个时代名称。通常是指三国到隋朝这段历史时期我国南方的六个朝代，分别是东吴、东晋及南朝的宋、齐、梁、陈。这六个朝代的建都地点都在建康（今南京），而且都是居于我国地理上的南方，再加上唐朝人许嵩在《建康实录》一书记载了这六个朝代，所以被后人合称"六朝"。这是大多数人认同的说法。

其他的一种说法是把北方的三国时期的魏国、西晋、北魏、北齐、北周以及隋朝合称"北朝六朝"，这六个朝代都在北方。还有一种说法就是指对从三国到隋朝统一南北方的泛指。

六朝三百多年间，王朝更迭频繁，还仅仅偏安于南方一隅，但是相对于北方，南方经济文化发展迅速，成就也很大。同时期的北方，战乱不断，社会凋敝，生产力遭到巨大的破坏，人口减少。很多人为了躲避战乱，迁居到了南方，带来了中原先进的生存技术，对长江中下游的生产开发起到了很大的促进作用。

307. 誉为中华民族文化之源的著作是什么？

周易，简称《易》，亦称《易经》，儒家尊为六经之首。玄学、道教奉为三玄之一。各界学者对其性质认识不一，概括有以下观点：一、卜筮书。《周易·系辞上》具体介绍大衍之数的卜筮法，卦爻辞中有大量的吉凶占语，史书认为《易经》之所以免遭秦火，正因其为卜筮书。宋朱熹《周易本义》主此观点，近人郭沫若《中国古代社会研究》、高亨《周易古经今注》、李镜池《周易探源》等亦持此说。二、哲学书。庄子认为"《易》以通阴阳"。阴阳问题是中国哲学基本问题。近代有学者认为《周易》是我国现存的最早的一部哲学著作。三、历史书。讲述人类进化发展的历史（章太炎《易论》）。"乾坤两卦是绪论。阮济、未济是余论，自屯卦至离卦，为草昧时代至殷末之史，自咸卦至小过卦为周初文、武、成时代之史"（胡朴安《周易古史观》）。另有学者或以为《周易》为商周之史，或以为是奴婢起义史，或以为是用谐音隐文体和卜筮外形写成的一部特殊史书。尚有他说，所据不一。

一般认为《周易》经文为占筮书，但其内容涉及历史、社会、制度，范围极广，且蕴含一定哲理。而《周易》传文则是哲学著作。故《周易》含有卜筮、哲学、历史、科学等多种成分。《周易》的主要特点是以八卦、六十四卦、象数为模型，以占筮为形式，模拟演绎、预测宇宙万物的起源、结构、运动变化的规律。其卦爻象符号系统和卦爻辞文字系统互相渗透补充，构成"任何数目都可以套进去"的"宇宙代数学"（冯友兰《中国周易学术讨论会代祝词》）。虽带有神秘的占卜色彩，但也蕴含了较深刻的理论思想和朴素的辩证观念。

书中精义乃是对天道与人理的综合探索，凝聚着中国古圣先贤的智慧。几千年来，《周易》原理不仅在中国思想史上产生了深远的影响，而且渗透到古代社会科技的各个领域，融化进中华民族的心理素质之中，构成中国传统文化的基本格调，启迪和推动了中国古代科技文明发展，成为中国古代学术思想的源头活水。

308. 理学是什么样的学说？

理学是个多义词，这里我们要说的是古代的理学，即宋、元、明、清时期的哲学思潮，又称道学。

它是儒家学说的新发展，也称为新儒学。产生于北宋，此后盛行于南宋与元、明时期，清中期以后其影响力逐渐衰落，但其影响一直存在，直至延续到近代。

广义上讲的理学，是泛指以讨论天道性命问题为中心的整个哲学思潮，包括了各个不同流派；而狭义的理学，即是专指以二程、朱熹为代表的把理作为最高范畴的学说，被称为程朱理学。理学同时也是北宋以后中国封建社会经济政治发展的一种理论表现，是中国古代哲学在漫长历史时期发展的一个结果，也可以说是批判佛、道两家哲学的直接产物。理学在中国哲学史上的地位是重要的，持续的时间是很长的，对社会的影响也很大，理学本身所讨论的问题也是十分广泛的。

309. 心学是心理学吗？

这里讲的心学不是我们今天意义上的心理学。心学是儒学的一门学派，是随着儒学在中国几千年封建社会的缓慢发展中慢慢独立发展出来的。作为儒学的一个分支，追本溯源，它最早可推溯到亚圣孟子，而北宋的程灏为开其端，南宋时期的陆九渊则大启其门径，从而与朱熹的理学可以分庭抗礼。发展到明朝，由王守仁（号阳明）首次提出"心学"两字，并且进一步提出心学的宗旨是"致良知"，从此，心学开始有了自己清晰而独立的学术脉络。

其实，心学不同于其他的儒学，其重点在于强调生命活泼的灵明体验。在民国时期陈复开始提出"心灵儒学"的概念。

310. 我国第一部纪传体断代史是什么？

《汉书》，又称《前汉书》。由我国东汉时期的历史学家班固编撰，是中国

第一部纪传体断代史，"二十四史"之一。《汉书》是继《史记》之后我国古代又一部重要史书，与《史记》、《后汉书》、《三国志》并称为"前四史"。

汉书的作者班固，世代为望族，家多藏书，父班彪为当世儒学大家，"唯圣人之道然后尽心"，采集前史遗事，旁观异闻，作《史记后传》六十五篇。班固承继父志，"亨笃志于博学，以著述为业"，撰成《汉书》。其书的八表和《天文志》，则由其妹班昭及马续共同续成，故《汉书》前后历经四人历时近四十年完成。

《汉书》的史料十分丰富翔实，书中所记载的时代与《史记》有交叉，汉武帝中期以前的西汉历史，两书都有记述。《汉书》的这一部分，多用《史记》旧文，但由于作者思想的差异和材料取舍标准不尽相同，移用时也有增删改动。汉武帝以后的史事，除吸收了班彪遗书和当时十几家读《史记》书的资料外，还采用了大量的诏令、奏议、诗赋、类似起居注的《汉著记》、天文历法书，以及班氏父子的"耳闻"。不少原始史料，班固都是全文录入书中，因此在这方面比《史记》更显得有史料价值。

311. 全能大儒王阳明

王阳明也叫王守仁（1472～1529），字伯安，别号阳明，谥号文成。汉族，今浙江余姚人，因曾被贬贵州时于阳明洞（今贵阳市修文县）学习，故世称阳明先生、王阳明。他是我国明代著名的文学家、哲学家、思想家、书法家、教育家、政治家和军事家，是二程、朱、陆后的另一位大儒，"心学"流派的集大成者。此外，他不但精通儒、释、道三教，还能领兵征战，集众多的"家"于一身，是中国历史上罕见的可以被称之为全能的博学大儒。

从上面的简介里我们就可以看到王阳明是多么了不起的一个人，值得我们仰视、膜拜、学习。纵观中国历史，能像他这样一生立德、立功、立言的也只有诸葛亮，还有就是曾国藩。其学术思想早不仅在东亚，在全球都有重要的影响。

312. 中国明朝的科学家

宋应星（1587～约1666年），字长庚，汉族，明朝著名科学家，代表作有《天工开物》、《野议》等。

宋应星出身于书香门第。二十八岁中举，但其后五次进京都以失败结束，不过，五次的进京跋涉不仅增长了他的见闻，同时也潜移默化地影响了他的思想。科举的屡次失败，逐渐让宋应星认识到终其一生埋头于科举那些空洞书本而忽略实际生产知识才是真正的不足为道。于是，他开始了自己一生的伟大转折，以务实的态度钻研学习与生活、国家民生息息相关的科学技术。他不断学习，虚心向生产一线的人请教，最终写出了《天工开物》这部宏伟的不朽科学巨著。

313. 中国 17 世纪的工艺百科全书

《天工开物》初刊于 1637 年（明崇祯十年），作者是我国明朝科学家宋应星。《天工开物》是世界上第一部关于农业和手工业生产的综合性著作，是中国古代一部综合性的科学技术著作，有人也称它是一部百科全书式的著作，还有外国学者称它为"中国 17 世纪的工艺百科全书"。作者在书中强调人类要和自然相协调、人力要与自然力相配合，保留了最为丰富的科技史料。本书从手工业着眼，体现出了中国明代末期资本主义萌芽出现时的情况。

314. 《世说新语》为什么被称为"名士的教科书"？

《世说新语》是由南朝刘宋宗室临川王刘义庆（403～444 年）组织一批文人编写的，梁代刘峻作注。全书原八卷，刘峻注本分为十卷，今传本皆作三卷，分为德行、言语、政事、文学、方正、雅量等三十六门，全书共一千多则，记述自汉末到刘宋时名士贵族的奇闻逸事，主要为有关人物评论、清谈玄言和机智应对的故事。

《世说新语》是中国魏晋南北朝时期"志人小说"的代表作，为言谈、逸事的笔记体短篇小说。从这部书的内容来看，全书没有一个统一的思想，既有儒家思想，又有老庄思想和佛家思想。本书每则文字长短不一，有的数行，有的三言两语，由此可见笔记小说"随手而记"的诉求及特性。

书中所载均属历史上实有的人物，但他们的言论或故事则有一部分出于传闻，不尽符合史实。此书中相当多的篇幅系杂采众书而成。如《规箴》、

《贤媛》等篇所载个别西汉人物的故事，采自《史记》和《汉书》。其他部分也多采自前人的记载。一些晋宋间人物的故事，如《言语篇》记谢灵运和孔淳之的对话等，则因这些人物与刘义庆同时而稍早，可能采自当时的传闻。被鲁迅先生称为："一部名士底（的）教科书。"

315. "千古奇人"徐霞客

徐霞客原名徐宏祖，我国明朝人，生于1587年，卒于1641年。

徐霞客祖籍江苏江阴市，书香门第。但是徐宏祖没有像常人一样考取功名，光耀门楣。除了爱读书之外，徐宏祖最喜欢的事情就是游历，而且是一生的游历。他的这种游历不是走马观花的游览，是一种有目的的科学考察，研究记录。他的游历没有政府官方的支持，完全是自己的个人意愿。他的这种行为当时也不为人们理解，在当时的封建闭塞的观念里，这完全就是不务正业。但是，徐宏祖就是这样用尽了自己一生的时光，去做了自己选择的事情。从今人的眼光去看，徐宏祖是伟大的，很了不起的。

徐霞客说："汉之张骞，唐之玄奘，元之耶律楚材，皆曾游历天下，然则他们俱是受皇帝之命，前往四方。今我乃一平民，没有受命，只是布衣草鞋，持着拐杖，凭着自己，游历天下，故虽死，无憾。"

徐霞客游历了十六个省，足迹遍及大半个中国。没有官方支持，靠徒步跋涉，用两条腿，连骑马乘船都很少。他背着行李赶路，或是荒凉的穷乡僻壤，或是人迹罕至的边疆地区。不避风雨，不怕虎狼，与长风为伍，与云雾为伴，以野果充饥，以清泉解渴。几次遇到生命危险，真正是出生入死，尝尽艰辛。

他所考察的很多是悬崖峻岭和急流险滩，经历了很多艰难险阻，甚至随时有丧生的危险，这又怎是千辛万苦四字可以描述的。他爬过的山有紫金山、普陀山、雁荡山、九华山、庐山、武夷山、黄山、五岳、峨眉、秦岭、昆仑山等，还去了长江、黄河、金沙江、汉水、湘江、赣江、太湖、洞庭湖、鄱阳湖等。

316. 地理巨著——《徐霞客游记》

《徐霞客游记》是徐霞客一生游历考察的结晶，在他去世后由后人整理而成。全书以日记体为主，是中国历史上最早的一部比较详细记录地理环境的游记，在地理和文学上皆有可观的成就。

《徐霞客游记》系统地描绘了祖国的自然地理地貌，既是书写我国秀丽风景的地理旅游巨著，也是一部文学名作。在地理方面，最早地提出了喀斯特地貌，并且对地貌的特点成因进行了细致的描述和深入的考察研究，这在全世界的范围内都是最早的。靠着执着的科学探索精神和坚韧的信念，徐霞客深入长江源头，得出了金沙江是长江上游的正确认识，纠正了过去一直以岷江为长江源头的错误看法。仅靠着双脚深入峻岭茂林，激流峡谷，他为后人留下正确的认识，这是值得我们钦佩的精神。书中还首次提到我国的地热的现象，还对所到之处的植被、风土人情、少数民族的聚集分布、土司之间的兼并战争都有所记载，还提到了气候地形对植物分部的影响这种科学的观念。

《徐霞客游记》除了在地理和文学上被人们所称道，还涉及了史学、民族学，被后人称为"大文字、真文字、奇文字"。

317. 古代科举考试必备的著作有哪些？

南宋学者朱熹将《礼记》中《大学》、《中庸》两篇拿出来单独成书，和《论语》、《孟子》合为四书。各朝皆以《四书》列为科举考试范围，因而造就《四书》独特的地位。甚至宋朝以后《四书》已凌驾《五经》的地位。《四书》是公认的儒学经典，它原来并不是一本书，而是由《论语》、《孟子》这两部书和《大学》、《中庸》两篇文章合辑在一起的统称，由南宋大儒朱熹汇辑刊刻，从此广为流传，名声鹊起。

《大学》原本是《礼记》中一篇，在南宋前从未单独刊印。传为孔子弟子曾参（前505～前435）作。自唐代韩愈、李翱维护道统而推崇《大学》（与《中庸》），至北宋二程百般褒奖宣扬，甚至称"《大学》，孔氏之遗书而初学入德之门也"，再到南宋朱熹继承二程思想，便把《大学》从《礼记》中抽出来，与《论语》、《孟子》、《中庸》并列，到朱熹撰《四书章句集注》时，便成了《四书》之一。

《中庸》原来也是《礼记》中一篇，在南宋前从未单独刊印。一般认为它出于孔子的孙子子思（前483～前402）之手，《史记·孔子世家》称"子思作《中庸》"。自唐代韩愈、李翱维护道统而推崇《中庸》（与《大学》），至北宋二程百般褒奖宣扬，甚至认为《中庸》是"孔门传收授心法"，再到南宋朱熹继承二程思想，便把《中庸》从《礼记》中抽出来，与《论语》、《孟子》、《大学》并列，到朱熹撰《四书章句集注》时，便成了《四书》之一。

《论语》是记载孔子及其弟子言行的一部书。孔子（前551～前479），名丘，字仲尼，春秋时鲁国陬邑（今山东曲阜）人。儒家学派创始人，中国古代最著名的思想家、政治家、教育家，对中国思想文化的发展有极其深远的影响。

《孟子》是记载孟子及其弟子言行的一部书。和孔子一样，孟子也曾带领学生游历魏、齐、宋、鲁、滕、薛等国，并一度担任过齐宣王的客卿。由于他的政治主张也与孔子的一样不被重用，所以便回到家乡聚徒讲学，与学生万章等人著书立说，"序《诗》《书》，述仲尼之意，作《孟子》七篇"（《史记·孟子荀卿列传》）。赵岐在《孟子题辞》中把《孟子》与《论语》相比，认为《孟子》是"拟圣而作"。

318. 《菜根谭》是一部怎样的著作？

《菜根谭》是明代还初道人洪应明收集编著的一部论述修养、人生、处世、出世的语录世集。其具有三教真理的结晶和万古不易的教人传世之道，以及旷古稀世的奇珍宝训。对于人的正心修身、养性育德有不可思议的潜移默化的力量。其文字简练明隽，兼采雅俗。似语录，而有语录所没有的趣味；似随笔，而有随笔所不易及的整饬；似训诫，而有训诫所缺乏的亲切醒豁；且有雨余山色、夜静钟声点染其间，其所言清霏有味，风月无边。

《菜根谭》是以处世思想为主的格言式小品文集，采用语录体，糅合了儒家的中庸思想、道家的无为思想和释家的出世思想的人生处世哲学的内容。《菜根谭》文辞优美，对仗工整，含义深邃，耐人寻味，是一部有益于人们陶冶情操、磨炼意志、奋发向上的通俗读物。作者以"菜根"为本书命名，意谓"人的才智和修养只有经过艰苦磨炼才能获得"。

319. 《水经注》是讲水的吗？

《水经注》确实和水有关，是主要记载河道水系的综合性地理著作，为公元 6 世纪北魏时的郦道元所著。作为 6 世纪前中国地理学的集大成。《水经注》在我国历史发展进程中有过长期而深远的影响。这是因为《水经注》记载了一千多条河流，并记载了河流的发源、流经地区、流量、含沙量、径流的季节变化等诸多相关的水文特征。除此之外，还记述了河流流经地区的境况，包括流域内的城市、物产、人文风俗、古迹名胜、政治历史等都有详细的描述。

所以，可以说《水经注》也是一部人文地理、经济地理、历史地理、水利地理著作。其写作语言也相当优美，是一部山水文学的佳作。涵盖了这么广泛的方面，真是一本地理方面的百科全书。《水经注》的价值是巨大的，对我们研究河流的历史变迁、环境的变化在今天仍有现实的指导意义。

自明清以后，很多的学者都对它进行了细致的研究和学习，如今已经形成了一门内容广泛的"郦学"。

320. 清初三大儒之顾炎武

顾炎武出生于 1613 年，卒于 1682 年。原名继坤，后来改名为绛，字忠清。明朝南都败后，又改炎武，字宁人，号亭林，被学者尊称为亭林先生。汉族，江苏人，著名的史学家、思想家、语言学家。被当代历史学家评为中国两千年来的七十二个伟人之一，与同时期的黄宗羲、王夫之并称为明末清初三大儒。青年时期的顾炎武钟爱经世致用之学，明亡后曾在昆山加入抗清义军，后来被清军击败，庆幸的是得以逃脱。从此漫游祖国大江南北，多次到明陵拜谒，去世于曲沃。

顾炎武学术造诣精深，知识渊博，清朝康熙皇帝的时候被冠以鸿博的称号，但是他坚辞，没有接受。他的学术以博学于文，行己有耻为主，合学与行、治学与经世为一。著作也很多，《日知录》是他以毕生心力所著，此外还有《音学五书》、《亭林诗文集》等。

顾炎武是清代学术的开山之祖，也是乾嘉学派的宗师级人物，在哲学、经学、文学、地理、历史方面都造诣颇深，是我国为数不多的几个被冠以"通儒"名号的人之一。值得一提的是，他人格高尚，有屈原遗风，其名句"国家兴亡，匹夫有责"激励着多少爱国志士的热血情怀。

321. 顾炎武代表作——《日知录》

《日知录》是明末清初著名学者顾炎武的代表作品之一，是一部顾炎武"稽古有得，随时札记，久而类次成书"的著作。它内容博大，汇通古今。

《日知录》有条目一千多条，潘耒根据内容大体把《日知录》分作为八类，分别是史学、经学、官方、吏治、典礼、财赋、艺术、舆地；而在《四库全书》里则被分作十五类，即政事、经义、礼制、世风、名义、科举、艺文、史法、注书、杂事、古事真妄、天象术数、地理、杂考证、兵及外国事。两种划分方法各有千秋，都有各自的价值。

"采铜于山"便出自此书。作者本人也对此著颇有自信，说是近两百年来世上没有过这样的书。书中的经世思想是丰富的，同时由于作者的时代局限性，和所有的历史人物一样，书中有浓烈的封建正统意识和狭隘的民族观念。这也是在所难免的，今天的我们研读此书时，还是那句话：弃其糟粕，取其精华。

322. "怪力乱神"是什么意思？

怪力乱神，就是指有关于怪异、勇力、叛乱、鬼神的事情。出自《论语·述而》，原话说："子不语怪、力、乱、神。"春秋战国时期，周王朝衰落，实力强大的诸侯国纷纷争霸。这些个强大的诸侯都拥兵自重，崇尚武力，表面上虽然还听命于周王朝，实际上并不把周王朝放在眼里。孔子大力提倡"仁德"、"礼治"等道德观念，对诸侯的这种武力争霸是不认同的，所以从《论语》书中，很少见到孔子谈论怪异、暴力、变乱、鬼神，他"敬鬼神而远之"，希望能恢复古礼古法。

323. 《三言二拍》是一部什么样的著作？

三言二拍是指明代五本著名传奇短篇小说集及拟话本集的合称。"三言"是由冯梦龙所作的《喻世明言》、《警世通言》、《醒世恒言》的合称。"二拍"

则是中国拟话本小说集《初刻拍案惊奇》和《二刻拍案惊奇》的合称，作者凌蒙初。

三言中每一章都讲了一个道理，故事情节引人入胜，比如《醒世恒言》中有一章《卖油郎独占花魁》，说的是油郎秦重寻父、花魁娘子寻夫从良过程中，两人从相识到相爱的美好故事。"三言"所收录的作品，无论是宋元旧篇，还是明代新作和冯梦龙拟作，都程度不同地经过冯梦龙增删和润饰。这些作品，题材广泛，内容复杂。有对封建官僚丑恶的谴责和对正直官吏德行的赞扬，有对友谊、爱情的歌颂和对背信弃义、负心行为的斥责。更值得注意的，有不少作品描写了市井百姓的生活。如《施润泽滩阙遇友》、《蒋兴哥重会珍珠衫》、《杜十娘怒沉百宝箱》、《卖油郎独占花魁》等。在这些作品里，强调人的感情和人的价值应该得到尊重，所宣扬的道德标准、婚姻原则，与封建礼教、传统观念是相悖的。

"二拍"与"三言"不同，基本上都是个人创作，"取古今来杂碎事可新听睹、佐谈谐者，演而畅之"（《二刻拍案惊奇小引》）。它已经是一部个人的白话小说创作专集。"卷帙浩繁，观览难周"（笑花主人《今古奇观序》），故从中选取40种成《今古奇观》。后三百年中，它成为了一部流传最广的白话短篇小说的选本。

324. 《吕氏春秋》和吕不韦是什么关系？

《吕氏春秋》是吕不韦组织其门下的食客们主编的一部古代类百科全书似的传世巨著，含有当时各家学派的思想。整部书分为六论、八览、十二纪，约有二十多万字。《吕氏春秋》兼收并蓄，包含了先秦时期的各家学说，可以说是杂家，有点类似我国古代的一部百科全书。虽说吕不韦组织门人编写此书是为了给自己扬名立万，但是客观上对于先秦文化的保存起到了很好的作用。先秦时期，各个流派的学者相互激荡发展，百家争鸣，百花齐放，思想活跃。本着一视同仁的态度，《吕氏春秋》包含了各家之言，没有诋毁哪一方。

吕不韦希望集百家之精华，为秦朝的长久统治提供经验。他本人即认为本书包含了天地万物古今的事理，司马迁也有类似的好评。两千多年过去了，这是前人留给我们的重要文化遗产，我们应该好好珍惜。

325. 《淮南子》是一本什么样的书？

《淮南子》也叫《淮南鸿烈》、《刘安子》，是编撰于我国西汉时期的一部论文集，由皇族淮南王刘安和其门客集体撰写，因此得名。其实《淮南子》是汉武帝初年儒道两大教派大辩论和激烈的政治斗争下的产物。全书在内容上继承先秦道家思想，并且综合了诸子百家学说中的精华部分，但以道教为主，也记载了奇物异类、神话鬼怪等，是后世研究秦汉时期文化的主要文献之一。著名的"女娲补天"和"后羿射日"就出自本书。另外，书中还包含了一部分医学内容，丰富了我国中医的内涵。

326. 清代杰出史评家——章学诚

章学诚是我国清代杰出的史学理论家和方志学家，乾嘉学派的主要代表。原名文酕、文镳，字实斋，号少岩。浙江绍兴人。著有《文史通义》，全书共9卷（内篇6卷，外篇3卷），是清中期著名的学术理论著作。他主张经世致用，批判了不良的学风。他把精力主要用在了方志的编修实践中，并成为了方志学方面的极其重要的重量级人物，被称为"方志之祖"。改革开放以来，他的方志学被当代中国作为修志启蒙理论来学习。

327. 史学理论巨著《文史通义》

《文史通义》是清代著名学者章学诚的代表作。作为一部史学理论著作，它是可以和另一部史学理论巨著刘知几的《史通》相媲美的，这两部书并驾齐驱，被视作中国古代史学理论的双璧。阐发史义是全书的最高宗旨，因为作者认为史义在史学中是最重要的，是史学的灵魂。《文史通义》也体现了作者章学诚经世致用的思想，也是我国方志学的奠基之作。成为我们现今编修方志的必参之书。

由于本书成书于封建时代，其作者受时代局限，评论之中有高于前人的见解，但是同时也有宣扬封建伦理之处，其有些评论是否准确，也有待商榷。

身处今天的我们，学习研读的时候要加以分辨，吸收的同时也要注意摒弃。

328. 何谓"经世致用"？

经世致用指做学问应该有益于国事，是明清之际思想家顾炎武等提出。他认为学习、征引古人的文章和行事，应以治事、救世为急务，反对不切实际的空虚之学。这种务实的思想对后世影响很大。其实儒家从一开始就相当地务实。追溯到春秋时期，孔子到列国宣讲自己的政治主张，希望恢复周朝的上古礼制，目的是明确的，态度是务实的，就是想要结束诸侯争霸、礼坏乐崩的社会局面。今天，经世致用也是很有实际意义的。

329. 乾嘉学派是做什么的学派？

乾嘉学派指的是清代的一个学术流派，他们的成就主要是对中国古代社会历史各个方面的考据。除了明清时期，这恐怕就要归因于清朝的"文字狱"了。由于学派在乾隆、嘉庆两朝时期达到鼎盛，因而得名。

清朝通过"文字狱"来控制限制人们的思想，知识分子不能也不敢针砭时政，发表自己的见解，只好转向整理我国古代那些繁杂的典籍。我们知道，在书籍的编修过程中，由于不可避免的原因，总会出现一些失误、遗漏。比如古人由于见识而认识有误，编写之中的误笔等，还有主观上的歪曲事实的记录，这都需要考据，重新订正。但这种沉溺于故纸堆里，完全脱离现实社会的做法也没有了经世致用的实际意义。耗毕生之精力于一字一语之源流，实在是浪费。嘉庆之后，受到了多角度的质疑和批评，从此衰落。

学派开创人是顾炎武，虽然脱离实际社会，但经过一大批博学之士的研究总结，保存和丰富了我国的文化遗产，也给我们后人的学习提供了方便。前人栽树，后人乘凉。

330. 古代浪漫主义戏曲的代表作是什么？

《牡丹亭》是明朝剧作家汤显祖于 1598 年创作，共 55 出，描写杜丽娘和柳梦梅的爱情故事。与其《紫钗记》、《南柯记》、《邯郸记》并称为"临川四梦"。

汤显祖万历二十六年（公元 1598 年）被罢免还家，绝意仕途，笔耕以终老。其一生创作的传奇杂剧，以《牡丹亭》最为著名，他本人也十分得意，曾说："一生四梦，得意处惟在牡丹。"明朝人沈德符称："《牡丹亭梦》一出，家传户诵，几令《西厢》减价。"

《牡丹亭》是汤显祖的代表作，也是中国戏曲史上浪漫主义的杰作。作品通过杜丽娘和柳梦梅生死离合的爱情故事，洋溢着追求个人幸福、呼唤个性解放、反对封建制度的浪漫主义理想，感人至深。杜丽娘是中国古典文学里继崔莺莺之后出现的最动人的妇女形象之一，通过杜丽娘与柳梦梅的爱情婚姻，喊出了要求个性解放、爱情自由、婚姻自主的呼声，并且暴露了封建礼教对人们幸福生活和美好理想的摧残。《牡丹亭》以文辞典丽著称，宾白饶有机趣，曲词兼用北曲泼辣动荡及南词婉转精丽的长处。明吕天成称之为"惊心动魄，且巧妙迭出，无境不新，真堪千古矣！"

331. 儿童启蒙必读之作是什么？

明代思想家吕坤曾说："初入社学，八岁以下者，先读《三字经》以习见闻，读《百家姓》以便日用，读《千字文》以明义理。""三百千"将早期的识字教育与中国的历史文化，以及人格修养的教育巧妙地融合在了一起。言辞简练，含义丰富，朗朗上口，便于诵读。

《三字经》是中国古代历史文化的宝贵遗产，是学习中华传统文化不可多得的儿童启蒙读物。它短小精悍、朗朗上口，千百年来，家喻户晓。其内容涵盖了历史、天文、地理、道德以及一些民间传说，所以说熟读《三字经》可知天下事。基于历史原因，《三字经》不可避免地含有糟粕，但其独特的思想价值和文化魅力为人们所公认，被历代人们奉为经典而不断流传。

《百家姓》是一本关于中文姓氏的书，成书于宋朝初。原收集姓氏411个，后增补到504个，其中单姓444个，复姓60个。在中华民族大家庭中，姓氏又何止494个，就是又仅汉族姓也不止这个数。据说，见之于文献的姓氏，可达5600之多。这其中不仅有单姓、复姓，还有三字姓、四字姓和五字姓。百家姓的排名只是名义上的，虽然有字面上的这么多姓，因为某些姓氏虽然在字面上不同，实际上部分姓是从某姓派生出来的。"赵、钱、孙、李"成为《百家姓》前四姓是因为百家姓形成于宋代吴越钱塘地区，故而宋朝皇帝赵氏、吴越国国王钱氏、吴越国王钱俶正妃孙氏以及南唐国王李氏成为百家姓前四位。

公元6世纪初，南朝梁武帝时期在建业（今南京）刻印问世的《千字文》被公认为世界使用时间最长、影响最大的儿童启蒙识字课本，比唐代出现的《百家姓》和宋代编写的《三字经》还早。《千字文》可以说是千余年来最畅销、读者最广泛的读物之一。明清以后，《三字经》、《百家姓》、《千字文》是几乎家诵人习的所谓"三百千"。过去有打油诗讲私塾："学童三五并排坐，'天地玄黄'喊一年"，正是真实写照。

332 国学大师王国维

王国维，清朝末年秀才，生于1877年，逝世于1927年，浙江海宁盐官镇人。字伯隅、静安，号观堂、永观，汉族人。是我国近现代在文学、史学、美学、古文字、考古学、哲学等诸多方面成就斐然的学术大家、国学大师。与陈寅恪等号称清华大学国学研究院的"四大导师"，还和罗学堂等并称"甲骨学四堂"。精通日、德、英三国文字，是用西方的文学理念评判中国旧文学的开创者。祖上是当地的名门望族，祖籍河南开封，是宋代的抗金英雄之一，后来随南宋皇帝迁往浙江，在浙江老家很受尊重。王国维是中国近代美学和文学理论的集大成者，同时又是中国现代文学理论和美学的先驱，承上启下，继往开来。他是中国近三百年来学术的结束人，最近八十年来学术的开创者。

333. 中国近代最负盛名的词话著作

《人间词话》，作者是我国著名的国学大师王国维，这是一部有关文学批评的著作，被誉为中国近代最著名的词话著作。王国维运用西洋美学思想，以崭新的目光重新对中国旧文学进行审视和评论。表面上看，《人间词话》与中国旧有的诗话、词话一类著作的体例、形式并没有明显的差别，但实际上，《人间词话》已经初具有理论体系，在众多旧时的诗词论著中，可称得上是一部屈指可数的佳作。以致在以往词论界许多人把它奉为圭臬，把它的论点作为词学、美学的根据，足可见影响之深远。王国维的《人间词话》是晚清以来最有影响的著作之一，理论上达到了很高的水平，在学术界有很高的地位。

334. 我国第一部长篇章回体历史小说是什么？

《三国演义》是中国第一部长篇章回体历史演义的小说，以描写战争为主，反映了魏、蜀、吴三个政治集团之间的政治和军事斗争，大致分为黄巾之乱、董卓之乱、群雄逐鹿、三国鼎立、三国归晋五大部分。在广阔的背景下，上演了一幕幕波澜起伏、气势磅礴的战争场面，成功刻画了近五百个人物形象，其中曹操、刘备、孙权、诸葛亮、周瑜、关羽、张飞等人物形象脍炙人口，不以敌我叙述方式对待各方的历史描述，对后世产生了极其深远的影响。编者罗贯中将兵法三十六计汇融于字里行间，既有情节，也有兵法韬略。《三国演义》中主要人物被称为"三绝"的分别是："奸绝"——曹操，"智绝"——诸葛亮，"义绝"——关羽。

《三国演义》反映了丰富的历史内容，人物名称、地理名称、主要事件与《三国志》基本相同。人物性格也是在《三国志》留下的固定形象基础上，才进行再发挥，这也是历史演义小说的套路。历史演义小说大多是虚实相间，主实重虚；古今兼顾，批古判今；一段故事，叙说两朝的情；一个人物，兼具两朝的性。《三国演义》一方面反映了真实的三国历史，照顾到读者希望了解真实历史的需要；另一方面，根据明朝社会的实际情况对三国人物进行了一定程度的夸张、美化、丑化等等，给予读者一些启发，照顾到读者希望增长见识，统治者希望巩固统治的需要。它不但比较真实地反映了三国历史的真实面貌，还反映了许多明朝社会内容。

335. 古代讽刺文学的典范之作是什么？

《儒林外史》是清朝小说家吴敬梓的代表作。全书共五十六回（也有学者认为最后一回非吴敬梓所作），约四十万字，描写了近两百个人物。小说假托明代，实际上反映了康乾时期科举制度下读书人的功名和生活。作者通过对生活在封建末世和科举制度下的封建文人群像的成功塑造，以及对吃人的科举、礼教和腐败事态的生动描绘，使小说成为中国古代讽刺文学的典范著作，吴敬梓也因此成为中国文学史上批判现实主义作家的代表。

《儒林外史》以真人为范本，通过对当代发生的事为素材加以概括提高。《儒林外史》所写人物，"或象形谐声，或庚词隐语寓其姓名。若参以雍乾间诸家文集，往往十得八九"。书中杜少卿为作者的概况，马纯上即冯粹中，迟衡山即樊南仲等。作者从儒林入手，对民族文化长期积淀下来的霉烂因素进行了深入的解剖和批判。惺园退士说："慎勿读《儒林外史》，读竟乃觉日用酬酢之间，无往而非《儒林外史》。"与它以前的小说相比，《儒林外史》更具有思辨和批判的特色。

336. 长生殿是宫殿吗？

长生殿是一座宫殿，就是现在西南的华清池，同时《长生殿》也是一部著名的戏剧著作。作者是清初剧作家洪升。剧本描述了唐玄宗李隆基和贵妃杨玉环之间的缠绵爱情故事。剧本取材的来源是唐代《长恨歌》和元代《梧桐雨》。《长生殿》最初是昆剧的经典曲目，后来随着京剧的发展，也逐渐成为了京剧的传统剧目。梅兰芳先生著名的《贵妃醉酒》便是改编自《长生殿》。

337. 一把印有桃花的扇子

《桃花扇》通常指清初作家孔尚任写的一部传奇性剧本。这本最接近真实历史的剧本，历经作者呕心沥血地书写十载，增删三次。自成书以来受到读者的广泛好评。剧情讲的是明代一个叫侯方域的才子来江南创"复社"时，偶遇秦淮有名的歌妓李香君，两人一见钟情，陷入爱河，分别时相互赠题诗扇的爱情故事。无情地揭露了宦官魏忠贤的亲信阮大铖陷害侯方域，强迫李香君许配他人，李香君誓死不从而撞头欲自尽血溅诗扇，侯方域的朋友杨龙友利用血点在扇中画出一树桃花。作者的爱憎褒贬是客观和准确的，体现了其清醒的、公正的历史观。

338. 引发"诗界革命"的诗人

黄遵宪，清朝晚期人，著名的诗人、外交家、政治家、教育家。字公度，别号人境庐主人，汉族，广东省梅州客家人。光绪二年中举，曾任日本参赞、美国旧金山总领事、驻英国参赞、驻新加坡总领事，戊戌变法期间署湖南按察使，协助巡抚陈宝箴实行新政。在诗作方面很有成就，尤其善以新事物熔铸入诗，被誉为"诗界革新导师"。黄遵宪著有《人镜庐诗草》。

作为历任多国参赞的外交家，黄遵宪亲眼看到了真实的西方世界，也真切地感受到了封建落后制度的弊端，所以，黄遵宪同时也是著名的爱国者、积极的思想家和变法维新者。他最早在中国介绍进化论和民约论，从康有为、梁启超到孙中山都受其思想的启发和影响。这种开眼看世界，正确理性地认识世界潮流和自己的先驱，为民族的自强孜孜以求的精神是永远也不会过时的。

339. 晚清"史诗"——《人境庐诗草》

《人境庐诗草》，黄遵宪著，收录了他平生四十多年的诗作，题材众多，内容丰富。从中可以窥见清朝末年的那段屈辱历史。《人境庐诗草》写作风格上的清新之风，一别旧体诗的陈腐暮气。由于真实生动地记录了晚清绝大部分重大历史事件，因此本书还有晚清"诗史"之美誉。

340.《乐律全书》是怎样的著作？

朱载堉，字伯勤，号句曲山人，是明太祖朱元璋的第八世孙。明宗室郑恭王朱厚烷之子。《明史·诸王列传》中载道："世子载堉，笃学有至性，痛父非罪见系，筑土室宫门外，席藁独处者十九年。厚烷还邸，始入宫。"他早年学习算术、天文，潜心于学术研究，在律学、数学、历学方面都有很深的造诣。嘉靖年间，朱载堉因遭遇家庭变故，在一间木屋里独居了十九年，潜心研究音乐、数学和历学，完成了许多传世名著的撰写，如《乐律全书》、《嘉量算经》、《律吕正论》、《律吕质疑辨惑》等。其中《乐律全书》是集乐律、乐谱、乐经、舞蹈教学和历学为一身的综合性巨著，成为音乐方面经久不衰的代表作。

在《乐律全书》的《律吕精义》内、外两篇中，对四十余种乐器作了考证和研究。详细地阐述了他所创造的新法密率，即"十二平均律"，将音乐中的八度音程分为 12 个半音。他记录乐曲达百首之多，比较著名的有《六代小舞谱》、《小舞乡乐谱》、《二佾缀兆图》、《灵星小舞谱》等，乐曲多用工尺谱、律吕字谱、宫商字谱、笙奏谱、合乐谱等记写。其中《灵星小舞谱》是由幼童在农民祈年、庆丰收时表演的歌舞节目，用钟、鼓、拍板、管伴奏。《乐律全书》是音乐史上最早用等比级数音律系统阐明十二平均律的乐理巨著。德国音乐家威尔克·迈斯特在 100 多年后才提出相同的理论。

341. 你知道汉字的"字圣"指的是谁吗？

这个人叫许慎，东汉著名的文字学家、语言学家、经学家，祖籍现在的河南郾城县，以著有《说文解字》而著称于世。《说文解字》是中国首部字典，闻名于世界。因此在研究《说文解字》的人中，都尊称许慎为"许君"，称《说文解字》为"许书"，称其学说为"许学"。许慎的《说文解字》是文字学上的唯一经典著作，对我们研究古文、整理文化遗产功莫大焉。

342. 汉代经学的集大成者

郑玄，东汉末年的经学大师，家世显赫，祖先是孔子弟子郑国。少年时，郑玄勤奋好学，孜孜不倦，博览儒家经典，终于学有所成，但是他仍虚心学习，学而不厌。他遍注儒家经典，以毕生精力整理古代文化遗产，是汉代经学的集大成者，其著作被称之为"郑学"。郑玄的毕生成就使经学进入了一个"小统一时代"。

343. 《溪山琴况》是一部什么著作？

徐上瀛（约1582～1662年），江苏娄东（太仓）人。明末著名琴家。所著《溪山琴况》是一部全面而系统地讲述琴乐表演艺术理论的专著，也是中国音乐美学史上的重要著作。这部著作在总结前人琴学理论的基础上提出了古琴表演艺术的24个审美范畴，即所谓"二十四况"。这二十四况是：和、静、清、远、古、澹、恬、逸、雅、丽、亮、采、洁、润、圆、坚、宏、细、溜、健、轻、重、迟、速。

徐上瀛提倡"往来动宕，恰如胶漆"演奏理论，使弦与指处于顺和的融洽关系中，由此达到"弦与指合"的技艺水准；在演奏的熟练度与技法上要"务令宛转成韵，曲得其琴"，使乐曲的韵律合乎音乐的章法，从而达到手指与音韵相"和"，实现琴乐演奏中的技艺美；最后，徐上瀛提出了"以音之精义而应乎与音之深微"的理论，进一步加强"音与意合"的演奏境界，他在《溪山琴况》中说："其有得之弦外者，与山相映发，而巍巍影现；与水相涵濡，而洋洋徜恍。暑可变也，虚堂凝雪；寒可回也，草阁流春。其无尽藏，不可思议，则音与意合，莫知其然而然矣。"这是一种对人在音乐审美中借助于内心的想象、联想等情感体验，使审美感受变得更为丰富和充实的肯定。

在琴乐"二十四况"中，具有理论核心意义的就是"和"。徐上瀛所说的"和"，并不是平淡无味的"淡和"，也并非庸然无所思，而是蕴含着相当动人的情感力量的"和"。这也是《溪山琴况》琴乐美学思想中值得借鉴、吸收的精华。所以徐上瀛在卷首便提到"二十四况"中，"其所首重者，和也"。说明"和"况作为琴乐审美范畴之一，在琴学理论中具有其他著作无法替代的地位。

344. 我国第一部长篇神魔小说是什么?

《西游记》成书于 16 世纪明朝中叶，作者吴承恩。《西游记》是一部古典神魔小说，为中国"四大名著"之一。书中讲述唐朝玄奘法师西天取经的故事，表现了惩恶扬善的古老主题。《西游记》成书于 16 世纪明朝中叶，自问世以来在中国及世界各地广为流传，被翻译成多种语言。在中国乃至亚洲部分地区，《西游记》家喻户晓，其中孙悟空、唐僧、猪八戒、沙僧等人物和"大闹天宫"、"三打白骨精"、"火焰山"等故事尤其为人熟悉。

《西游记》被改编成各种地方戏曲、电影、电视剧、动画片、漫画等，版本繁多。在日本等亚洲国家也出现了以孙悟空与红孩儿为主角的文艺作品，样式众多，数量惊人。《西游记》不仅内容大大丰富，故事情节更加完整严谨，而且人物塑造更加鲜活、丰满，想象更加多姿多彩，语言也朴实、通达。更为重要的是，小说《西游记》在思想境界、艺术境界上达到了前所未有的高度，可谓集大成者。

《西游记》不仅有较深刻的思想内容，艺术上也取得了很高的成就。它以丰富奇特的艺术想象、生动曲折的故事情节、栩栩如生的人物形象、幽默诙谐的语言，构筑了一座独具特色的《西游记》艺术宫殿。《西游记》在艺术上的最大成就，是成功地创造了孙悟空、猪八戒这两个不朽的艺术形象。《西游记》在艺术上取得的成就仍是十分惊人的，孙悟空、猪八戒这两个形象，以其鲜明的个性特征，在中国文学史上立起了一座不朽的艺术丰碑。

345. 品评诗歌的名著

《诗品》，钟嵘著，是一部品评诗歌的文学批评著作。成书于《文心雕龙》之后，这两部著作为什么相继问世在齐梁时代? 这不是简单的偶然，这是有内在的原因的。因为齐梁时代形式主义文风严重，为了反对齐梁形式主义文风，两部著作也就应运而生了。《诗品》在词句、方法、形式等方面对后世关于诗歌的评论影响深远。

346. 你知道"三教九流"具体指什么吗？

"**三教**"具体是指儒、道、佛这三家，它们对我国古代文化发展具有重要的影响。

"**九流**"根据《汉书》具体是指：儒家、道家、阴阳家、法家、名家、墨家、纵横家、杂家、农家九个学术派别。随着封建社会的发展，并根据社会各职业的阶级特点，人们又有了所谓的"上九流"、"中九流"、"下九流"的更新更细的分法。

通常来说，民间所说的"上九流"由高到低指：皇帝、圣贤、隐者、童仙、文人、武士、农民、工人、商人。

"**中九流**"指：举人、医生、相士、画家、书生、琴棋、僧人、道士、尼姑。

"**下九流**"指：师爷、差役、秤手、媒婆、走卒、时妖、盗、窃、娼。

当然，这有时只是一种泛指，泛指社会上的各行各业、各类人物。

347. 清代小说巅峰之作是什么？

《红楼梦》，中国古代四大名著之一，章回体长篇小说，成书于1784年（清乾隆四十九年），梦觉主人序本正式题为《红楼梦》。其原名有《石头记》、《情僧录》、《风月宝鉴》、《金陵十二钗》等。前80回曹雪芹著，后40回高鹗续（一说是无名氏续），程伟元、高鹗整理。本书是一部具有高度思想性和高度艺术性的伟大作品，作者具有初步的民主主义思想，他对现实社会、宫廷、官场的黑暗，封建贵族阶级及其家族的腐朽，对封建的科举、婚姻、奴婢、等级制度及社会统治思想等都进行了深刻的批判，并且提出了朦胧的带有初步民主主义性质的理想和主张。

《红楼梦》是一部具有高度思想性和高度艺术性的伟大作品，代表古典小说艺术的最高成就，也是中国古代四大名著之一。它以荣国府的日常生活为中心，以宝玉、黛玉、宝钗的爱情婚姻悲剧及大观园中点滴琐事为主线，以金陵贵族名门贾、史、王、薛四大家族由鼎盛走向衰亡的历史为暗线，展现了穷途末路的封建社会终将走向灭亡的必然趋势。并以其曲折隐晦的表现手法、凄凉深切的情感格调、强烈高远的思想底蕴，在中国古代民俗、封建制度、社会图景、建筑金石等各领域皆有不可替代的研究价值，达到中国古典小说的高峰，被誉为"中国封建社会的百科全书"。

348. "竹林七贤"是哪几个人？

"竹林七贤"是指嵇康、阮籍、刘伶、山涛、向秀、王戎及阮咸七人。在政治立场上他们有各自不同的选择，这种不同的政治立场也导致了他们不同的人生结局。其中王戎、山涛等相继投靠司马氏政权，出任高官，为司马政权服务。阮籍、刘伶、嵇康等对司马氏集团不予合作，嵇康更因此被杀害。文学上，嵇康和阮籍成就最高，是他们的代表。其中的名篇有阮籍的《咏怀》诗、刘伶的《酒德颂》、向秀的《思旧赋》、嵇康的《与山巨源绝交书》，都很值得一读。人各有志，由于其各自政治立场的不同，他们最终有各自不同的人生。

349. 甲骨文是什么文字？

众所周知，中国作为历史悠久的文明古国，汉字作为我们几千年来一直使用的书写文字，对我们民族文化的保存起到了至关重要的作用。但是你知道最早的汉字是什么样子的吗？那就是距离今天三千多年的甲骨文。

为什么叫甲骨文呢？这是有来历的。因为这些文字都是刻在龟甲和兽骨上的，所以我们称之为甲骨文。甲骨文主要应用于殷商时代，是王室用于占卜等方面的记载。虽然甲骨文的使用年代这么遥远，历史这么悠久，实际上，发现它也就是百年间的事情。

甲骨文出土是很早的，但是在很长的一段时期内，人们并不知道那些刻在龟甲上的奇异符号是什么意思，所以，这些早期发掘出来的甲骨要么被丢弃毁掉，还有一个用途就是卖到药店，当作一味中药，名字叫"龙骨"。

后来，金石学家王懿荣第一个发现这些甲骨上的文字是"三代"的古文字，而且进一步鉴定为商代的文字。我们今天所使用的汉字就是从甲骨文逐步地发展变化而来的。迄今为止，共出土甲骨十万多片，约三千五百多字，通过专家的努力鉴定，已经辨认出一半以上。

甲骨文自发现的那一天起，就不仅仅是一种文字，同时它也是一种珍贵的文物，字形雕刻精美，内容丰富，为世界所珍藏。

350. 你知道"文房四宝"是什么吗？

在我国古代，书写使用的毛笔，再加上磨制墨汁用的墨和砚台、纸张，合称"文房四宝"。也有更文雅的称呼叫"文房四士"。这是自毛笔这种书写工具出现之后，在中国长期的历史时期古人使用的书写工具，或写或画，这四种都是最基本的工具。"文房"即是指文人的书房，起源于南北朝时期。随着社会的发展，各种专业的辅助工具也不断出现，"文房"内除了笔、墨、纸、砚外还有诸如笔架、墨床等。

351. 现存最早的史书是什么？

《尚书》又称《书》、《书经》，为一部多体裁文献汇编，是中国现存最早的史书。分为《虞书》、《夏书》、《商书》、《周书》。战国时期总称《书》，汉代改称《尚书》，即"上古之书"。因是儒家五经之一，又称《书经》。现存版本中真伪参半。一般认为《今文尚书》中《周书》的《牧誓》到《吕刑》十六篇是西周真实史料，《文侯之命》、《费誓》和《秦誓》为春秋史料，所述内容较早的《尧典》、《皋陶谟》、《禹贡》反而是战国编写的古史资料。

《尚书》所录，为虞、夏、商、周各代典、谟、训、诰、誓、命等文献。其中虞、夏及商代部分文献是据传闻而写成，不尽可靠。"典"是重要史实或专题史实的记载；"谟"是记君臣谋略的；"训"是臣开导君主的话；"诰"是勉励的文告；"誓"是君主训诫士众的誓词；"命"是君主的命令。还有以人名标题的，如《盘庚》、《微子》；有以事为标题的，如《高宗肜日》、《西伯戡黎》；有以内容为标题的，如《洪范》、《无逸》。这些都属于记言散文。也有叙事较多的，如《顾命》、《尧典》。其中的《禹贡》，托言夏禹治水的记录，实为古地理志，与全书体例不一，当为后人的著述。自汉以来，《尚书》一直被视为中国封建社会的政治哲学经典，既是帝王的教科书，又是贵族子弟及士大夫必修的"大经大法"，在历史上很有影响。

352. 中国书法你知道多少？

书法作为一种独特的艺术，也是为数不多的几种语言的文字艺术。中国汉字书法更是源远流长，瑰丽多姿。

广义地讲，中国书法就是汉字的书写规则，大到谋篇布局，小到一笔一画，体现一种独特的艺术美感。或大气磅礴、一泻千里；或刚劲挺拔，俊秀飘逸。从甲骨文、金文开始，一直到现在，书法在中国几千年来经久不衰，历来为人们所喜爱。中国历代也有很多著名的书法大家，今天我们耳熟能详的也很多，如王羲之、颜真卿、柳公权等。今天仍有许多的人爱好书法，这对我们更好地继承传统文化都是很有好处的，同时，能写得一手好字，也体现了我们的文化素质。

353. 你知道"书圣"是谁吗？

提起书法，有一个人就不得不提，他就是被后人誉为"书圣"的王羲之。

王羲之自幼好学，相传他每次写完字之后就到村头的池塘清洗毛笔，暑往寒来，那一池的清水最后竟成了一池的墨水。功夫不负有心人，王羲之最后终于成为了伟大的书法家，他的字被形容为"飘若浮云，矫若惊龙"。他的儿子王献之也成就斐然，他们父子并称"二王"。后世帝王也相当尊崇王羲之的书法，一个是南朝梁武帝；另一个是唐太宗李世民。特别是李世民，尤其喜欢王羲之的书法，认为是完美之作，以至于把号称"天下第一行书"的《兰亭序》真迹作为自己的陪葬品。而且王羲之的"书圣"地位一直为人们认同。

354. 传记的种类

传记的种类主要包括一般的传记、回忆录、评传、自传、人物特写、人物小传、小说化的传记，等等。

自传体传记指的是一个人写的记载自己生活前半生或大半生的生活经历的文章。如《马克·吐温自传》和爱新觉罗·溥仪的《我的前半生》，这两个就是记载自己生活经历的自传。还有些只记载了生活中的一些片段，或只是某一方面的经历，这叫作自述，如《彭德怀自述》。

回忆体传记是被立传者的亲属或者朋友通过回忆写出的文章，主要描写了被立传者的生平与事迹。

采访体传记是后人通过采访被立传者的亲友，然后再搜集被立传者的相关资料，经过认真构思写出的文章。如魏巍的《邓中夏传》、罗曼·罗兰的《名人传》。

自传体传记和采访体传记相结合的传记。如由世界知名的瑞典电影明星英格丽·褒曼与美国作家阿伦·吉伯斯共同合作完成的《英格丽·褒曼传》。

除了传统的散文体传记外，还出现了一些特殊体例的传记。比如中国第一部诗体传记，它就是 80 后诗人、学者风来满袖写成的《被隐喻的四月——徐志摩诗传》。

第八章

科学技术

355. 你知道我国最早的造纸术吗？

1957 年 5 月，人们在陕西灞桥发现了一个古代的墓葬。该墓葬中保存着大量的文物，发现了一些古代的纸张，经过考古学家认真研究后，判断这些纸张距现在有 2100 多年了，纸张被称为灞桥纸，是由它的发现地点而得名的。

在 1965 年，我国有些单位对灞桥的纸张进行了检测，确定纸张材料主要是大麻，还有一些苎麻。灞桥纸的发现，告诉人们西汉时期人们已经开始使用纸。灞桥纸成为我国乃至世界现存的最早的植物纤维纸。

虽然植物纤维纸早在西汉时代就已经出现，但当时麻缕也用于造纸，只是大部分麻缕还是用于制作衣服，因为麻缕材质做出来的纸质不好，纸张表面较粗糙，而且厚度比较大，不适宜在上面书写文字。另外竹简和木简比较重，不方便；丝帛纸贵，人们不能大量使用。蔡伦就改进了造纸术，他用破布、树皮等为原料进行造纸。这不但降低了成本，还节约了资源，所以可以大量生产纸张。蔡伦的造纸术发明为大量书籍的印刷提供了条件。

356. 我国的印刷术是怎样发明的？

雕版印刷术的发明是我们的祖先受到了印章和拓牌这两种方法的启发，然后根据自己已有的经验发明出来的一种印刷术。雕版印刷书籍之前，印刷和拓牌这种方法在社会上已经被人广泛应用。

雕版印刷术的方法是将要印的字先写在纸上，然后再把这些纸反贴在一块块的木板上面，然后根据每一个字的笔画顺序用刀逐一雕刻在木板上，达到每个字都能够在木板上比较突出，而且要刻成阳文。这种先刻在木板上面，然后再进行印刷的，人们根据制作方法将其命名为“雕版印刷术”。

我国现在保存下来的最早的雕版印刷书籍是《金刚经》，是在公元 868 年刻印的，也是世界上最早的雕版印刷书籍。后来，我国毕昇发明的活字印刷术和现代的印刷术方法大致相同，德国人发明的活字印刷术晚于我国 400 年。遗憾的是，毕昇的活字印刷术并没有得到广泛应用。

357. 我国的火药最早出现在什么时候呢?

火药的历史已有 1000 多年。据很多的史书记载,最早的火药出现在唐末宋初时期,即公元 9 世纪。当时火药被称为黑色火药,是一种混合物,成分有硝石、木炭和硫黄三种粉末。

唐朝初期,炼丹家发现了硫黄、硝石以及木炭这三种成分共同加热可以产生非常大的能量,由于古代硫黄和硝石有治病的功效,所以将三种混合物叫作"火药"。炼丹家是在炼丹的过程中发现了这样的现象。

最早记载火药配方和制作方法的书籍是北宋官修的《武经总要》。这本书中记载了火药的配方,火药的三种成分硫、硝、炭的比例大大增加了。这时火药的成分和后来人们制造的黑火药的成分很接近,当时火药的制作方法已经比较复杂了。在军事和农业生产中,火药起着非常重要的作用。

358. 古代就有关于"黑子"的记录吗?

太阳黑子是太阳表面上的一种风暴,因为它的温度比它附近的太阳表面温度低,所以显得暗些。现在世界上公认最早的黑子记录,是我国西汉河平元年(公元前 28 年)的《汉书·五行志》,其中这样写道:"成帝河平元年三月乙未,日出黄有黑气,大如钱,居日中央。"意思就是在三月乙未那天,太阳出来的时候显得发黄,在它的中央部分有黑气,好像钱那样大。

实际上早在汉元帝永光元年(公元前 43 年)《汉书·五行志》已早有对太阳黑子的记录,"四月,日黑居仄,大如弹丸",意思是这个四月,太阳边侧有黑子像弹丸那样大。我国古书的记载常有"日中有三足乌"的记载。所谓"三足乌",其实就是指太阳黑子。据统计,从汉朝到明朝,我国共约有 100 次的太阳黑子记录。

中国古人对于黑子的观测非常精密。他们用"如钱"、"如栗"、"如飞鹊"等词汇形象地表示黑子的形状;用"三日乃伏"、"数月乃销"等来表明黑子的出现和消失;用"日赤无光"、"昼昏日晡"等来描写观测时的情形。

我国古代的太阳黑子记录是一份十分珍贵的天文遗产。当时所观测到的黑子周期以及种种形状，都和近代所观测的相符合。我国古代天文学家从这些黑子出现的日期和间隔求出太阳黑子出现的大概周期，计算结果为 11.33 年，经过现代观测的验证，这个结论是正确的。这些珍贵的太阳黑子记录资料对于研究太阳物理以及日地关系和气候变迁等都有重要参考价值。

359. 水运仪象台的发明者是谁?

苏颂发明了水运仪象台。他运用自己丰富的学识，组织了一批科学家，开始复制张衡制造的浑天仪和唐代僧一行的作品，经过努力终于复制成功。水运仪象台有三种功能，分别是观察天象、演示和报时。

苏颂的这项发明称为世界上最早的天文钟和近代表重要部件的开拓者。他的发明比欧洲早了 6 个世纪。苏颂写的《新仪象法要》中对仪象台的使用方法进行了详细的介绍，里面绘制了我国最早也最完整的机械设计图。

《新仪象法要》已经被一位英国的科学家李约瑟博士翻译出来，在英国的市场上进行了发行。他还对苏颂进行了称赞，说他是中国古代最伟大的科学家之一。

360. 水车是怎么发明的?

我国在先秦时期，人们每逢干旱都要拿着瓦罐到附近的河中或者是井中获得水源，才能给自己的农田进行灌溉，特别麻烦。后来人们采用了一种新的取水方法，即一头有水桶，一头坠有石头，采用杠杆的原理，取水节省了力气。

那么水车的出现是在什么时候呢? 中国正式记载水车的时间大概在东汉时期。东汉末年灵帝时有毕岚制造的"翻车"，基本已经装有轮轴槽板。也有人说三国时魏人马均也制造过翻车。我们虽然无法证实究竟是谁制造了翻车，但是我们可以肯定的是东汉到三国时期翻车正式产生，我们把这个阶段定为中国水车出现的最早阶段。

361. 古代的马镫有什么样的作用?

马镫的发明在人类历史上具有划时代的意义。马镫最早出现在中国东北的草原上，大约是在十六国的时候，即公元 3 世纪中叶到 4 世纪初的时候。

在当时，战争中对骑兵的技术要求比较高，所以为了使士兵的战斗力增强，人们就发明了马镫。

马镫的出现增强了当时骑兵的战斗力。骑兵可以骑着马任意地驰骋，还可以自如地在马上射箭，骑兵驾驭马的水平大幅度地提高。

362. 古代灌钢法的发展

灌钢法是中国炼钢技术中取得的令人瞩目的成就。17 世纪以前，世界各国采用的炼钢方法，钢铁很难熔化，铁和渣难以分开，炭不能快速渗入。中国灌钢法的发明，对解决这一难题起到了非常重要的作用，对世界冶炼技术的发展作出了十分重要的贡献。

南北朝时期，灌钢法的技术得到了进一步改善，用此法制成的兵器非常锋利坚韧。其实，汉代时期，人们便开始用煤来冶炼钢铁。到了北宋，用煤冶铁已经比较普遍。人们将冶铁炉的温度提高，大大提高了冶炼钢铁的效率。

灌钢法在世界炼钢史上具有十分重要的影响，在中国的冶金史上也取得了非常重大的成就。灌钢去对技术不但进行革新，炼出来的钢铁质量大大提高，炼钢的效率也得到了提高。

363. 指南针的相关知识

指南针又称指北针，是一种可以识别方向的仪器。它是我国四大发明之一，它的前身是司南。它是由一根可以自由旋转的磁针制成的。它的工作原理是根据磁针可以受到地磁场的作用指示地球的北极。指南针的用途比较广泛，可以用于航海、测量以及军事等方面。

中国发明的指南针得到了世界的肯定。我国汉族劳动人民，经过辛勤的汗水，长期进行探索，认真研究了物体的磁性知识，发明了指南针这项仪器。最早的指南针是中国古代劳动人民用一块天然磁体制成的。

这项仪器非常实用。当指南针用于航海的时候，对指南针本身的发展也是一种促进。指南针的外传首先传入了阿拉伯，时间是在 12 世纪末到 13 世纪初，接着传到了欧洲，后来欧洲演变出旱罗盘，到明代的时候又从日本传到了我国。

364. 探索磁现象

先秦时期，我国祖先在采矿的过程中发现了磁铁矿，这些被记载在了《管子》一书中，在其他的书籍中也有相应的记载，比如《山海经》之中。

人们很早就发现了磁石具有吸铁的特性，人们还对磁石进行了实验，他们想探究一下磁石是否可以吸引其他的金属，结果发现不能吸引金、银、铜等其他的金属。这时人们已经知道了磁石只能吸引铁的事实，但是他们并不知道两块相同的磁体放一起有时互相吸引，有时互相排斥，现在我们知道磁铁有两个极，同性相斥，异性相吸。

虽然他们不知道磁铁有两个极，但是对这一现象还是可以察觉的。据说西汉有一个人就利用这样的现象制作了一个"斗棋"，即两颗棋子通过方向的改变可以相互吸引或者相互排斥。这个人将东西献给了汉武帝，结果被重用，封做了大将军。

365. 十三经包括哪些著作？

十三经是指在南宋形成的十三部儒家经典。分别是《诗经》、《尚书》、《周礼》、《仪礼》、《礼记》、《易经》、《左传》、《公羊传》、《谷梁传》、《论语》、《尔雅》、《孝经》、《孟子》。

汉朝：五经，汉朝时，以《易》、《诗》、《书》、《仪礼》、《春秋》为"五经"，立于学官。

唐朝：九经，唐朝时，《春秋》分为"三传"，即《左传》、《公羊传》、《谷梁传》；《礼经》分为"三礼"，即《周礼》、《仪礼》、《礼记》。这六部书再加上《易》、《书》、《诗》，并称为"九经"，也立于学官，用于开科取士。

晚唐：十二经，唐文宗开成年间，在国子学刻石，内容除了"九经"之外，还加上了《论语》、《尔雅》、《孝经》。

五代：十一经，（收入《孟子》）五代十国时后蜀国主孟昶刻"十一经"，收入《孟子》，而排除《孝经》、《尔雅》。

南宋：十三经正式形成南宋时，《孟子》正式成为"经"，和《论语》、《尔雅》、《孝经》一起，加上原来的"九经"，构成"十三经"。

《十三经》的内容极为宽博，就传统观念而言，《易》、《诗》、《书》、《礼》、《春秋》谓之"经"，《左传》、《公羊传》、《谷梁传》属于《春秋经》之"传"，《礼记》、《孝经》、《论语》、《孟子》均为"记"，《尔雅》则是汉代经师的训诂之作。这十三种文献，当以"经"的地位最高，"传"、"记"次之，《尔雅》又次之。

366. 水力鼓风机的发明

水力鼓风机是一种用于冶炼的工具，它的发明者是东汉时期的杜诗。

那么没有发明这个工具之前人们用什么样的工具进行鼓风呢？人们使用的是一种很厚的皮囊，皮囊中充满了空气，当使用它的时候只要用手轻轻一夹，皮囊能够进行一开一合，这样就会形成风，吹入炉内，使炉内产生更多的能量。皮囊鼓风的方式效果不理想，到后来又出现了排囊，风量的问题得到了解决，但是对人力的要求又有所增加。这时杜诗为了解决这样的问题发明了水力鼓风机，对自然资源进行了有效利用。

后来出现了以水为动力的水排，节省了人力，促使冶炼效率大大提升，水排逐渐得到广泛应用。

367. 锯子的来历

现在木工常用的锯子是什么时候发明的呢？又是谁发明的？让我们带着这个问题开始下面的话题。

鲁班出生的年代大约在公元前 507 年，他是春秋战国时期有名的工匠。

为什么人们都叫他鲁班呢？因为他是鲁国人，所以叫他鲁班。那么他为什么想到发明锯子呢？其中有段小故事要讲给大家听。

据说，鲁班一次去深山砍柴，他不小心被一棵小草划破了手指。一片叶子怎么会伤到自己呢？鲁班很好奇，就仔细观察了一下。他发现叶子的两边都长着锋利的牙齿，他的手就是被这些小牙齿划破的。另外他还看见野草上面还趴着一条小虫，虫子的嘴巴里面也有许多的小牙齿，虫子可以用这些牙齿慢慢地咀嚼叶片。

鲁班受到了上述两个小事的启发，如果发明一种这样带有牙齿形状的工具，这样在砍柴的时候是不是就能很轻松地砍断树木？所以他就开始将自己的想法付诸实践。经过反复的实验，鲁班终于造出了锋利的锯子，实现了自己的想法，以后他的工作效率提高了很多，树叶也不会划破自己的手指了。鲁班的这项发明，给人们的生活带来了极大的便利，对人类历史的发展作出了一定的贡献。

368. 你对中国玻璃知几分？

玻璃，古时也称琉璃或者是颇黎。从文物玻璃器来看，我国玻璃工艺的发展从西周到战国时期，已经发展得比较好。春秋战国初期已经有了蜻蜓眼玻璃珠和仿玉玻璃器，这枚中国玻璃珠中吸纳了外国玻璃制造的工艺，这恰恰说明了当时中外之间在玻璃制造技术方面已经开始有了交流。

汉代玻璃产地有中原地区，主要以生产铅钡玻璃为主，河西走廊生产的是助溶剂的玻璃，岭南地区主要生产钾硅玻璃。到了魏晋南北朝，不断有外国的玻璃制品输入我国，国内自制玻璃的数量比以前有所减少。

魏晋南北朝时期是我国古代玻璃发展史上一个非常关键的时期，这时玻璃的外形、质量以及制作工艺等都有了很大的提高，出现了繁荣的景象，让人眼前一亮。出现这种繁荣景象的原因，主要得益于外国玻璃大量地流入我国，促使了我国玻璃制造业发生了巨大的变革，直到隋唐时期才基本上呈现稳定发展的状态。

清初，康熙特别重视玻璃制造的工艺，还专门请来了德国的传教士来中国进行技术指导，并在宫廷建立了玻璃厂。从此之后，宫廷开始了御用玻璃的制造。经过中西玻璃工艺的不断融合，这一时期，玻璃制造业取得了辉煌的成就。

玻璃器制作的顶峰时期集中在康、雍、乾三个朝代，从玻璃制造档案和传下的作品中，我们可以看出当时玻璃制品的工艺。嘉庆之后，玻璃制作开始衰落，数量减少，质量也不如从前。

369. 古人眼中的宇宙是什么样的？

在中国古籍中，《庄子·齐物论》最先出现了宇宙这个词汇。"宇"可以指东南西北四个方向的所有地点。"宙"可以指白天、黑夜、过去等所有具体的时间。战国末期尸佼说："四方上下曰宇，往古来今曰宙。"他的意思是说"宇"指空间，"宙"指时间，那么"宇宙"就是时间和空间的统一。

后来，人们就把"宇宙"看成是客观存在的世界。和宇宙意思比较接近的有"乾坤"、"天地"、"六合"等，但这些仅指宇宙的空间方面。在《管子》中有"宙合"一词，其中"宙"指的是时间，"合"（即"六合"）的意思为空间，与古人眼中的"宇宙"是最接近的。

中国古代天文学家对宇宙结构的遐想是非常丰富的。其实，远在人类社会的早期，中国就已经有了"天圆如张盖，地方如棋局"比较简单粗略的理解。西周时代，又慢慢形成了"盖天说"。盖天说认为，大地的形状不是方形，而是拱形，天空就像一个大的斗笠，大地就好像一个圆盘。

东汉时期，天文学家张衡在《浑天仪图注》一书中载有："浑天如鸡子，天体圆如弹丸，地如鸡中黄，孤居于内，天大而地小，天表里有水，天之包地，犹壳之裹黄。"张衡的这个学说是浑天说，这个学说确定了地球不是方的，而是球形的，并且是悬浮在空间中的。

370. 古代用什么方法计时？

在不同历史发展时期，我们的祖先为了适应当时社会经济的发展以及满足他们生活的需求，发明了多种多样的计时仪器。比如圭表、日晷、漏刻等。

圭表是历史最悠久的一种计时器，古代典籍《周礼》中记载了圭表计时器的使用方法。圭表主要是通过观察太阳摄影影子的长度确定时间。圭表是由表和圭两个部分构成。表是一种杠杆或者石柱，把它竖立在平地上面可以测量太阳的影子。圭是一种带有刻度的木板，可以平放在正南正北方向，测量表的影子的长度。这就是圭表计算时间的方法。

日晷计算时间的方法也和日影有关系，它是根据日影的方位来确定具体的时间。从出土文物来看，日晷的使用可以追溯到汉代之前。日晷是由一根晷针和刻有刻线的晷面构成的，随着太阳在天空运转，晷针的投影就会在晷面上运动，这样就能够表示时间了。

漏刻计时器以其自身的优点应运而生。我们知道圭表和日晷计算时间都必须要依赖太阳的影子，如果碰到了阴天没有太阳，或者是晚上要看时间，那该怎么办呢？漏刻计时器便解决了这个难题。漏刻计时的原理是用壶盛水，通过观察壶中刻箭上显示的数字来确定时辰。漏刻计时器没有那么大的局限性，是一种使用非常普遍的计时器。

古代关于计时的仪器还有很多，如沙钟、香篆、油灯钟、蜡烛钟等。这都反映了我国古代计时器的发展水平。

371. 古代最完备的乐府歌辞著作是什么?

《乐府诗集》系宋代郭茂倩编。"乐府"，本是掌管音乐的机关名称，最早设立于汉武帝时，南北朝也有乐府机关。其具体任务是制作乐谱，收集歌词和训练音乐人才。歌词的来源有二：一部分是文人专门作的；一部分是从民间收集的。后来，人们将乐府机关采集的诗篇称为乐府，或称乐府诗、乐府歌辞，于是乐府便由官府名称变成了诗体名称。郭茂倩编的这部《乐府诗集》现存 100 卷，是现存收集乐府歌辞最完备的一部。主要辑录汉魏到唐、五代的乐府歌辞兼及先秦至唐末的歌谣，共 5000 多首。它搜集广泛，各类有总序，每曲有题解。它是继《诗经·风》之后，一部总括我国古代乐府歌辞的著名诗歌总集。

"乐府诗"在这些不同的乐曲中，郊庙歌辞和燕射歌辞属于朝廷所用的乐章，思想内容和艺术技巧都较少有可取成分。鼓吹曲辞和舞曲歌辞中也有一部分作品艺术价值较差。但总的来说，它所收诗歌，多数是优秀的民歌和文人用乐府旧题所作的诗歌。在现存的诗歌总集中，《乐府诗集》是成书较早、收集历代各种乐府诗最为完备的一部重要总籍。

372. 古人对地震的解释

中国古人把地震的发生和帝王联系在了一起，还认为是"阴阳失衡"导致的。他们认为发生地震是上天对人类的一种惩罚或者告诫。汉成帝时南阳人议郎杜钦对此有过解释，在《汉书·杜钦传》中对这记载："臣闻日蚀、地震，阳微阴盛也。臣者，君之阴也；子者，父之阴也；妻者，夫之阴也。"

古人还常常将地震与许多奇怪的现象联系在一起。在《晋书·刘聪传》中，记载了十六国时期平阳发生的一次大地震，地震发生时出现了狂风、暴雨、雷电的现象，甚至大树被连根拔起。当时村内有一个妇女产下了一个双头小孩，孩子的大伯父觉得生下的孩子是一个妖怪，然后就将孩子在锅内煮熟，吃了。令人费解的是，没几天吃掉这个小孩的大伯父就死了。现在我们知道孩子是由于在怀孕期间产生畸形的原因。当时人们把这件奇怪的事情和地震的发生联系了起来，是没有任何科学依据的，十分荒唐。

古人还将地震后出现的自然现象作为一种信号，认为是上天有灵，用来进行占卜算卦。在《晋书·冯跋传》中有这样的记载："传跋境地震山崩，洪光门鹳雀折。又地震，右寝坏。跋问闵尚曰：'比年屡有地动之变，卿可明言其故。'尚曰'地，阴也，主百姓。震有左右，此震皆向右，臣惧百姓将西移'。"人们把地震中建筑物倾倒的方向作为逃生的方向，这明显没有科学根据，纯粹是一种迷信思想。

总之，古人对地震的解释带有主观主义色彩，没有科学的理论作为指导，缺乏可信性。

373.《周易》中的"三才"指的是什么？

查阅著名典籍《周易》我们会发现里面记载有"三才"。其中这"三才"是指天、地、人。根据《周易》的观点，世界是立体的，这个世界是人在天地之间的一种生存。也就是说，人在天地之间以谋求更好的生存。

我们看一下有关"王"字的说文解字：三个横一个竖。最上面这一横，代表是天；中间一横代表人；最下面一横指的是地；中间这一竖，代表天、地、人的贯通。而更加深入地讲，我们写王的时候，中间这一横一定是短的，肯定不会超过"天和地"，这就意味着人本身的觉悟性。尽管某个人的本事再大，你也永远不可能超越于天地之上的，于是就不应该有那种很自以为是的思想。

还有一种意思相近的诠释：每个人的头部都可以看成是一个完整的世界，额头称为天庭，下巴是地阁，之所以称上唇正中凹下的部分为人中，指的就是人在天地之中的意思。人们常说鼻梁丰隆是吉相，就是把鼻梁看成是"王"字中的一竖。因而，人要想更好地生存，首先要做的就是处理好人与人的关系以及人和天地的关系，这样才能获得长足的发展。

374. "一刹那"有多久？

日常生活中，人们常用"一刹那"这个词来形容时间异常短暂的时间，可谓转瞬即逝。佛经上说，人的一个念头中就含有九十个刹那。一刹那究竟是多长时间呢？

古印度梵典《僧祇律》中有关于"一刹那"的记载："一刹那者为一念，二十念为一瞬，二十瞬为一弹指，二十弹指为一罗预，二十罗预为一须臾，一日一昼为三十臾。"按照这些我们可以推算出具体时间来，即一天一夜24小时有480万个"刹那"，或24万个"瞬间"，或12千个"弹指"，或30个"须臾"。进一步来说，一昼夜有86400秒，那么一"须臾"等于2880秒（48分钟），一"弹指"为7.2秒，一"瞬间"为0.36秒，一"刹那"却只有0.018秒。

总之，"一刹那"所代表的时间是极为短暂的。佛家常用"刹那"这一概念表达世间一切事物生灭变化的连续和迅速性，称之为"刹那无常"。考证古籍《景德传灯录·僧那禅师》中"无一尘许间隔，未尝有一刹那顷断续之相"就可以得知。

375. "天干地支"是何物？

天干地支，详细地说是十天干和十二地支的合称，天干地支又可以简称作"干支"。简单地说天干地支就是我国古代的一种纪年或者用作表征月、日、时刻的计序方法。

天干也叫十天干，这是因为"天干"是由十个汉字组成，分别是：甲、乙、丙、丁、戊、己、庚、辛、壬、癸。

地支由十二个汉字组成，所以也叫"十二地支"、"十二支"。这十二个汉字就是：子、丑、寅、卯、辰、巳、午、未、申、酉、戌、亥。我国的古人用天干的十个字和地支的十二个字相互地搭配，表示年月或者日时的变化次序，这种记法也叫干支纪法。

376. 为什么用"参商"比喻人与人永不相见？

参星与商星二者称为"参商"。这两颗星在星空中不会同时出现，古人就用这两颗星来比喻人们之间关系的对立，如谁与谁关系不和睦，或者亲友不相往来、不能相见等。

关于参商二星有一个故事，是在《左传》中记载的，说古代一个名叫高辛氏的人，别名叫帝喾，他有两个儿子，一个叫阏伯，另一个叫实沈。传说高辛氏的妻子是在一天早晨吃完燕子的蛋后，突然感觉不适，原来是要生了。这次出生的儿子就是大儿子阏伯，他天资聪颖，才智过人，和别家的孩子很不一样，所以高辛氏就非常看好这个大儿子。

高辛氏的所有孩子中，除了阏伯之外，老四实沈最聪明伶俐，所以他从心底不服自己的哥哥。这两兄弟从小就会因为小事大吵大闹，严重时还会大打出手，家中很难得到清静。父亲也拿两个人没有办法。长大之后，两兄弟更加不和。两兄弟又经常见面，矛盾是越来越深，几乎是每次见面都会吵架，甚至是到了水火不容的地步。听说两兄弟闹起矛盾来，没有人能够阻止得了。

他们的父亲高辛氏非常气愤，本来以为兄弟之间的矛盾随着时间的流逝会得到化解。但是没有想到越来越严重。高辛氏认定了，这两个兄弟迟早会出事情的，为了不发生更为严重的事情，父亲决定让他们住得越远越好，最好这辈子都不要碰面，这样就可以避免吵架、打架的事情。

所以，高辛氏请求尧帝颁布一道命令，将阏伯安排在商地，而将实沈安排在大夏。当时的商就是今天的河南东部一带地区，而大夏就在山西的南部，这两个地方对于今天的人来说并不是很远，但是在当时交通不方便的情况下，可以说是千里之外。所以，这两兄弟几乎是一辈子都见不到面了。这个故事形象地说明了"参商"可以用来比喻人们永远不相见。

377. 古代是怎么用漏壶来计时的？

漏壶是一种古老的计时仪器。漏，是指漏壶；刻，是指刻箭。箭，则是标有时间刻度的标尺。漏壶的工作原理其实很简单：将壶盛满水，利用水均衡滴漏的原理，观测壶中刻箭上显示的数据来计算时间。它通常由铜制成，其制作历史远可追溯到我国的夏商时期。

《周礼·夏官》有"挈壶氏"，"掌挈壶以令军井"，"凡军事县（悬）壶以序聚柝"，"皆以水火守之"。"水守"是在壶旁备水，要不间歇地适时往壶里添加；"火守"有两方面的意义，即夜间用火照明来观察箭上的刻度。由这条记载可知，在周朝已经有了漏壶。

据有关史料记载，公元5世纪的北魏道士李兰制造了中国历史上最早的秤漏。秤漏的构造是一杆吊着的秤，受水壶挂在秤钩上，以受水壶里受水的重量计量时间。李兰曾经这样规定过：每当流水一升，其重增一斤，时轻一刻。也可以把秤杆上的重量刻度改成时刻刻度，从而直接读出时刻数。

还有一种古老的计时仪器叫作沙漏，有关沙漏的最早记载见于元代。沙漏的一个非常显著的优点就是能够避免水因气温变化而影响计时的准确度。其原理是通过流沙推动齿轮组，使指针在时刻盘上指示时刻。但是流沙容易阻塞，普及程度并不太乐观。

378. "四象"具体指什么？

四象指的是中国传统文化的四种动物形象，指的是青龙、白虎、朱雀、玄武。这四种动物形象分别代表了东、西、南、北四个方向。古人之所以把这四种动物形象称为四象，是从古人的星宿信仰得来的。

二十八星宿中，四象也可以叫作四神或者四灵，可以用来把天上的星星进行分类。在《春秋易传》的天文阴阳学说中，四象指的是春、夏、秋、冬四个季节的自然气象，分别称为少阳、太阳、少阴、太阴。中国传统方位中，南方为上方，与现代有所不同，所以还可以用前朱雀（南）、后玄武（北）、左青龙（东）、右白虎（西）来描述四象的方位，这和五行学在方位上的说法是相一致的。古代的日本人和朝鲜人对四象的概念非常看重，这些国家常把四象称为四圣或者是四圣兽。虽然我国也有四圣这样的说法，但我国所说的四圣指的是伏羲、文王、周公和孔子四人。

379. 有关日食的有趣记载

说起日食，最普遍的认识就是民间常说的天狗食日。早在公元前 2300 多前，我国就有人观测到了日食。中国有世界上最早、最丰富、最完整的日食记录。光是古书（至清代）的史料（不包括甲骨文），就有 1000 多次日食记录。《诗经》中更是详细记载了发生在公元前 776 年 9 月 6 日的日食："十月之交，朔日辛卯，日有食之。"世界天文学家普遍认可中国古代日食记录的可信程度最高，为世人留下了珍贵的科学文化以及历史研究价值。

根据民间资料的记载，古代人是以敲锣打鼓的方式来对付日食的。由于日全食的时间通常很短（至多七分半钟），所以在人们鼓声震天的声响之后，太阳可能就会马上"复原"，因而使人们更加确信了敲锣打鼓的威力和实际效果。中国对日食的记载很早，在汉朝的墓中就挖出许多石头，这些石头上刻画了很多日月星辰的图形，其中一个画有"日月合璧"，亦即太阳与月亮叠在一起，这就是当时的日食记录。

日食不仅仅影响到了民间活动，同时也影响到了皇宫贵族们的生活。中国人认为天代表大自然，而太阳在大自然里有着崇高无比的地位，皇帝称为天子，则意指其为上天赋予其权力来掌管人民大众的。因而，上天会明示皇帝做错什么事情、有什么事情要小心，等等。因而，日食就被顺理成章地利用了起来，借其各种自然现象来预测将来的凶吉祸福。根据古书中记载，汉朝每当发生日食时，皇帝就不到大殿做早朝，而到偏殿旁的小殿进行早朝，并且一切从简。

其实，"天狗食日"的科学解释就是日食。由于月球、地球运行的轨道都不是正圆，日、月同地球之间的距离时近时远，其运动轨迹并不像人们想象中的那样简单，所以太阳光被月球遮蔽形成的影子，在地球上可分成本影、伪本影（月球距地球较远时形成的）和半影。观测者处于本影范围内可看到日全食；在伪本影范围内可看到日环食；而在半影范围内只能看到日偏食。

380. 农历是什么样的历法？

现在，我们中国人实际上同时使用着两种历法，这就是国际通用的公历历法和我国传统的历法农历。为什么农历这种历法至今仍然能够和公历并驾齐驱？这可以用一句很有名的话来说明原因——"实践是检验真理的唯一标准"，因为农历也是一种很实用、很科学的历法，和公历相比，可谓平分秋色，各有特色。

农历的这种称谓在我国很普遍，因为这套历法本身包含了"二十四节气"，对我国的农业生产有着重要的实际指导意义。加之我国是传统的农业国家，历来重视农业生产，所以广大的人民群众就把这种历法贴切地叫作农历。农历也有好几个其他的叫法，比如阴历、汉历、夏历、老历、旧历。

农历之所以历史悠久，至今仍然被使用，事实上也说明了它的科学性和实用性。农历也被叫作阴历，但是，它不是纯粹的阴历，农历中的二十四节气本质上应该属于阳历，它是根据地球围绕太阳运转的一个周期的不同位置决定的，所以，准确地说，阴历应该是阴阳历。农历这种历法，兼顾公历和阴历两种历法，不但含有阴历月相变化的特点，同时也体现了公历年的时间要求，也正因如此，农历才经久不衰，是众多的历法中最科学的历法之一。

虽然公历在时间上，也就是说在天文学上的回归年（365.2422）上更加接近、准确，但是，不能仅凭此一点就说公历是最科学的历法。为什么这么说，因为公历完全按太阳黄道运行规律，没有照顾到月相的变化，也就是说在月这个点上，公历是不准确的。

当然，农历也不能说就是完美无瑕的历法，但是不可置疑的是，农历把太阳和月亮的运行统一于一体，比单纯的阳历和阴历都实用方便，同时也体现了我国传统文化的发达和人们的智慧，是值得我们继承和引以为荣的。

381. 古代的年号是怎么回事？

年号就是用于纪年的名号，通常是由皇帝发起。年号最早发源于中国，并先后在 7 世纪后期传到日本，10 世纪传到越南。年号被认为是帝王正统的标志，称为"奉正朔"。在我国历史上，假如出现一个政权使用另一个政权年号的情况，则是藩属、臣服的标志。中国年号的使用情况非常复杂。同一时期并存的政权，往往各有年号。还有的政权一年之中数次改元，几个年号重叠使用。也有政权自己不建年号，而沿用前朝或其他政权的年号。例如后晋的天福年号用至九年，改为开运元年。3年后，后汉刘知远称帝，不自建年号，也不沿用开运年号，而是追承天福十二年。那么，年号究竟是如何创建的呢？

在公元前113年，汉武帝以当年为元鼎四年，正式创立年号，并追改以前为建元、元光、元朔、元狩，每一年号六年。汉武帝此次创举深刻地影响了以后近两千余年的中国皇朝纪元方式，并创立了以奉正朔的方式推广给藩属于中国中央王朝的周边臣属国，以明确宗主臣属国关系的高明政治手法。

干支兼用纪年是年号的纪年方法之一。皇帝年号置前，干支列后。如《扬州慢》"淳熙丙申"，"淳熙"为南宋孝宗赵昚年号，"丙申"是干支纪年；《核舟记》"天启壬戌秋日"，"天启"是明熹宗朱由校年号，"壬戌"是干支纪年；《祭妹文》"旷乾隆丁亥冬"，"乾隆"是清高宗爱新觉罗·弘历年号，"丁亥"是干支纪年。

382. "三星高照"指的是哪三星？

中国自古就非常重视长寿，"福如东海，寿比南山"是晚辈们对长辈们衷心的祝福，希望他们能够健康长寿，永远幸福。道教为了满足能够享受长寿的心愿，创造了福、禄、寿三星的形象。所以"三星高照"就成了人们常用的祝福语。人们对福、禄、寿三星的敬佩，开始于中国远古时代，那时人们就对星辰非常崇拜。

寿星，位于天狼星之南，别称南极老人星，这颗星掌管着天下所有人的寿命的长短，是人们最崇拜的寿神。福星即木星，木星能够成为福星，是与中国古代的天文历法，还有一些风土民俗是分不开的。因为木星标志着新一年的开端以及旧一年的终结，所以人们很早就开始祭祀木星，表示辞旧迎新的意思。人们祈求木星能够让他们在新的一年交好运，平平安安，幸福快乐。所以这颗星慢慢就成了人们的福星。

而说起禄星，不得不说说来源于最原始的星辰崇拜的禄神。民间又称之为"文昌帝君"、"禄星"等。根据史料《史记·天官书》中记载："斗魁戴匡六星，曰文昌宫：一曰上将，二曰次将，三曰贵相，四曰司命，五曰司中，六曰司禄。在斗魁中，贵人之牢。"我们可以得知，这其中的司禄，所指就是专管人间功名利禄的禄星。由于我国古代历史奉行科举制度，很多秀才学子为了更好地博取一官半职，遂寄托希望予禄星，禄星就成为了古代士子们实现其报效国家、光宗耀祖的有力精神支柱。因而，主管人间爵禄的司禄星就会堂而皇之地受到天下读书人的顶礼膜拜，虔诚供奉。

其实，中国人很早就将天上的星辰现象和人世间的吉凶祸福、生老病死密切地联系在一起了。古人们常常赋予星辰以独特的神性魅力以及神奇的精神力量，久而久之就在世俗社会中产生了深刻而广泛的影响力。再加上受到中国封建社会体制的巨大束缚，这种星辰信仰就顺理成章地成为了统治阶级推行王道教化的有力工具。尤其在道教产生后，为了扩大道教其本身的社会影响力，壮大其发展规模，也尽力推崇这种星辰信仰。所以，福、禄、寿三星的崇拜以及信仰逐渐融入到了中国的传统文化中。

人们不仅仅赋予星辰以威严庄重的形象，而且还赋予了"三星"以独特的亲和力。在民间，人们对它们顶礼膜拜，希望得到更多的幸福安乐、健康长寿。因而，"三星"也合情合理地成为了民间绘画的重要题材，最常见的就是三星同时被描绘在一张图画上，福星手拿一"福"字，禄星手托一只金元宝，寿星一手托着寿桃、一手拄着拐杖。通俗地讲，这时人们对三星的神仙敬仰意味显然要比对亲友的美好祝愿少了很多。

383. 流星雨的记录

中国是世界上最早记录流星雨出现的国家，并且还是世界上关于天琴座流星雨的最早记录者。据有关资料记载，中国古代关于流星雨的记录，大概有 180 多次。而其中狮子座流星雨记录有 7 次，天琴座流星雨记录大约有 9 次，英仙座流星雨大约 12 次。《竹书纪年》中就有记载："夏帝癸十五年，夜中星陨如雨。"最详细的记录见于《左传》："鲁庄公七年夏四月辛卯夜，恒星不见，夜中星陨如雨。"

流星雨出现的时候，场景异常惊心动魄，让人流连忘返。历史记载有关于天琴座流星雨的例子：南北朝时期刘宋孝武帝"大明五年……三月，月掩

轩辕。……有流星数千万，或长或短，或大或小，并西行，至晓而止。"（《宋书·天文志》）

略微对天文知识懂点的人都知道，天外陨石其实就是流星体坠落到地面后形成的。《史记·天官书》中就有"星陨至地，则石也"的解释。北宋时期，沈括证明了陨石中含有铁成分，沈括并在《梦溪笔谈》卷二十里就写着："治平元年，常州日禺时，天有大声如雷，乃一大星，几如月，见于东南。少时而又震一声，移著西南。又一震而坠在宜兴县民许氏园中，远近皆见，火光赫然照天，……视地中只有一窍如杯大，极深。下视之，星在其中，荧荧然发亮，良久渐暗，尚热不可近。又久之，发控于其窍，深三尺余，乃得一圆石，犹热，其大如拳，一头微锐，色如铁，重亦如之。"

384. "白虹贯日"是一种什么样的天象？

白虹贯日，其意思就是指白色的长虹穿日而过。有人说"白虹贯日报仇归"，因而白虹贯日就被强制扣上了一层血淋淋的外衣。古人常常认为人间一旦有不吉祥的事情将要发生，就会引起白虹贯日这种天文现象的出现。后来随着历史的演变，白虹贯日被引申为在战争和变革发生之前上天所显现的吉凶征兆。从天文学角度来讲，白虹贯日的"虹"并不是虹而是晕，它属于一种大气光学现象。关于白虹贯日还有这么一个故事：

战国时期，韩国大臣严遂和相国韩傀结下了仇恨。严遂费尽心机想把韩傀刺杀掉，可是屡屡不能得手。于是严遂到齐国去找聂政去刺杀韩傀。聂政是一名以屠狗为业的屠夫，还要照顾家中老幼，本不想惹是生非，甚至弄不好还要搭上自己的身家性命。但是，聂政为了报答严遂的知遇之恩，就独自闯入了戒备森严的韩傀府并成功刺杀了他。内心极其矛盾的聂政毅然选择了自杀，传说当时有白色的长虹穿日而过，场面相当悲壮。

385. 我国古代主要是怎样测量空气湿度的？

汉朝时期，人们发明了世界上最早的天平式湿度计，这一发明早于欧洲1600多年。顾名思义，湿度计是一种测量空气所含水分多少的仪器。它是利用天平来测量空气干湿程度的天平式湿度计。

根据史料《史记·天官书》中的记载，有人曾提到把土和炭分别挂在天平两端，以观测挂炭一端天平升降的仪器。《淮南子》中也指出了这种仪器的现实意义：说天气干燥了炭就轻；天气潮湿了，炭就重。还说，湿气到来的时候，人是看不见的，但是炭已经显示出沉重了。这就向世人说明了这个测湿仪器确实能起到测量空气干湿成分的作用。

386. "黄历"和"皇历"一样吗？

我国古代使用的历法主要有六种，分别是黄帝历、颛顼历、夏历、殷历、周历、鲁历。其中，最古老的要数轩辕黄帝创建的"黄历"了。还有一种历法称为"皇历"，虽然"黄历"和"皇历"都是我国古时人们经常使用的历书，但是它们是有所差别的。

"黄历"，即黄帝历。黄历的历史非常悠久，经考古学家认证，4000 多年前，我国就开始出现了历法，3000 多年前，历史上就出现了一些记载着甲骨文的历书。就像唐朝诗人卢照邻在《中和乐·歌登封章》中所说："炎图丧宝，黄历开睿。"由于古时我国使用"黄历"的区域广阔，影响很深，所以人们习惯把历书称之为"黄历"。不过，民间在使用"黄历"的过程中，给其添加了许多宣扬吉凶忌讳的内容，故"黄历"的迷信色彩很浓。

"皇历"则属于"官方"历书。历书在社会生活中起着非常重要的作用，历代皇帝都对历法非常重视。自唐朝开始，各代王朝都开始注重历法的管理。唐文宗大（太）和九年（公元 835 年），唐王下达命令，开始印刷历书《宣明历》，这成为了我国第一本雕版印刷的历书。当时，为了民间规范地使用历书，唐文宗传下旨意，历书必须经过皇帝的审核以及认定才能印刷。以后，人们就把历书叫作"皇历"。下面是一则关于"皇历"来历的故事：

宋朝时期，宋太宗每到年末岁尾都要给文武官员、皇亲贵族各送一本历书。宋太宗还吩咐人在这本历书里刻上农历的日期、节令，以及一些农作物方面的常识等。因为历书是宋太宗所赠送颁发，因此叫作"皇历"。众所周知，有谁能得到宋太宗皇帝赠送的礼物，就意味着享有了莫大的荣耀，因而被众多官员翘首以待。受到这种风气的影响，民间逐渐就把历书统统称为"皇历"了。"皇历"和"黄历"都是旧历书，读音又相同，因此人们常常会在不留意间把它们相混淆。

387. 我国最早的历法是什么？

中国是世界上最早发明历法的国家之一。历法的出现，对我国经济、历史、政治、科技以及文化的发展产生了广泛而深远的影响。中国传统历法中最古老的历法非农历莫属，农历也被称为"阴历"、"黄历"、"殷历"、"古历"、"夏历"和"旧历"等。其实，农历巧妙地把阴阳历结合了起来，月球绕地球运行一周为一"月"，平均月长度等于"朔望月"，这一点与阴历原则相同，所以也叫"阴历"。

纵观我国历史上的历法发展状况可以得知，历法是经过逐步完善并不断进步才确立下来的。汉朝以前的历法是以 366 天为一岁，用"闰月"来确定四时的变化以及岁的终始。最有象征意义的就是"以闰月定四时成岁"和"正闰余"，即确定闰月位置和如何减去多余出来的天数，由此来确定年岁的开始和结束。春秋战国时期，天下纷争，各诸侯各行其是，因而出现了多轨制历法；秦朝时期，出现了中国历史上最后一个"以闰月定四时成岁"的历法。

根据历史记载可以得知，中国的历法与纪年采用阴阳干支三合历。在我国的上古时期，由于生产力低下，以及农牧业生产的强烈需求，依次产生过太阳历法和太阴历法。据出土的甲骨文中有关记载，阴阳合一的历法规则一般认为源自殷商时期。中国历法经过了几千年的发展和沉淀，从黄帝历法到清朝末期启用公历开始，中国历史上一共产生过一百余部历法。这些历法中有很多曾对中国文明产生过深刻影响，像夏历、商历、周历、西汉太初历、隋唐大衍历和皇极历等。

388. 有趣的十二生肖

我们中国人根据自己的出生年份，都有属于自己的属相。大家对十二生肖也都耳熟能详。你知道吗？这种十二生肖的纪年方式，不仅仅是汉族的专利，在中国境内，还有很多其他的少数民族使用十二生肖，国外的一些国家也有十二生肖，但是十二生肖的内容有所不同。

我国汉族的十二生肖是鼠、牛、虎、兔、龙、蛇、马、羊、猴、鸡、狗、猪。由于生活的地理环境的不同，各个民族在生活中接触到的动物略有不同，人们往往是选择自己最为熟悉接近的动物，所以，形成了不同的生肖，产生出了各民族不同的历史传说和相关的民俗。

在欧洲，人们则习惯根据生日划分出自己属于的星座，和中国的十二生肖相似，有十二个星座，比如说射手座、天蝎座、双子座、狮子座、巨蟹座、金牛座等。

由于十二生肖和历法纪年有关，在我国的文化中，十二生肖和十二地支是相互对应的。按照顺序就是子鼠、丑牛、寅虎、卯兔、辰龙、巳蛇、午马、未羊、申猴、酉鸡、戌狗、亥猪。除此之外，在我国的中医药里面，还有以十二生肖名字命名的中药十二生肖，有点意思吧。

389. 关于银河有哪些传说?

自古以来，每当人们仰头望到那雄浑壮观、气势磅礴的银河之时，心中总会出现无限遐想。历史在演变，人们对银河的观察和研究没有改变。古人不知道银河真正是什么，因而就把银河想象成横跨在天上空的一条河流。

银河，在中国古代又被称为天河、银汉，是横跨星空的一条淡淡发光的乳白色亮带，由一千亿颗以上的恒星组成。银河在天鹰座与天赤道相交，雄踞北半天球。银河在天球上勾画出一条宽窄不一的带，天文学家称之为银道带。这只是银河系中的一部分，银河的实际宽度绝对超乎我们常人的想象。

银河在中国传统文化中占有举足轻重的地位，比如，著名的神话故事传说"鹊桥相会"，牛郎和织女在鹊桥相会，其中这鹊桥就是铺设在这天河之上的桥。在夜空中遥望星河，会发现分处银河两边的牛郎星和织女星显得格外璀璨夺目。牛郎星是天鹰座中最亮的星，在银河的东岸。织女星是天琴座中最亮的星，在银河的西岸。而西方人把银河想象成了天上的神后喂养婴儿时流溢出来的乳汁后形成的河流，故而叫它为牛奶路。

390. 飞碟在我国古代真的出现过吗？

根据我国有关历史资料的记载，早在大约三千多年前，就出现了"飞车"的传说，之后又有"赤龙"、"车轮"、"瓮"、"盂"等名称的相继出现。

关于飞碟，除了民间的传说以外，在典籍史料中也有大量的记载，如《庄子》、《拾遗篇》、《梦溪笔谈》、《御撰资治通鉴纲目》、《二十四史》、《山海经》等。诸如很多野史县志中也有关于飞碟的翔实记载，其中湖北松滋县志中就记录了类似所谓"第三类接触"的逸闻趣事。

宋代著名科学家沈括常用"地学说"来解释罕见的飞碟现象。他曾在《梦溪笔谈》卷二十一中记载了相关事件："卢中甫家吴中，尝未明而起，墙柱之下，有光熠然，就视之，似水而动，急以油纸扇挹之，其物在扇中涅晃，正如水印，而光焰灿然，以火烛之，则了无一物。又魏国大主家亦常见此物。李团练评尝与予言，与中甫所见无少异，不知何异也。"

苏东坡也曾在一首诗中描绘了他的亲身经历，诗云："……江心似有炬火明，飞焰照山栖鸟惊……"苏东坡有一次在赶往杭州的路上入榻镇江的金山寺。当时月黑星稀，忽然江面上方亮起一团火来，场面极其摄人心魄。于是，苏东坡在《游金山寺》一诗中记载了此情景："是时江月初生魄，二更月落天深黑。江心似有炬火明，飞焰照山栖鸟惊。怅然归卧心莫识，非鬼非人竟何物？"

飞碟，究竟真的存在吗？目前科学家还不能给出十分确切的答案，还有很多未解之谜值得我们去探索。

391. 最早的天文学著作叫什么？

远在我国的春秋战国时期，天文学已经取得了颇高的成果。很多人都知道的哈雷彗星，其实早在公元前 613 年就被载入鲁国巨著《春秋》一书中，这是世界上关于哈雷彗星最早的可查记录。查阅历史资料可知，鲁国的天文学家在对天文奇观的观测中，就已经观测到了 37 次日食，其中 33 次已经被科学证明是可信的。而当西方发现哈雷彗星的时候已经比我们晚了两千多年之久。

战国时期还出现了不少天文学专著，比如齐国著名的天文学家甘德所写的《天文星占》，魏国人石申著的《天文》，后人将这两部著作合成一部书，并称作《甘石星经》。这是我国同时也是世界上现存最早的一部天文学著作，至今在全世界仍然有着不可估量的作用和意义。《甘石星经》记录了水、木、金、火、土五大行星的运行情况，以及它们的出没规律。在这部书中还测定了121颗恒星的方位，记录了800颗恒星的名字。这是我国也是世界上最早的恒星表，比希腊天文学家伊巴谷（喜帕恰斯）测编的欧洲第一个恒星表大约早两百年。

392. 最古老的天文台——观星台

嵩山登封观星台，是我国现存最古老的天文台之一，同时也是世界上最著名的天文科学建筑物之一。登封观星台是由元代著名天文学家郭守敬主持建造，它集中反映了我国古代科学家在天文学上的非凡建树，在世界天文史、科学史以及建筑史上都有很高的研究价值和考古意义。

观星台建于元朝初年至元十三年（公元1276年），距今已有700多年的历史。元世祖忽必烈统一中国后，为了更好更快地恢复农牧业生产，因而让著名科学家郭守敬和王恂等人进行一系列的历法改革。首先，郭守敬研制了新的天文仪器，然后又组织了规模空前的天文大地测量仪式，在全国二十七个地方建立了天文台和观测站，其中登封观星台就是当时的中心观测站。之后，郭守敬经过数年的辛勤观测推算，终于在公元1281年编制出当时世界上最先进的历法——《授时历》。

393. "客星"是指什么星?

古人把突然出现在星空中，然后不久又消失的星体称为客星。就像是一个匆匆的过客，突然来临又即将离去。客星主要指彗星、新星或超新星。汉代出现了客星的名字，在《汉书·天文志》中记载着："元光元年五月，客星见于房。"这颗星新星出现在公元前134年。

宋至和元年有一颗趄新星出现在了天关星的不远处，这可能就是关于客星最出名的记录了。这颗超新星爆发后，经过了两年的时间才开始变暗。《宋会要》中记载道："元年三月，司天监言客星没，客去之兆也。初，至和元年五月，晨出东方，守天关，昼见如太白，芒角四出，色赤白，凡见二十三日。"

明代《观象玩占》中说："客星，非常之星。其出也，无恒时；其居也，无定所。忽见忽没，或行或止，不可推算，寓于星辰之间如客，故谓之客星。"古代占星书中又将客星分成了五大类，分别是周伯、老子、王蓬絮、国皇、温星。还有区分的标准，周伯星的外形比较大，呈黄色，很明亮；老子星外形大，呈白色，循环的样子；王蓬絮星外形就像是粉色的棉絮一样，有点飘忽的样子；国皇星外形较大，呈黄白色，远远望去有芒角；温星外形较大，呈白色，好像被风吹动了一样。

394. 古代最流行的散文选本是什么？

《古文观止》是清朝吴楚材、吴调侯于康熙三十三年（1694年）选定的古代散文选本。二吴均是浙江绍兴人，曾长期设学馆广收门徒，此书就是为学生所编用的教材。

《古文观止》的内容上起先秦，下至明末，大致反映了先秦至明末期间散文发展的趋势取得的成就。书中包括《左传》34篇、《国语》11篇、《公羊传》3篇、《礼记》6篇、《战国策》14篇、韩愈文17篇、柳宗元文8篇、欧阳修11篇、苏轼文11篇、苏辙文3篇、王安石3篇，共222篇。书中所选入的文章都是语言精练、篇幅短小精悍、方便人们传诵的佳作。在衡量文章的标准上，做到了思想性与艺术性的双重兼顾。作者以古文为主要文体，附有骈文收入4篇，在人们思想落后的时代，这是比较难能可贵的；选者在文章中间或末尾，附上一些夹批或尾批，方便初学者加深对文章的理解；体例方面分别以时代和作家为经纬，一改前人按文体分类的习惯。《古文观止》所选以散文为主，间有骈文辞赋，整体上均为历代传诵的佳作名篇，颇具"永恒的艺术魅力"。编者以"观止"来冠名，正是对其书的结构和文章选体的完美诠释，因为它不只是一部形象的中国历代散文大观，更是一部活生生的散文发展历程。

395. 万年历是怎么出现的？

万年历是我国古代传说中历史最悠久的一部太阳历。它最早的由来是为了纪念历史上一位名叫万年的人。后来人们为了纪念万年编著的历法，故而叫作"万年历"。而现在所使用的万年历，实际上就是记录预设年代范围的具体阳历，以便于人们日常生活中的快速查询。关于万年历还有这么一个故事：

商朝时期，有名叫作万年的樵夫。有一次万年上山去砍柴，就在劳累不堪躺在树下休息的时候，万年望着树影发呆，心里一直琢磨着如何将节令定准。不知不觉大半个时辰过去了，这时万年偶然发现地上的树影已悄悄地移动了方位。万年心里暗自想道，何不利用日影的长短来计算时间呢？于是，万年回到家后，就夜以继日地研制了一个"日晷仪"。但是，晴天的时候他的"日晷仪"还能派上用场，但凡一遇上阴雨天，日晷仪又失去应有的作用了。

万年为此事也烦闷了些许时日。有一次万年在泉边喝水，忽然看见崖上的水很有节奏地往下滴，颇有规律的滴水声再次启发了他的灵感。之后，万年就亲自动手创造了一个五层的漏壶，利用漏水的方法来计时。如此一来，想要正确地掌握时间就不受天气的限制了。有了计时的工具，万年更加用心地观察天时节令的变化。经过长期的归纳，他发现，每隔三百六十多天，天时的长短就会重覆一次。只要搞清楚日月运行的规律，就不用担心节日时令的问题了。

之后的日子里，万年就带着自制的日晷仪及水漏壶去觐见天子祖乙，然后经过不断的研制、改造，万年终于制定好了新的太阳历。祖乙深受感动，就把太阳历定名为万年历，并封万年为日月寿星，以上就是万年的故事。

396. "浑仪"是用来干什么的？

浑仪是古代一种天体测量仪器，我国古代天文学家主要用它来测量天体坐标和两天体间的角距。

浑天中的窥管特别重要，这个管子是中空的，和现在的望远镜比较相似，但是没有镜头。如果人眼透过这根空的管子望去，就能看到天上的一小部分，如果将这个窥管不停地变换位置，就可以从不同的角度望见天空的不同区域。

四游仪是支撑窥管的物体。在四游仪的作用下，窥管才能来回地活动，并可以指向天上的任何一个位置。四游仪是一个双重的圆环，窥管就被固定在了中间。窥管虽然被固定在双重圆环的中间，但是可以自由地滑动，可以观看到双环平面内的任何一个方向。另外，双环所固定的两个支点可以任意地转动，所以双环所在平面可以扫过整个天球。这样一来，在双环和窥管的共同旋转之下，就可以实现使窥管能够指向天球上任何一个方向的目的。

历史上曾经制造过不同种类的浑仪，可每一种浑仪都少不了四游仪这个得力的帮手。除了四游仪和窥管外，浑仪组成部分还有代表地面的地平圈、南北方向的子午环、东西方向的卯酉环等。

397. "水运仪象台"为什么能报告时刻？

水运仪象台是宋朝天文学家苏颂、韩公廉等人创建的一种综合性观测仪器。这台仪器的构成部分有测天象的浑仪、演示天象的浑象、计量时间的漏刻和报告时刻的机械装置。这台仪器的制造水平十分高超，是中国古代卓越的创造。

这台仪器设计于宋元祐元年（公元 1086 年），完成于元祐七年（公元 1092 年）。这台仪器在各家仪器的基础上，取其精华，弃其糟粕，特别是吸收了北宋初年天文学家张思训所改进的自动报时装置的优点。机械结构主要有民间的水车、筒车、桔槔、凸轮和天平秤杆等机械原理，集观测、演示和报时为一体。

水运仪象台高 12 米，和一幢四层楼的建筑物差不多高，宽 7 米，共分为 3 层。最上面一层的板屋内有 1 台浑仪，屋的顶板是能够自由打开的，平时则关闭屋顶，避免雨淋；中层是一架浑象；下层分成了五小层木阁，每小层木阁内都放有若干个木人，共有 162 个，木人会在一定的时间自动出来以敲打乐器、击鼓或者打钟的方式报时。整个水运仪象台最重要的部位就在木阁的后面，这里有精度很高的两级漏刻和一套机械传动装置，在漏壶的水的作用下，就可以驱动这个装置，浑仪、浑象和报时装置就会按照秩序运作起来。

这就是水运仪象台的工作原理。

398. 谁先发明了"地震仪"?

公元 132 年，东汉时期的张衡制造了世界上最早的地震仪。

这架最早的地震仪，外形像一个酒樽，制造使用的材料是铜。仪器的四周有八个龙头，龙的方向对着八个方向，即东、西、南、北、东北、东南、西北、西南。仪器的龙嘴可以转动，每个龙嘴里都有一颗小铜球。在每一个龙头的下方，都有一只张着大嘴巴的铜蛤蟆。有一根铜质"悬垂摆"被放置在仪器的内部中央的位置。除了柱旁的八个通道外，还有设计精妙的机关。如果所在地方发生了地震，悬垂就会摆动，进而碰到小球，可以将小球拨动，小球就能沿着"八道"碰到机关，处在地震发生方向的龙头就会张开，铜球就会从龙嘴中掉出来，然后就会落到蟾蜍的嘴巴里，接着就会出现很大的响声。这样，人们就知道是哪个地方发生了地震。

公元 134 年，这台地震仪在甘肃西南部做过地震试验，结果证明这台仪器的确能够检测地震的发生。欧洲创造出类似的地震仪比中国晚了 1700 多年。令人遗憾的是东汉时期的地动仪没有保存下来，我们现在看到的地动仪是后人根据文史资料的记载内容复原出来的。

第九章

衣食住行

399. 古代的"凤冠霞帔"是什么样的？

凤冠霞帔，是古代女子出嫁时必须具备的衣服和头饰；也可以用来指古代官员夫人的礼服。凤冠上面缀有点翠凤凰并且以金属丝网为胎，另外上面还挂有珠宝流苏的礼冠。

秦汉时期，太后、皇太后、皇后的规定服饰上面就用到了凤冠。明代的凤冠分为两种，第一种是后妃戴的凤冠，上面缀有凤凰和龙等图案。明制，皇后礼服凤冠上面有九龙四凤，而皇妃、公主、太子妃的凤冠为九翚四凤。第二种是一般的妇人所戴的凤冠，虽然一品至七品的妇人所戴的凤冠没有凤，上面只有一些花钗、珠翠，但也称为凤冠。

霞帔亦称"霞披"、"技帛"。宋代，霞帔被定为命妇冠服，没有受到赏赐是不能穿的，并且级别的高低也决定了霞帔的类别。明代，从公侯一品到九品命妇，所穿的服装都是绣有不同花纹的霞帔，都是披挂在胸前，服饰下面还缀有金或玉的坠子。

清朝时期，霞帔是诰命夫人专用的服饰。下面是彩色的流苏，中间有补子，补子上面所绣纹样各有各的不同，主要是根据其丈夫或者是儿子的身份来定。凡是武官的母亲和妻子，不能用鸟纹和兽纹。凤冠霞帔是宫廷命妇才能穿的服装，平民女子只有在特殊场合才能穿着，比如婚礼、葬礼等，不算越级。

400. 古人的腰带有哪些作用？

现在人们说的腰带指的是用于束腰的带子，即裤带。如果是皮革制作的，就叫作皮带。其实，腰带自古就有，那么古人用的腰带和现在的腰带一样吗？

中国早期的衣服都没有纽扣，为了使衣服贴身，古人就在衣襟处缝上了几个小带子，可以系成结，这种带子叫作"衿"。在《说文·系部》中就有相关记载："衿，衣系也。"另有段玉裁注："联合衣襟之带也。今人用铜钮，非古也。"为了不使衣服紧紧地包裹着身体，不至于散开，人们又在腰部系上一根大带，这种大带就叫腰带。古人的腰带和今天人们所用的裤带名字虽同，但作用有很大差异。

古代人非常重视腰带，不论是穿什么样的衣服，或官服或便服，都会束上腰带。时间一长，腰带就成了古人生活中不可或缺的一种物品。尤其是在礼见的场合上，腰带的作用就更为突出了。在欧阳修的《归田录》中就有相关腰带作用的相关记载，宋太宗在夜间召见陶谷，陶谷进去了，见到皇上马上又出来了，不肯进去。太宗立刻就察觉了原来是自己没有束腰带的原因。可见，腰带也是一种礼节的表达。即使是皇上召见臣子，不束腰带同样是不礼貌的行为。因此，古代的腰带作用是非常重要的。

401. 古代的"乌纱帽"有什么不同？

乌纱帽原是民间的一种便帽，后来人们也用乌纱帽比喻官职。古代，什么样的人能够戴乌纱帽呢？

东晋成帝时，乌纱帽就已经出现了，都城建康宫中做事的人都带有乌纱帽。这种乌纱帽是一种用黑纱做的帽子，故称"乌纱帽"。南北朝宋明帝时，乌纱帽流传到了民间。于是，乌纱帽逐渐成为了百姓常戴的一种便帽。

隋朝时期，为适应封建社会的等级制度，乌纱帽上多了许多玉饰。这些玉饰的多少可以表示官职的大小。六品以下官员的帽子上是没有玉块的，一品官员九块，二品有八块，以此类推，直到五品官员有五块。

宋代，乌纱帽的两边各有一个翅，这样的设计是为了防止官员在商议朝政时左右交谈，有了两个翅，头一扭，翅就会一颤一颤的，就很容易被皇上发现。乌纱帽上还设计有不同的花纹，这样可以区分官员的级别。

明代，朱元璋定都南京后，在洪武三年（公元 1370 年）时做出了规定：文武百官在上朝和办公时，必须要穿上圆领衫，束腰带，并戴上乌纱帽。另外，有状元、进士之名，但是还没有授予官职的也可以戴乌纱帽。自此，乌纱帽就成为了官员独有的标志。乌纱帽成为了官帽，老百姓就不能再戴了。

清代，官员戴的帽子改为了红缨帽，但是人们依然习惯用"乌纱帽"来表示官职。这就是乌纱帽的演变过程。

402. 古代的"冠"与"帽"一样吗？

现在，冠和帽意思相同，但是在中国古代帽和冠是有差别的。起初，冠只是一个罩子，是为了束起发髻。在冠的上面，有一根冠梁，这根冠梁可以将头发束住。冠圈两旁还有名字为缨的丝绳，这样的设置是为了更好地固定头顶上的冠。

到了汉代，冠的种类开始增多。我们可以通过观察一个人的冠帽来确定这个人的身份和地位。汉代的冠帽主要有：通天冠、长冠、进贤冠、冕冠、武冠和法冠等。在不同的场合，不同身份的人戴什么样的冠帽是有严格规定的。比如说帝王的冠帽的规定，在朝会和宴会上要戴通天冠；在参加祭祀大典时戴冕冠。官员在参加祭祀和朝会时分别佩戴长冠和礼冠。文武和儒士一般佩戴进贤冠。

在中国古代，冠既可以反映出一个时代的民俗习惯和人们的精神面貌，还能反映一个人的身份、地位以及社会等级等诸多方面的内容。古代人所戴的帽子有一定的文献记载，在《释名·释首饰》："帽，冒也。"意思就是说帽子圆圆地冒出于头顶。刚开始是平民为了抵御风寒所戴的，没有像冠那样有身份上的区别。到了魏晋时期，贵族也开始戴帽。所以后人就把冠和帽连用了。

403. "兜肚"是一种什么样的内衣？

兜肚又称"抹胸"，它是古代内衣的一种，这种内衣很贴身，形状近似菱形。这种内衣要系在脖子和腰间，可以包裹着胸部和腹部，可以起到保护脏腑的作用。

明朝时期，兜肚已经被广大妇女所使用，当时叫"兜子"。当时是用两块布料斜着剪裁出来的，上尖下平。到了清代，主要有"兜肚"和"抹肚"两种款式的"抹胸"。"兜肚"是一种短小贴身的并且缚于胸腹之间的一种"抹胸"；"抹肚"是一种束在腰腹之间的一种"抹胸"。在清代徐珂《清稗类钞》中就有关于"抹胸"的记载："抹胸，胸间小衣也，一名抹腹，又名抹肚；以方尺之布为之，紧束前胸，以防风寒内侵者，俗称兜肚。男女皆有之。"

清朝时期，兜肚的外形一般是菱形，在兜肚的下面是三角形。一般都是用丝绸或者棉布制成的。在兜肚的上面有带子，穿时可以将其套在脖子上，腰部还有两条带子，可以绑在后面。有些家中比较富有的，还用金链子当作系带，还有些小家碧玉型的女子用红色丝绢。在兜肚面上会有"连生贵子"、

"连年有余"、"麒麟送子"等预示吉祥的绣花图案。其中，绣花兜肚见得比较多，刺绣的主题纹样大多来源于民间传说，比如说鹊登梅、鸳鸯戏水、刘海戏金蟾等，这些大多都有吉祥的含义。

404. 古代穿的袜子什么样?

袜子由来已久，我国古人就已经穿袜子了。可见，袜子已经具有了相当长的历史。

在古代，古人所穿的袜子是用皮革制成的。古代有两种袜子："鞨"和"韈"。"鞨"指的是生皮袜，"韈"指的是熟皮袜。这两种袜子的外形特别相似，一般是在古人穿高筒鞋时使用，目的是为了方便穿说。在皮袜的筒部有一个开口，这样做的目的是为了散热；在袜筒上设计有带子，这样是为了能够将筒口束得更紧，穿着时把带系在脚踝上。此外，由于袜子的质地较为结实，也可以穿着它直接走在地上，就可以代替鞋子了。

秦汉时期，袜子的质料已经从原来厚重的皮革变成了质地柔软的布帛。在曹植的《洛神赋》中就有相关的记载："凌波微步，罗袜生尘。"西汉以后的袜子大部分是用纺织品制作而成的，有出土的文物为证。主要有绢袜、锦袜、绫袜、罗袜等，一般是做成高筒的。因为在穿的时候容易往下滑，所以一般是用带子系着。

东汉时期，随着纺织水平的提高，用布帛制作出来的袜子具有很强的伸缩性，袜筒能够紧紧地贴在腿上，所以再没有开口和带子。

405. "步摇"是一种什么样的首饰?

步摇是古代妇女的一种首饰，制作这种首饰时大多是将黄金做成龙凤等形状，再缀上珠玉。步摇始见于汉代，当时只在宫廷与贵族之中比较流行。在《释名·释首饰》中就有相关记载："步摇，上有垂珠，步则动摇也。"

汉代以后，民间才逐渐流行步摇。魏晋南北朝之时，步摇的样式已经很多了，有鸟、兽、花枝等各种各样的形状，与钗钿相搭配，戴在头上。到了唐宋，步摇形制发生了更大的变化。除金步摇以外，另外还出现了珊瑚、琉璃、松石等由相当珍贵的材料制作而成的步摇。

明代时期，在唐寅《招仙曲》一诗中说道："郁金步摇银约指，明月垂珰交龙椅。"由此可见，明代出现了用"郁金"制作的步摇，即用金属和珠宝制作而成的一种步摇。当时，明代步摇制作的工艺已经比较高超，它是将金累丝与金底托焊接在一起，然后再点缀一些金属和宝石。

406. 古人骑马时穿的"马褂"是什么样子？

"马褂"是古代的人们骑马时穿在长袍外面的短衣。因为它的长度只能到肚脐，并且袖子仅能盖住肘部，又因为便于骑马，所以称为"马褂"。

清朝时期，只有八旗士兵才能穿。到了康熙和雍正时期，"马褂"才开始在民间流行，并逐渐成了士庶都能穿的衣服。当时又增加了单、夹、纱、皮、棉等制作服装的布料。不同的时代，用料、颜色、缀饰也有不同。乾隆时期，一种用珍贵裘皮制作而成的毛朝外的皮马褂曾经特别受欢迎，但是却不是一般人能够穿得起的。

马褂主要有三种样式：琵琶襟马褂、大襟马褂和对襟马褂。琵琶襟马褂又称为缺襟马褂，原因是右襟短缺。因为这种马褂穿起来特别舒服，所以常用于出行装。大襟马褂，一般用于平常的衣物来穿，它的衣襟开在右边，四周用异色作为缘边。对襟马褂的颜色大多是天青色，它可以作为一种礼服。大小官员可以在拜访宾客时穿这种马褂。

还有一种马褂是黄马褂，它是皇帝特赐的一种服装。能够穿上黄马褂的人主要有三种：一是在战事中或者治世中有卓越功绩的人，穿的褂子为"武功褂子"；二是行围校射时，中靶或获猎多的人，其穿的褂子为"行围褂子"；三是"巡幸"侍卫，其穿的褂子为"职任褂子"。

407. 四川蜀锦是怎样得名的？

四川蜀锦是三大名锦之一，因历史悠久、工艺独特而有"东方瑰宝，中华一绝"的美誉。蜀锦对历朝历代稳固政权和发展经济都有很大的促进作用，在中国丝绸发展史上占据重要的地位。

东汉末年，在魏、蜀、吴三国分立的大背景下，因蜀国的实力最弱，所以在诸葛亮辅佐刘备期间，蜀锦得到了快速发展，当时还颁布了相关法令："今民贫国虚，决敌之资唯仰锦耳。"此外还有相关的史料记载蜀国织锦业在当时的发展盛况，如左思的《蜀都赋》中就有"技巧之家，百室离房，机杼相和，贝锦斐成，濯色江波"的诗句。据说，当时成都还有专门为工匠建立的锦官城，这样一来，作坊和工匠就可以进行集中管理。在 1995 年 10 月，在新疆塔克拉玛干沙漠的一座墓葬中，中日专家发现了一件织锦，虽然已经有了千年的历史，但是看上去仍光彩夺目，足见当时的织锦技术已达到高超水平。

唐代蜀锦业尤为发达。蜀锦质纹十分细腻，层次也较为丰富，图案的种类也比较多，有团花、莲花、对禽、格子、对兽、翔凤等。锦的色泽艳丽多姿，花纹精致典雅，其中较为珍贵的要数团花纹锦、赤狮凤纹锦等。唐玄宗唐明皇就曾经穿过一件被视为"异物"的五彩丝织背心，价值百金；安乐公主出嫁时也曾经穿过一条兰丝璧罗龙裙，非常精致美丽。蜀锦一度成为了皇宫贵族享用的奢侈品。丝绸之路的出现加快了中国和世界之间的沟通，大大促进了政治、经济、文化和科技的交流与发展。至今在日本还珍藏有"蜀江小幡"和"蜀江太子御织伞"等蜀锦。

408. "筵席"指的是什么？

起初，筵席并不是指的酒席，而是宴饮时铺在地上的坐具。筵和席是两种坐具，筵长，席短。在《礼记·乐记》、《史记·乐书》中就有关于这种坐具的记载："铺筵席，陈尊俎。"

后来，筵席才逐渐转变为酒席的专称。一般古代在祭祀、礼仪、习俗等活动时会有宴饮聚会，这时人们就要设酒席。中国宴饮历史、正史、野史、诗赋中几乎都有关于古代筵席把酒作为中心的记载。古代在安排筵席时，对菜肴、点心等都有严格的要求，而现在的筵席同以前相比就有很多不同之处。比如，现在人们会根据宴请的对象、筵席的档次以及种类的不同，在菜的数量、质量、烹饪等方面都会有明显的变化。

古代筵席的种类比较多。有的筵席只以一种原料作为主料就烹制出各种菜肴的全席；有展示特定时代的民族风味水平的筵席；还有以当地的风俗习惯命名的筵席，等等。除了这些，在中国历史上还出现过看席，这种筵席仅供观赏，不能食用。后因这些看席没有实际性的意义，就被后人淘汰了。总而言之，筵席的历史是非常悠久的。

409. 勺子是如何产生的？

日常生活中喝粥盛饭时，都会用到一种工具，那就是勺子。有了勺子，很方便就能把粥喝到嘴里，不会被粥烫到，喝粥的动作还比较优雅，用勺子盛饭也比较方便。那么，什么时候人们开始使用勺子呢？

新石器时代就已经出现了勺子，距今已有七八千年的历史。经考古学家认证，中国是最早使用勺子进食的工具。当时古人发明勺子，和农耕文化的出现有着密切的关系。新石器时代种植的物种主要是水稻和粟。这两种谷物可以经过熬制成汤食用，烹饪方法也比较简单，所以当时的古人就经常喝这两种谷物熬制成的粥。因为刚煮出来的粥比较热，并且是半流质状，所以是不能直接用手抓着放进嘴里的，必须借助一定的工具。因为人们当时的生活需求比较急切，于是人们就把捡来的蚌壳或者兽骨骨片进行修整之后，便用这些器具来喝粥饭了。后来，人们对之前的用具不太满意，就在之前的基础进行改制，所以就出现了真正意义的勺子。

410. 历史上第一个使用象箸的君王是谁？

筷子在古代称箸，筷子虽然只有两根小细棒，但是却具有很大的作用，可以挑、拨、夹、拌、扒食物等，并且物美价廉，使用方便。

我国用筷子进食的历史十分悠久。据古籍《韩非子·喻老》载："昔者纣为象箸而箕子怖。"可见早在公元前 11 世纪就已经有了制造精致的象牙筷子。汉朝时期，著名文学家司马迁在《史记·宗微子世家》中也记载："纣为象箸，箕子叹曰：彼为象箸，必为玉杯；为玉杯，则必思远方珍怪之物而御之。舆马宫室之渐自此始，不可振也。"这虽然是对商纣王奢侈生活震惊了整个朝廷，使文武百官惊恐的一种描述，但是却为我们提供了有关筷子发展历史的参考资料。

有人认为商纣王使用象箸的历史不可信。他们认为当时在河南、河北等找不到大象，根本就不可能会有象牙。不过，据考古专家考证，商代的甲骨文中就有"象"字，还记载了"茯象"和"来象"的史实。另外，在《吕氏春秋·古乐》中也出现了"商人服象"这样的句子。在《本味篇》中也记载了"旄象之约"，说出了象鼻是一种美味。这些证据都能够说明殷商时代大象的存在。所以，使"纣为象箸"成为了可能。因此，商纣王是最早使用象箸的君王。

411. 最初人们吃的饺子是用于治病的吗？

一提到饺子，可谓是尽人皆知。那么饺子是谁发明的呢？这一个问题几乎很少有人能够答得上来。饺子原名是"娇耳"，源于古代的角子。相传饺子是我国古代医圣张仲景发明的，距今已有一千八百多年。

张仲景自幼苦学医书，博采众长，是中医学的奠基人。他著的《伤寒杂病论》被历代医者奉为经典。张仲景不仅医术高明，而且医德高尚，无论贫富，他都认真医治，挽救了无数人的生命。相传张仲景任长沙太守时，常为百姓除去各种疑难杂症。

有一年冬至时，张仲景见到家乡白河岸边有很多穷苦的百姓。那些百姓忍饥受寒，其中有些人耳朵都冻烂了，原来是伤寒流行，很多人都病死了。于是，张仲景就决定医治这些穷人。据说，当时张仲景熬制了一种"祛寒娇耳汤"。具体做法是先在锅中放一些祛寒药材和羊肉熬煮一段时间，煮好捞出将这些东西切碎，然后用面皮包成像耳朵的形状，当时叫作"娇耳"。

然后，张仲景就把这些"娇耳"下锅煮熟后，分给了那些感染风寒的病人，每人两个"娇耳"和一碗汤。人们喝了之后，感到浑身暖洋洋的，血液也通畅了，耳朵也变得舒服多了。老百姓从冬至一直吃到除夕，不但抵御了风寒，还治好了冻坏的耳朵。大年初一，人们为了庆祝新年，也为了庆祝自己的耳朵康复，同时也是为了纪念张仲景开医棚救治穷苦百姓的日子，就仿照"娇耳"的样子做过年的食物，所以后来才有了大年初一吃饺子的习俗。

虽然张仲景早已离我们远去，但是关于他的"祛寒娇耳汤"的治病救人的故事一直广为流传，人们今天吃饺子就是为了纪念这位古代著名医学家。

412. 端午节吃粽子是纪念哪位古人?

粽子又名"角黍"、"筒粽",据记载早在春秋时期就已经有了"角黍"和"筒粽"。粽子是中国历史上文化积淀最深厚的传统食品。民间都说粽子是为了纪念屈原才有的,粽子怎么会和屈原有关呢?让我们一起回望历史:

据史料记载,当年屈原投身汨罗江之后,百姓们没有一个不感叹悲伤的。拥有满腔抱负的屈原就这样离开了,真是楚国的一大损失。百姓们担心死后的屈原被鱼虾吃掉,所以就纷纷将自家的米粮抛入江中,他们衷心希望鱼虾吃那些米粮,而不要吃掉屈原的尸体。

后来,屈原向百姓们托梦,他告诉人们米粮投入江中实际上是被江中的蛟龙吃掉了,如果人们能够将粽子用艾叶包起来,再用五色绳把粽子绑起来,这样就可以避免蛟龙吃掉粽子。后来,人们为了纪念死去的屈原,在端午节的时候,就兴起了包粽子的习俗。再后来,粽子就慢慢流传开来,至今人们还是没有忘记这一个传统的节日,依旧在每年端午节那天保留着吃粽子的习惯。

413. "沙琪玛"是哪个民族发明的小吃?

沙琪玛原名叫作萨其马,是满族的一种食物。萨其马具有松软香甜、入口即化的优点,所以深受人们的喜爱。满族入关后,萨其马传入北京并流传开来,直到今天,萨其马已经远销全国,名声远扬。

据《燕京岁时记》中记载:"萨其马乃满洲饽饽,以冰糖、奶油合白面为之,形状如糯米,用不灰木烘炉烤熟,遂成方块,甜腻可食。"由此可见,当时萨其马已经是一种比较重要的小吃。至今,人们依然很喜欢吃这种小吃。关于沙琪玛这个名字的由来有五种说法,而最可信的一种说法是第五种。

因为"萨其马"是满语音译过来的,在满语里,"萨其"是"萨是非"、"马拉本壁"的缩音,具有"切"的含义,原因是"萨其马"属于一种"切糕",再加上有"码"的这道工序,即先把它切成块状物,然后再将它们码起来。清朝乾隆年间傅恒等编的《御制增订清文鉴》中有关于这个词的最早的记载。

当时，汉族制作的一种砂糖果子，即由胡麻及砂糖制作而成，汉语名字为金丝糕。由于当时在满族的字典里找不到汉语的代称，便直接将满语音译，所以就有了今天的"沙琪玛"这个名字。

414. "北京烤鸭"为何如此有名？

北京烤鸭是北京著名菜式之一，享有世界美誉。又因为鸭肉色泽红艳、肉质细嫩、味道醇厚以及肥而不腻的特色，被誉为"天下美味"。

北京烤鸭由来已久。相传，它是由一种被誉为世界上品种最名贵的北京肉食鸭制作而成的。这种北京鸭的饲养约起于辽、金、元时期，那时的帝王经常游猎以捕获此野鸭，经过千年的延续，它被驯化成了一种品种更加优良的肉食鸭。相传的"填鸭"是用填喂方法饲养的一种白鸭，它享誉欧美，声震世界，为世人所津津乐道，赞不绝口。

明初时期，上到皇宫贵族，下到黎民百姓，都特别钟爱南京板鸭。其中明太祖朱元璋就"日食烤鸭一只"。宫廷里的御厨们为了得到皇帝的赏识，便挖空心思地研究不同种类的制作方法，以至于后来出现了叉烧烤鸭和焖炉烤鸭这两种制作方法。叉烧烤鸭以"全聚德"为代表，而焖炉烤鸭则以"便宜坊"为标志。

嘉靖年间，烤鸭就从宫廷传到了民间，老"便宜坊"烤鸭店就在菜市口米市胡同挂牌开业，这也是北京第一家烤鸭店。而当时的名称则叫"金陵片皮鸭"。到1864年，京城名气最大的"全聚德"烤鸭店也挂牌开业，烤鸭技术得到了进一步发展，它是用枣木明火烤制而成的，除了具有特殊的清香味道，还成功地取代了"南京烤鸭"，使"北京烤鸭"雄踞全国之首。而"金陵片皮鸭"只能在港澳、深圳等南方诸大城市吃到。

415. "宫保鸡丁"这道菜是谁发明的？

宫保鸡丁，又称宫爆鸡丁，是四川的一道传统名菜，它是由鸡丁、花生米、干辣椒等原料炒制而成。因为它具有味辣、鸡肉鲜嫩、花生香脆的特点，深受大众喜爱。

"宫保鸡丁"这道菜在大大小小的菜馆中都能吃到，味道特别好。但是人们常把"宫保鸡丁"误写为"宫爆鸡丁"，那是因为不知道"宫保鸡丁"的由来。说到"宫保鸡丁"的由来，就必须提到它的发明者——丁宝桢。据《清史稿》记载：丁宝桢是贵州平远人，在咸丰三年时考中进士，到了光绪二年，成为了四川总督。据传，丁宝桢特别喜欢烹饪，鸡肉、花生米以及辣椒是他非常钟爱的三种食物。他在四川总督任上的时候想到了将这三种食物做成一道菜，于是他就创制出了一道由鸡丁、红辣椒、花生米爆炒而成的一道菜。后来这道菜就越传越广，尽人皆知。那为什么不称为"鸡丁"而称为"宫保鸡丁"呢？

"宫保鸡丁"中的"宫保"是丁宝桢的官衔。据《中国历代职官词典》上的解释，明清两代各级官员都有"虚衔"。朝中重臣的虚衔主要有"太师、少师、太傅、少傅、太保、少保、太子太师、太子少师、太子太傅、太子少傅、太子太保、太子少保"。其实，拥有这些虚衔的忠臣并没有真正的权力，通称为"宫衔"。咸丰以后，"某某师"改成"某某保"，所以这些高级的虚衔就被称为了"宫保"。丁宝桢治蜀十年功不可没，就被清廷追赠为了"太子太保"。"太子太保"属于"宫保"，所以人们就将他发明的菜称为"宫保鸡丁"，也是对这位丁大人的纪念。

416. 面条起源于何时？

说起面条我们并不陌生，尤其对于北方人来说，因为北方人特别喜欢吃面条。喜欢吃面条的人不一定知道面条的来历，那么面条的历史有多悠久呢？

其实，面条起源于汉代。汉朝时期的面食统称为饼。早期的面条有片状的，还有条状的。片状的面条是将面团放在手上拉扯而成的面片，然后下锅煮熟。到了隋、唐、五代时期，出现了有一种叫"冷淘"的过水凉面，味道非常独特，诗圣杜甫就非常喜欢这种面条，还曾称其为"经齿冷于雪"。还有一种面条，嚼起来非常有韧性，所以就有了"湿面条可以系鞋带"的说法，还曾被人称为"健康七妙"之一。

到了宋、元时期，"挂面"诞生了，据记载，南宋临安市上就有出售猪羊庵生面，还有很多其他种类的素面。一直到了明清时期，面条的样式就更加繁多了。比如清代戏剧家李渔的《闲情偶寄》中就有"五香面"、"八珍面"的相关记载，其中这两种面条在制作的过程中在面粉中加入了动植物原料的细末，可以说是面条中的上品。由此可见，面条的历史是非常悠久的。

417. 馄饨是怎样发明出来的？

馄饨是我们再熟悉不过的一种食物。馄饨的皮比较薄，里面包着鲜馅。一般是将馄饨下锅煮熟后带着汤食用。在寒冷的冬季，喝上一碗馄饨，既美味又感觉身上暖洋洋的，真是人生一大享受。关于馄饨的由来说法不一，下面是其中的一种说法。

相传，春秋战国，吴王夫差打败了越国，勾践成为了吴国的俘虏，还获得了大量金银财宝，不过，最让夫差得意的是得到了绝世美人西施。因此，夫差变得骄傲自大，整日不问朝政而沉溺在歌舞酒色之中。

冬至那天，吴王还是像以前那样接受文武百官的朝拜。不过，在饮宴之时，夫差却停住了筷子不想吃东西，因为他觉得山珍海味已经腻味了。西施知道这件事后，就决定到御厨房为吴王夫差做一些吃的。西施首先把面和好，然后又擀了一些面皮，接着又拌了馅儿。不一会的工夫，西施就包出一种畚箕式的点心。而后将这些点心放入滚水里汆一下，点心一个个都浮到了水面。于是，西施把点心盛进碗里，然后再撒上葱、蒜、胡椒粉等，献给了吴王。

吴王吃了西施做的点心之后，觉得鲜美至极，吃了一大碗，迫不及待地问西施："这为何种点心？"听到夫差的问话，西施想了一会儿答道："馄饨。"从此，"馄饨"就流传到了民间。

418. "点心"这一叫法是怎么来的？

我们都喜欢在饭后茶余吃一些美味的点心，点心虽然不是正餐，但是却在人们的日常生活中扮演着非常重要的角色。那么，你知道关于点心的由来吗？

唐朝时期，就已经有了"点心"一词，只不过当时"点心"指代的意义比较多。据南宋吴曾《能改斋漫录·事始》记载："世俗列以早晨小食为点心，自唐时已有此语。按，唐郑为江淮留后，家人备夫人晨馔，夫人顾其弟曰：治妆未毕，我未及餐，尔且可点心。其弟举瓯已罄，俄而女仆请饭库钥匙，备夫人点心。"从这里我们就可以看出，当时"点心"指的是早晨吃的小食品，那时的馄饨和馒头就可以称为点心，现在我们常说的"早点"估计就和这有关系。

关于"点心"的叫法，南方和北方是不同的。因为受到唐宋遗制的影响，所以当时称北方的"点心"为官礼茶食；南方的"点心"大约兴起于明朝中叶，存在时间并不长，所以称为"嘉湖细点"。从文献资料的内容记载来看，起初是有区别的，但是后来人们就把两者混在一起了。这就是有关古代"点心"的历史记载。

419. 鲁菜是一种什么样的菜？

鲁菜又叫山东菜，是中国八大菜系之一，在我国饮食文化中扮演着重要的角色。鲁菜具有味鲜脆嫩的特点，又有着风味独特、制作精细等特色名扬海内外。

鲁菜有着悠久的发展历史。在《尚书·禹贡》中载有"青州贡盐"，说明至少在夏代，山东制作的菜中就已经有了盐这种调味料。周朝的《诗经》中就有了关于吃黄河鲂鱼和鲤鱼的记载。

春秋战国时期，鲁菜系的雏形开始出现。当时鲁菜就已经对刀工、调料以及卫生等方面提出了很高的要求。不但追求刀工的完美，而且强调用料的艺术性，已到了精益求精的地步。

北魏时期，在《齐民要术》中对烤、蒸、腌、煎、烧、炒、煮、腊、炖、糟等烹调方法做了较为详细的介绍，还有关于"烤鸭"、"烤乳猪"等名菜制作方法的详细阐述。这本书对鲁菜系的形成和发展有着非常重要的意义。

元、明、清时期，鲁菜又有了新的发展。鲁菜不但成为皇家名菜，还在北方各地得到了广泛流传。到了清高宗弘历年间，鲁菜系中的"孔府菜"得到了清高宗弘历的喜爱，并被皇帝赏赐了一套"满汉宴·银质点铜锡仿古象形水火餐具"。这件事大大促进了"孔府菜"的发展。

420. 浙菜是一种什么样的菜？

浙江菜，简称浙菜，浙菜因为源于浙江，所以浙菜是一种具有江南特色的地方菜种，也是我国八大菜系之一。

浙菜文化色彩比较浓郁，这是浙菜的一大特色。说起浙菜的美味菜肴，我们就会想到很多美丽的传说。其中，杭州传统名菜"西湖醋鱼"就有一个美丽的传说。据说，宋朝时期，西湖附近有位姓宋的青年主要靠打渔维持生计。有一次，这位青年生病了，不能外出打鱼了。这时，他的嫂嫂就代替他到湖里打鱼。回到家后，他的嫂嫂就把鱼做成了一道美味菜肴，里面放了糖和醋，那位青年自从吃了这道美味的鱼后，病很快就好了。

后来人们就把这道菜命名为了"西湖醋鱼"，随后，杭州地区大大小小的菜馆都有这道菜，成为了人们特别喜欢吃的菜肴。据说，在孤山楼外楼墙壁上就有人曾经写下了"亏君有此调和手，识得当年宋嫂无"的诗句，后来就有很多的人慕名来到这里品尝这道菜肴。清朝时期，康熙皇帝在南巡时，也指名要尝一尝这道人人叫好的美味佳肴"西湖醋鱼"。由此可见，这道美味的"西湖醋鱼"在清朝初期就已经名扬全国了。

421. 闽菜是一种什么样的菜？

闽菜是中国八大菜系之一，它是一种起源于福州并以福州闽菜为主的著名菜种。闽菜在经历了中原汉族文化和当地古越族文化的混合与交流逐渐发展成了福州、闽南、闽西三大流派。

闽菜中有很多传统特色小吃，其中有一种名叫芋泥的小吃。芋泥是福州人宴席上的常菜，这道菜一般是宴席即将结束的时候才上桌，就是我们常说的"压轴"菜。因为这种小吃很受欢迎，所以在很普通的饭馆中就能吃到。这种小吃的做法很简单，首先将槟榔芋头蒸熟后用刀板压制成泥，然后再向芋头泥中加入熟猪油、白糖、水以及鸡蛋搅拌均匀，接着装碗上笼蒸。大概一个小时后取出，淋上熟油，在上面撒上一些切碎的樱桃、冬瓜糖、瓜子仁以及红枣即可。这种小吃吃起来细腻可口，浓香甜润，味道极佳。

关于芋泥这道小吃还有一个有趣的故事：据说，林则徐于 1839 年到广州禁烟，当时的美、俄、英、德等几个国家的领事想让林则徐出洋相，就为林则徐准备了西餐凉席宴。他们预计在林则徐吃冰淇淋时实现他们的企图。这件事林则徐看在眼里，记在心间。林则徐也找机会备宴回请了那几个国家的领事。已经上过了几道凉菜，接着侍者上了芋泥这道小吃。芋泥看起来是凉菜，但是其实是一道热菜，并且很烫。外国人不知道，一上来就吃，结果嘴巴都被烫到了，还直呼好烫。最后，林则徐终于报了"一箭之仇"。

422. 最早的"老婆饼"是谁发明的？

老婆饼是很多人都爱吃的一种点心，老婆饼的皮很薄，却包裹着很厚的馅，吃起来甜而不腻，难怪得到这么多人的喜爱。不过，谁最先发明了这样的饼呢？

元末明初时期，元朝的老百姓要向元朝的统治者上缴各种各样的赋税，人民的生活变得苦不堪言。所以，全国各地的起义不断，据说当时朱元璋率领的一支队伍是最有影响力的。起义期间，战火纷纷，粮食非常短缺，而且战士还要东征西战，非常辛苦。

朱元璋的妻子马氏非常聪慧，看到这样的情况，就想找到解决困难的办法。经过她的苦思冥想，终于想到了解决的办法。马氏将小麦、冬瓜等很多可以吃的东西磨成了粉末，然后用这些粉末做成了饼。最后，把这些饼分给战场的战士，在行军打仗的时候，战士们就可以饿了拿出来充饥，非常方便携带。

后来，人们觉得这样将很多乱七八糟的东西放一起做成饼，味道不好。于是，人们在这个饼的基础上更新了制作材料，即用糖冬瓜、小麦粉、糕粉、饴糖、芝麻等原料做馅，做成的饼味道很不错，甘甜可口，甜而不腻。这就是最早的老婆饼了。

423. 王致和是怎样发明"臭豆腐"的？

"闻着臭，吃着香"说的就是人们对臭豆腐的评价。可见，臭豆腐受到了很多人的喜爱。有人就要问了，新鲜的豆腐为什么想到把它做成臭豆腐呢？

原来，这件事和清朝时期的一个名叫王致和的人有关。

相传，清朝康熙八年，王致和在安徽的考试中金榜落第，几乎是身无分文。既不能返回家乡，又不能准备下次的考试，所以就在京城自谋生计。因为王致和幼年学过做豆腐，所以就租了几间房，又买了一些简单的用具，沿街卖起了豆腐。到了夏天，卖不完的豆腐就发霉变臭，不能吃了，但是扔了实在可惜。所以王致和就把豆腐切成小块，晒过之后用缸腌起来。后来，他不卖豆腐了，开始攻读学业，慢慢忘记了这件事。

在一次偶然的机会，王致和掀开了那缸腌制豆腐的缸盖，闻到一股很臭的气味，豆腐已经变成了青灰色，但是尝一口后，发现豆腐竟蕴藏着一股浓郁的香气，这种味道让人久久不能忘怀。王致和把豆腐送给邻里品尝，都赞不绝口。

后来，王致和考试多次落第就弃学从商，他就靠经营臭豆腐维持生计。没有想到臭豆腐受到了很多人的喜爱，名声大振。至今，臭豆腐依然是人们喜欢吃的美食。这就是臭豆腐的来历。

424. "松鼠桂鱼"是怎样演变过来的？

松鼠桂鱼是苏菜中的代表作，因为这道菜除具有诱人的色香味形外，还会发出吱吱的响声。当这道菜上桌时，立即浇上刚制好的卤汁，这只"松鼠"就会吱吱作响。因为这道菜独具特色，又受到众人喜爱，所以享誉海内外。

据说，清朝时期，乾隆皇帝在巡游江南时，就曾经尝过苏州的"松鼠鲤鱼"，后来就慢慢变成了"松鼠桂鱼"。在清代《调鼎集》中就有关于"松鼠鱼"的记载："取季鱼，肚皮去骨，拖蛋黄，炸黄，作松鼠式。油、酱油烧。"季鱼指的就是鲫鱼。这说明乾隆时期很可能就已经有"松鼠鱼"了。

其次，我们可以得出后人是在"松鼠鱼"的基础上做成了后来的"松鼠桂鱼"。只是古代的"松鼠鱼"上面的材料是蛋黄糊，但是现在人们做的"松鼠鱼"用的是干淀粉；古代的"松鼠鱼"在炸好后，然后再在锅中加一些油、酱油以及其他的材料烧制而成，而今天的"松鼠鱼"只是把事先做好的卤汁，淋在已经炸好的鱼上面。虽然有这些不同之处，但是本质是相同的。由此可见，"松鼠桂鱼"由来已久。

425. "叫花鸡"是怎么得来的?

叫花鸡是江南的独具特色的名菜。这道菜是用泥土和荷叶把加工好的鸡包裹起来,然后烘制而成。叫花鸡的色泽明亮,骨酥肉嫩,香气扑鼻,风味十足。如此好吃的叫花鸡是什么时候开始出名的呢? 关于叫花鸡的来历有两个传说。

第一个传说:相传,曾经有个叫花子一路向人乞讨,后来来到了常熟县的一个村庄。一天,这个叫花子好运得到一只鸡,迫不及待地想要吃这只鸡,可是手中没有刀具和调料。他想到了一个办法,首先他将鸡杀死后去掉里面的内脏,但是没有去掉鸡身上的毛,然后他就用黄泥、柴草将整只鸡包裹好放在火上烤,等到鸡熟之后,剥去泥壳,鸡毛也脱去了,只剩下了香喷喷的鸡肉。后来在常熟县城西北虞山胜地的"山景园"中有一个菜馆就仿照这个传说,制作了这样的叫花鸡,这就是叫花鸡的由来。

第二个传说:乾隆皇帝微服出访江南时,因为某种原因流落荒野,没有食物可吃。这被一个叫花子看见了,那个叫花子就把自认为是人间美食的"叫花鸡"送给他吃。乾隆帝在十分饥饿的情况下就感觉这只鸡特别美味。乾隆皇帝吃完就问叫花子这只鸡叫什么名字,叫花子没好意思说是"叫花鸡",就编了一个"富贵鸡"的名字。乾隆皇帝对这只鸡的味道赞赏有加。叫花子后来才知道当初的流浪汉竟然是皇上。这种"富贵鸡"因为皇上的原因,后来得到了广泛流传,成为了一道家喻户晓的名菜。

426. "红烧狮子头"真的和"狮子"有关吗?

红烧狮子头,又名四喜丸子,有吉祥的意思。这是淮阳的一道名菜。逢年过节时这道菜就会成为一道家常菜。这道菜中肉色红润油亮,还有青菜做点缀,色彩鲜艳,香味扑鼻,醇香味浓,让人看了就想流口水。这么好吃的一道名菜究竟是怎么来的呢?

南北朝时期,隋炀帝杨广带着嫔妃随从到扬州游览后,对扬州的万松山、金钱墩、象牙林、葵花岗四处的景色流连不舍。回到行宫后,他就吩咐御厨制作出以上述四景为题的精美菜肴,御厨们向扬州的名厨请教后终于做出了金钱虾饼、松鼠桂鱼、象牙鸡条以及葵花斩肉四道菜。杨广对这四道菜非常满意，赐宴群臣，淮阳菜肴的名气倾倒朝野。官宦权贵都把这四道菜用来宴请宾客。

唐朝时期，官宦权贵们对饮食方面也多有研究。有一次，郇国公在宴请宾客时，府中的大厨也做了扬州的四道名菜，还有其他的山珍海味，宾客们都大为称赞。其中，一道名为"葵花斩肉"的菜，里面几个巨大的肉丸子制作得非常精致，就像"雄师之头"，这时，宾客们就借机劝酒说："郇国公半生戎马，战功赫赫，应佩狮子帅印。"郇国公举杯畅饮并说，为了纪念今天的盛会，不如将"葵花斩肉"改为"狮子头"，大家听后一致同意。后来扬州就增添了这道叫作"狮子头"的名菜。

427. "年糕"这一名称的来历

年糕是由黏性大的米或米粉蒸制而成的一种糕点，它是汉族的一种传统食物。春节时，我国很多地区都有吃年糕的习俗。说到年糕的来历，有一个特别古老的传说。

远古时期，在深山老林中长年都住着一种名叫"年"的怪兽，这些怪兽肚子一饿就会出来捕获其他的兽类填饱肚子。可是到了冬天就很难找到其他的兽类。所以"年"就下山吃人，给很多百姓造成了伤害，使百姓的生活苦不堪言。

有个名叫"高氏族"的部落很聪明，他们大概知道"年"什么时候会下山，所以就提前做了大量的食物，这种食物是条状的，然后再切成一块一块的，人们就把这些食物放在门外，很早就躲在屋里。"年"过来后，找不到一个人，就只能吃挂在门外面的食物，等"年"吃饱了，就不会再找人们的麻烦了。

人们看见怪兽走了，就高高兴兴地出来互相庆贺，又过了一个平安年，然后人们就开始了新一年的生活。每年人们都会这样做，所以这种抵御怪兽的方法就流传了下来。因为这样的食物是为了对付叫"年"的怪兽，制作这种食物的人又是高氏族，所以"年"和"高"连在一起就成了"年糕"。

428. "狗不理包子"是一种什么样的包子？

"狗不理"包子是全国一种非常有名的传统风味小吃。起初，我们一听到

"狗不理"就会很纳闷，连狗都不想吃的包子怎么会这么有名呢？为什么会起这样的名字呢？让我们看一下"狗不理"包子是怎么来的。

据说，河北武清县杨村（今天津市）有个名叫高贵有的人，小名叫狗子。他十四岁来天津学艺，起初只是天津的一家蒸吃铺的小伙计，但是狗子勤学好问，学艺的积极性很高，又有师傅教。不久，狗子就小有名气了。

三年后，狗子已经练就了做包子的好手艺，就自己开办了一家名叫"德聚号"专卖包子的小吃铺。由于高贵有手艺好，做事又踏实认真，做人诚信，再加上做出来的包子香而不腻，口感柔软，形似菊花，独具特色，所以很多的人都来他的小吃铺吃包子，生意做得十分红火，一时间就有了很大名气。

后来，每天吃包子的人数不胜数，高贵有忙得不可开交，根本顾不上跟顾客说话。时间长了来吃包子的人就开他的玩笑说："狗子卖包子，不理人。"为了顺口就叫他"狗不理"，所以由他做出来的包子就叫作了"狗不理包子"。

429. 中国菜系主要有哪些？

中国是一个餐饮文化大国，享有"烹饪王国"之称。在中国人的心目中，美食也有着极为独特的地位。"民以食为天"、"饮食男女"等古语形象地说明了中国人自古就有重视饮食的习俗。

中国文化对世界影响最为广泛的便是烹饪了，中国饮食文化之所以博大精深，就在于其饮食文化形成的独特性。中国饮食文化是在长期发展演变过程中，因为地理环境、气候物产、文化传统以及民族习俗等因素影响下，形成了格调不同的地方风味。中国地方菜系丰富多样，最著名的，也是深受人欢迎的主要有 8 种：粤菜、川菜、鲁菜、苏菜、浙菜、闽菜、湘菜、徽菜，被为中国"八大菜系"。

430. 何为茶道？

茶道，顾名思义，就是品赏茶的美感之道，是一种烹茶饮茶的生活艺术，一种以茶为媒的生活礼仪，一种以茶修身的生活方式。茶道最早起源于中国，兴于唐代，盛于宋、明，衰于近代。宋代之后，中国茶道传入日本、朝鲜，获得了新的发展。

茶道是通过沏茶、赏茶、闻茶、饮茶，增进友谊，美心修德，学习礼法，是很有益的一种和美仪式。喝茶能静心、静神，有助于陶冶情操、去除杂念，这与提倡"清静、恬淡"的东方哲学思想很合拍，也符合佛道儒的"内省修行"思想。茶道精神是茶文化的核心，是茶文化的灵魂。

431. 广东人喝早茶起源于什么时候？

广东人把早茶称为"叹茶"，"叹"在广东话中是享受的意思。早茶是广东传统文化中浓墨重彩的一笔。每到周末或者节假日，广东人便扶老携幼，或约上自己的好朋友，到茶楼去喝早茶。那么广东早茶是怎么来的呢？

广东早茶出现在咸丰、同治年间。当时广州有的馆子名为"一厘馆"，馆子的门口挂着一个木牌，上面写着"茶话"二字。这种馆子里面的设施比较简陋，里面只有几把木桌木凳，向路人供应茶水糕点以及供路人歇脚谈话的场所。后来就出现了茶居，规模越来越大，变成了茶楼，此后广东人上茶楼喝早茶就成为了一种风气和习惯。

直到今天，广东早茶依然是人们喜欢的东西，只是茶水已经成为配角，茶点精致多样，几乎成了主角。但是茶水依旧是广东早茶中不可或缺的一部分。早茶的茶水以红茶为主，具有暖胃去腻、利于消化的功效。其他的早茶还有乌龙茶、普洱茶以及铁观音。还有一些人喜欢喝菊普茶，就是往普洱茶中加入一些菊花，可以起到清凉祛火的作用。广东人喝早茶这种传统文化不但没有随着经济的发展消失，反而成为了广东人休闲生活中一道亮丽的风景。

432. "六安瓜片"这种茶是怎么出名的？

六安瓜片，又称片茶，它是中国绿茶中唯一去芽去梗的片茶。片茶产自安徽，它是中国十大历史名茶之一，具有丰富的文化内涵和深厚的历史底蕴。

关于六安瓜片的历史渊源，至今并没有历史资料可以考证。但是经过茶叶工作者多年来的努力探寻，终于得到了一些可靠的资料。其中比较可信的传说是：在1905年前后，六安茶行的著名茶师，在一次巧合的机会，他想到了一种新的制作茶叶的方法，那就是从收购的绿大茶中拣取嫩叶，剔除梗枝，把这种新制作出来的茶作为新产品卖到市场上，结果取得了很好的反响。

不久，这个消息不小心被金寨麻埠的茶行知道了，于是其就效仿刘安茶行的做法，雇用茶工，制作新茶，起名为"蜂翅"。后来，这样的举措又启发了当地的另一家茶行，该茶行同样模仿金寨麻埠茶行的做法，将采购回来的鲜叶去除梗芽，还将嫩叶和老叶分开炒制，结果制作出来的茶，在色、香、味、形等方面都和"蜂翅"有异曲同工之妙。于是附近茶农竞相学习，纷纷仿制。因为这种茶叶酷似葵花子，遂称"瓜子片"。久而久之，就成了"瓜片"。

433. 古代的"桌"和"案"各指什么？

在古代，书桌和书案是古人在书房摆放的两种家具。那么书桌和书案有什么不同呢？一般来讲，书桌和书案在形制上和精神层面上是有一定区别的。

从本质上来讲，案和桌有很大的不同。具体来讲就是说腿的位置决定了二者的名称。案是在腿的位置缩进来一块，桌是在腿的位置顶住了四角。总之，桌形结体不包括案，但是在案形结体中不仅有案，还包括相同类型的桌子。除形制不同之外，桌与案在精神意义上还有很大的区别。严格地讲就是案的等级比桌子要高。我们都听说过拍案而起、拍案叫绝、拍案惊奇等成语，这些都是用来描述积极的情绪，像拍桌子砸板凳、拍桌子瞪眼等都描述的是一些负面的情绪。

案类家具主要有两种，即食案和书案。食案指的就是古人吃饭用的家具。有长方形、圆形、三矮足以及四矮足，可以放置在地上。在《后汉书·梁鸿传》中就有相关记载："（梁鸿）为人赁舂。每归，妻为具食，不敢于鸿前仰视，举案齐眉。"这里的"案"就是食案。书案是一种在读书时或者办公时使用的长条形矮桌子，在桌子的两端有宽足向内曲成弧形。这就是两种不同的家具。

434. 古代的"堂"和"室"是什么样的？

堂的具体位置是在主要建筑物的前面，正好位于中央，方向是坐北朝南。

堂是官室的主要部分之一。

在堂的前面是没有门的，只有两根楹柱；在堂的东西两壁有墙，名字叫作序，堂内和序比较近的地方分别称为东序和西序；堂的东侧是东堂（东厢）和东夹，堂的西侧为西堂（西厢）和西夹；堂后面的墙将其和室、房分开了，室、房有门，和堂是相通的。在堂前有两个台阶，东西两面分别是东阶和西阶。在古代，堂不用来睡觉，而是用来招待宾客、举行典礼以及日常生活起居。堂上的座位也是有一定讲究的，朝南为尊，所以有"南面"的说法。

室则是古代官室中专门供人寝卧的地方，它在堂的后面，室和堂中间有门相通。并且，室与堂之间还有窗。在室内有四个角落，我们称角落为隅。室和堂一样也是有讲究的，以坐西向东为尊。古代这样设计，只有先进入了堂才能达到室的，这就是古代的堂和室。后来还引申出了"登堂入室"这个成语。

435. 古代屏风的样式主要有几种？

西周时期开始出现屏风，汉代时期得到普及。屏风比较实用，大多用来作为临时的隔断或者作为遮挡之物。明清时期，屏风的作用不仅实用，而且还成为了一种不可或缺的装饰品。当时主要有四种屏风的样式，分别是带座屏风、曲屏风、插屏和挂屏。

带座屏风又称硬屏风。它的特点是屏风的脚能够插入底座。这种屏风的扇书大部分为一、三、五居多，可见扇数基本上是单数，屏风中间的一扇比较大，两厢的扇数是对称的。还有一种"落地屏风"，它是一种独扇的带座屏风，因为一般都是双面透空雕，所以说这个独扇的屏风是很少见的。

曲屏风又称软屏风，它是一种可以折叠的屏风。这种屏风和带座屏风正好相反，大部分是扇数为双数。少则两扇，多则可达十扇。框的种类有的是硬木框，有的是包锦木框，后一种木框的木质比较轻。曲屏风的屏心一般是帛地或纸地或者彩画，上面有花卉、山水、人物以及鸟兽等。

插屏大部分都是独扇的，它的形体大小不同，并且差距很大。大则高三米多，小则只有二十厘米。在选择插屏的时候，一般是要看房间和门的大小来定。插屏主要具有遮蔽和挡风的作用，另外也有装饰的作用。

挂屏是在清初时出现的一种屏风。这种挂屏是像画轴那样悬挂在墙壁上的。这种屏风使用是成双成对的，比如四扇一组的叫作四扇屏。这种挂屏在雍正、乾隆两朝的宫廷之中是非常盛行的，皇帝和后妃们的寝宫里面就有很多。之前的屏风还有实用的价值，而这种屏风已经变成了真正的陈设品和装饰品。

436. 安车是一种什么样的交通工具？

安车是古代的一种交通工具，具体地说安车就是一种用马匹拉动的带有车厢的车子。马匹的数量有的是一匹，还有的是四匹。

上古时，人们乘坐的车子虽然里面有车厢，但是只能站在里面，但是这种安车的车厢里面有座位，所以人们乘坐这种车子是可以安坐的。因为可以坐着乘车，所以把这种车子命名为了"安车"。在《礼记·曲礼上》中就有关于安车的记载："大夫七十而致事适四方，乘安车。"在古代，那些德高望重的人或者告老还乡的官员，一般被赐予乘坐安车，因此，乘坐安车也是一种优待礼遇的方式。

那种有特殊礼遇的安车是用四匹马拉的。在《史记·儒林列传》中就有相关的记载："于是天子使使束帛加璧，安车驷马迎申公，弟子二人乘轺传从。"其中讲到了申公的年龄虽大，但是却拥有很好的德行，所以汉武帝就派了有四匹马的安车去迎接他，而他的弟子却只能乘坐那一匹马或者两匹马的安车。由此可见，四匹马的安车是礼遇优待的一种方式。

437. 古代的轿子是如何发明的？

轿子是古代人乘坐的一种交通工具，轿子不像现代的交通工具那么先进，当时只能靠人和牲畜抬着向前走。比如古代迎亲时的"八抬大轿"，就是靠人抬着前行的。

轿子最早是从车子演变过来的，刚开始人们只是把轿子用于走山路，因为山路崎岖不平，很难前行。不过，后来人们也把轿子应用到了平地上，成为了一种交通工具，称为肩舆。起初的肩舆只有两个长竿，在中间放置一把椅子，上面就可以坐人。上面没有遮盖的东西，和现在的"滑竿"很相似。

到了唐宋以后，乘坐轿子就比以前舒服许多，主要是因为这时的轿子已经发展得比较完善，在其四周都有遮挡物，它的外形就像一个车厢，即舆。另外，轿子还有很多种类，主要有官轿、民轿、喜轿、魂轿等；轿子在使用时，前面提到了既可以走平路也可以走山路；制作轿子的材料主要有木、竹、藤；轿子的行走方式，有的是人来抬，有的是牲畜抬的，比如四人抬的花轿和骆驼驮的"驼轿"。总之，轿子在我国古代是一种重要的交通工具。

438. 古人是怎么洗衣服的？

我们现在洗衣服时会用到洗衣粉、洗衣液，而在古代人们用什么来洗衣服呢？

在《礼记·内则篇》说："冠带垢，和灰清漱。"意思就是说，系帽子的带子脏了，就和着草木灰洗。之所以用草木灰，主要是因为草木灰中含有能够去除污渍的成分碳酸钾。在《考工记》中也有相关记载，为了能使丝帛变得柔软洁白，古人就用草木灰水把丝帛蘸湿后，然后再放入贝壳烧成的灰，加水一定量的水进行浸泡。运用的化学原理就是草木灰水和贝壳灰能够发生反应后产生强碱——氢氧化钾。这种强碱具有去除污渍的作用。

汉朝时期，人们已经知道利用天然石碱来洗衣服了。后来，金人在石碱中加入了一些淀粉和香料，然后制成锭状的物体出售。到了明末，京城已经出现了专门卖人造香碱的铺子，比如"合香楼"和"华汉冲"等，直到解放初年，依然还有店铺在销售葫芦形玫瑰香碱和盒装桃形香碱。另外，人们洗衣服时，还用到了皂荚。当时在南宋都城临安（今杭州）的街上就有这种像橙子大小的用皂荚做出来的圆圈团，也就是周密在《武林旧事》中说的肥皂团。后来，西方传入的一些和肥皂团有相同功效的洗涤剂，我们也称为了"肥皂"。

439. "六博"是一种什么样的休闲活动呢？

六博是古代的一种消遣活动，由来已久。在《楚辞·招魂》中就有相关记载："菎蔽象棋，有六博些。分曹并进，遒相迫些。"由此可见，战国前后在荆楚地区就已经出现了六博棋。

秦汉时期，六博流行范围更广，上到皇宫贵族，下到黎民百姓，都非常喜欢六博。据记载，六博分为大博和小博两种，两个人对弈。六博棋包括棋局、棋子、箸（骰子）等。西汉以前，人们常玩大博，具体的玩法是对博的双方要在自己棋盘的曲道上事先放置好六枚棋子，其中一枚代表"枭"，另外五枚叫作"散"，然后再用六个箸。在开始对博时，双方首先交替着掷箸，然后根据掷"箸"的数量决定行多少棋。

东汉时期，小博开始出现。这种博法是双方各执黑白色六枚棋子。另外，双方手中还各有一枚圆形棋子，名字叫作"鱼"。然后把双方手中的"鱼"分别放在棋盘十二曲格道上，两头中间的部分名为"水"，这样一来"鱼"好像被放在了"水"中。双方行棋的多少同样是由双方掷箸的数字来定的。先到规定位置的棋子可以竖起来，称为"骄棋"。

六博最初还只是人们消遣时的一种游戏，后来就发展成了一种赌博。汉朝时期，六博逐渐衰落，到了隋唐以后就逐渐失传。

440. 古人斗鸭起源于何时？

古代，有一种特别好玩的游戏就是将饲养的或者买来的家禽用于比赛。也就是人们常说的斗鸡、斗雁、斗鹅等比赛。除了这些比赛，还有一种斗鸭比赛，也是古人生活中的一种乐趣。

所谓"斗鸭"，就是把鸭放在池中，来观看池中的鸭互相争斗，以获得乐趣。关于斗鸭的最早记载可能是在西汉初年。在六朝时得到了发展，隋唐时期得到了鼎盛发展。在《南史·王僧达传》中记载：斗草图"（僧达）坐属疾而于扬列桥观斗鸭，为有司所纠。"在葛洪的《西京杂记》也有相关的记载："鲁恭王好斗鸡、鸭及鹅、雁，羞养孔雀，俸一年费二千石。"

据说，鲁恭王当时特别喜欢斗鸭和斗鸡，一年饲养这些家禽就要用掉二千石的米谷。因为斗鸭受地域、时令等方面条件的限制，所以只在长江中下游流域流行比较广泛，没有斗鸡的流传范围广。但是斗鸭的比赛气氛也是非常紧张的。晋蔡洪在《斗凫赋》中就有关于斗鸭的描写："性浮捷以轻躁，声清响而好鸣。感秋商之肃烈，从金气以出征。招爽敌于戏门，交武势于川庭。尔乃振劲羽、竦六翮、抗严趾、望雄敌，忽雷起而电发，赴洪波以奋击。"由此可见，斗鸭的场面特别激烈和壮观。

441. 古代的纸牌怎么玩？

关于扑克的起源说法不一，其中流传最为广泛的就是起源于中国的"叶子戏。"说到叶子戏就要追溯到唐朝的历史。

唐朝时期，叶子戏开始出现。在唐苏鹗的《同昌公主传》中就有关于叶子戏的相关记载："韦氏诸宗，好为叶子戏。"据说，叶子戏是由唐代著名天文学家张遂（一行和尚）发明的，当时是为了供唐玄宗和后宫的嫔妃们娱乐使用的。为什么称为叶子戏，是因为当时的纸牌就像叶子那样大。这种叶子戏后来传到了民间，很快流行开来。

明清时期，叶子戏已经发展成为社会上一种非常流行的博戏形式。关于叶子戏的样式和打法已经基本上定型了。李约瑟博士在《中国科学技术史》中就指出了中国人最早发明了桥牌，归属权归中国。法国的学者莱麦撒也曾说过："欧洲人最初玩的纸牌，其形状、图式、大小以及数目，皆与中国人所用的相同，或亦为蒙古输入欧洲。"就连美国《纽约时报》的桥牌专栏的主编艾伦·特拉克斯特也说过"中国是桥牌的故乡"。由此可见，中国是最早发明纸牌的国家。

442. 古人是如何钓鱼的？

现代人想钓鱼时，可以去市场上购买先进的钓鱼用具。那么古代的钓鱼工具没有这么先进，他们是怎么钓鱼的呢？

古代最原始的钓钩是一些竹条、木条、兽骨或者两头较尖的小石条等。然后再把钓钩包在钓饵中，当鱼吃到鱼饵的时候，就会卡到喉咙，这时就能把鱼钓起。西周时期，人们就已经会制造铁质的钓钩。在东汉许慎的《说文解字》中就有相关记载："钩鱼也。钩者曲金也，以曲金取鱼谓之钓。"

古代的钓线，除了使用麻线和丝线外，还会用到一种蚕线。人们把结茧的蚕身体里的丝浆收集起来，然后拉成单股的粗丝，将这些粗丝晒干后就能使用。这种丝线具有柔软、光滑、透明、强度大的特点。

古代的钓竿，是人们用细长的竹子制作而成。在《国风·卫风·竹竿》中就有相关的记载："藋藋竹竿，以钓于淇。"钓鱼的基本用具已经齐全，古人还要考虑一个非常重要的因素，那就是天气。古人很重视钓鱼的季节、钓鱼的技巧以及钓鱼时的天气，并且在这方面特别有经验。

钓鱼的"黄金季节"是春季和秋季。如张志《渔歌子》中就有钓鱼的相关记载："桃花流水鳜鱼肥。"这里面提到了桃花，可见描写的是春季的场景。又如孟浩然的《临洞庭上张丞相》中的诗句："八月湖水平，坐观垂钓者，徒有羡鱼情。"就写出了秋季是钓鱼的好季节。

443. 古人也喜欢踏青吗？

踏青，又称探春、踏春，就是指人们在春天时到郊外赏景游玩。踏青由来已久，传说先秦时期人们已经有踏青的习惯，也有的记载说是在魏晋之时。在《晋书》中就有相关记载，每逢春天，人们就会三五成群地去郊外赏景游玩。

唐宋时期，踏青受到了很多人的喜爱。据《旧唐书》中记载："大历二年二月壬午，幸昆明池踏青。"可见唐朝时期人们非常喜欢踏青。宋朝时期，踏青之风更加盛行。如宋代的吴惟信的《苏堤清明即事》中记载："梨花风起正清明，游子寻春半出城。日暮笙歌收拾去，万株杨柳属流莺。"就描述了在清明节那天人们踏青的盛况。

另外，唐代诗人杜甫曾经也写过："三月三日天地新，长安水边多丽人。"这样的诗句，真实地记载了皇家春季出去踏青的盛况。白居易也写过："逢春不游乐，但恐是痴人。"道出了人们对踏青的喜爱之情。

宋代著名画家张择端的《清明上河图》就生动地再现了清明时节汴京外汴河两岸的热闹场景。在这幅画卷中，描绘的画面中就有 550 多人、50 多头牲畜、20 多辆车和轿，还有 20 多艘船只，足见当时热闹的场景。

第十章

民俗礼仪

444. 为什么大门前要摆放两个石狮子？

古代的官衙、豪门巨宅的门前都摆放有一对石狮子，为的是保卫自己的衙门和宅院。现在很多的建筑物前面依然能见到这种石狮子。那么，从何时起人们开始在大门前放置石狮子呢？

汉朝时期，石狮子传入中国。据《后汉书·西域传》中记载："章帝章和元年（公元87年），（安息国）遣使献师（狮）子、符拔。"这里说的是西亚安息国的使臣送给汉章帝一只狮子。从此，狮子在中国得到很好的礼遇。狮子的地位如此之高，还得益于佛教的传入。因为在佛教非常崇拜狮子，把它看作是一种庄严吉祥的灵兽，狮子的威严可见一斑。

汉唐时，帝王陵墓、贵胄坟宅前开始出现石狮子，并与石马和石羊等放在一起，这样让人看了十分敬畏。但这是仅仅摆放在陵墓坟宅的前面。这种狮子和后来的狮子有一些区别，那就是这种石狮子下面没有高大的石头台座，这都可以在汉唐古石狮遗物中找到证据。

唐宋之后，石狮子开始走向民间，并成为了守卫大门的神兽。据考证：唐朝京城的百姓大部分住在"坊"中，"坊"就是由政府规划的住宅区。据说每根坊柱的柱脚上都有一对大石块，这样做的目的是为了抗震防风。于是，人们就想到在石块上雕出一些狮子、海兽等动物的图案，一来美观，二来又有吉祥的寓意，这就是石狮子守门的雏形。

到了宋代，门楼取代了坊，一些有钱的大户人家为了张扬自己家的声势，仿照前人的做法，将狮子等预示吉祥的瑞兽刻在了石柱上。此后，这种习俗就流传了下来，一直延续至今。

445. 春节"送灶"是怎么回事？

每年腊月二十三，我们俗称"小年"，传说这一天是"灶王爷上天"的日子，所以我们要祭灶神。那么这个习俗是怎么来的呢？关于这个习俗的来历有一个传说。

据说，在每年的腊月二十三这一天，灶王爷都会上天向玉皇大帝报告人间每个家庭的善恶，让玉皇大帝给予赏罚。民间传说，如果哪家人被灶王爷揭发出恶行，大的惩罚会折寿 300 天，小的惩罚也会折寿 100 天，这个说法在民间流传得比较广泛。所以，人们为了不让自己受到上天的惩罚，得到一些奖赏，就祭拜灶王，这一天人们要放一些糖果、清水、料豆、秣草在灶王像前的桌案上。

祭灶时也有一些讲究，就是要把糖溶化后，抹在灶王爷的嘴上，这样一来，灶王爷就只能在玉皇大帝面前讲人们的好话，曰为：上天言好事。人们举行过送灶后，就可以开始迎接新年的到来。后来，每年的腊月二十三人们就会祭灶，就成为了一种风俗。

446. 为什么人们打招呼时常问"吃了吗"？

中国人见面打招呼常问"吃了吗"，这倒不是说我们中国人嘴馋，这里面有更深层次的原因。可以说这是我们中华民族的一种习俗、一种文化心理，也是一个历史的沧桑标记。中国是一个传统的、历史悠久的农业国家，是世界闻名的四大文明古国之一。在漫长的封建时代，创造了灿烂的农业文明。作为中华民族主体的汉族就是传统的农耕民族，历代绝大多数的人口都是从事农耕，种植五谷、栽培果蔬、喂养牛羊，生生不息。

但是，在统治阶级的荒淫无度、横征暴敛，变化无常的水旱灾害，生产能力的低下，人类生产生活对环境资源的过度破坏等这些因素作用下，会产生一个连锁反应，第一个最明显的结果就是粮食不够吃，人们很饥饿，食不果腹。饥荒是个很严重的问题，它直接关系到社会的稳定、国家的存亡安危，这绝不是危言耸听。安居乐业、衣食无忧，国家才能长治久安，饥荒将直接引发慌乱，进而形成暴动、农民起义，推翻一个王朝，重新建立一个王朝。统治阶级在开国之初相对地比较清明，注重恢复生产，休养生息，但慢慢地就会重蹈覆辙，周而复始。

吃饱穿暖是多少人心中向往的美好生活，这样的生活记忆深深地印在了人们的心中。吃饱饭是人生命延续的第一需要，只有吃饱饭了才有可能发展其他方面，这也就是我们现在常说的经济基础决定上层建筑。所以，人们见面就相互问"吃了吗"，无形地表达了对吃饱饭的重视和关心，慢慢地就形成了一种习俗。

447. 清明节为何要"插柳"？

清明节那天，人们都要扫墓、踏青、上坟。人们不但要戴柳，还要在门口插上柳枝。清明节插柳这个习俗由来已久，这个习俗到底是怎么来的呢？关于这个习俗的来历有一个传说。

宋朝时期，据说大词人柳永非常有才华，但是却经常游荡在花街柳巷之中，平时生活十分放荡。当时的歌妓没有一个不喜欢柳永的才华，她们并以受柳永的青睐为荣。柳永的放荡不羁对他的仕途生涯也有一定的影响，虽然曾经考中过进士，但是最后还是因为生活贫困死在了襄阳。据说，柳永死后的墓葬费用是由崇拜他的歌女集资的。后来，每年清明节时，歌女们都会来到柳永的坟前，插柳枝表示对柳永的纪念，后来就逐渐行成了清明插柳的习俗。

事实上，清明插柳的习俗唐代就已经出现了。当时的人们认为三月三在河边祭祀时，头戴柳枝可以避免毒虫的伤害。宋元以后，人们踏青游玩回来后，就在自己的家门口插上柳枝，防止害虫侵袭，此时清明节插柳的习俗非常盛行。不管是民间的一些传说还是历史典籍的相关记载，清明节插柳总是与避免疾疫有一定的关系。春节气候变暖，各种病菌开始繁殖，在医疗条件差的情况下，人们只能将希望寄托在柳枝上了。

448. 为什么要"贴门神"呢？

贴门神是我国各地过年时都有的风俗。人们贴门神是为了祈求一家人能够健康长寿，一生平安。在民间，人们常说在大门上贴上门神可以吓跑一切的妖魔鬼怪，因为门神是正气和武力的象征。

关于门神的记载有以下几种，根据东汉应劭的《风俗通》中引《黄帝书》上说：上古时，度朔山上住着神荼、郁垒两兄弟。在这座山上有一棵桃树，树荫如盖。每天早上，神荼、郁垒两兄弟就会在这棵桃树下搜查鬼怪。如果发现有些恶鬼出来害人，他们就会将这些恶鬼抓起来喂老虎，后来人们为了驱鬼辟邪，就在两块桃木板画上了神荼、郁垒两兄弟的画像。但是真正史书记载的门神，却不是这两位兄弟，而是古代一个名为成庆的勇士。在班固的《汉书·广川王传》中记载：广川王的殿门上贴的门神画像是一位名为成庆的勇士，身穿短衣大裤，手持长剑。到了唐代，门神的画像就变成了秦叔宝和尉迟敬德。

449. 何谓"五谷"？

作为历史悠久的农业民族，我们祖先期盼风调雨顺，五谷丰登。"五谷"

笼统的意义上可看作是各种农作物、粮食作物，那么具体讲的话，"五谷"最初指的是什么呢？

谷物在我国古代泛指有壳的粮食作物，像粟、稻子、小麦等都属于谷物。"五谷"指的应该就是作为主食的五种粮食作物，但是关于"五谷"的说法，古代就不统一，不同的典籍里面有不同的记载，究其原因，也是可以理解的。首先，我们的祖先最初生活在黄河流域，以炎黄二帝为首的部落联盟就生活在黄河的中游一带，这里在地理上属于北方，后来人们的活动范围不断地扩大，一直到长江流域。在这个漫长的发展过程中，人们因地制宜，相互交流，引种新的品种，所以，五谷的内容也有所变动。

古书《周礼·职方氏》中记载的"五谷"是黍、稷、菽、麦、稻。《淮南子》中的"五谷"指的是麻、黍、稷、麦、豆。今天，"五谷"已经泛指各种的粮食豆类作物了，古代"五谷"中的稻谷和麦子现在依旧是我国数一数二的主食作物。

450. "福"字为何要倒贴呢？

每年春节都少不了贴门帘，大家都记得大门外上面的那个大大的福字吧，它是倒着贴在门上的。那么为什么要把它倒着贴呢？说到它的由来，还要讲到发生在清朝的一个小故事。

据说，清代恭亲王府发生了一件趣事。在一年的春节前夕，王府的管家为了让主子高兴，按照以往的习惯写了很多"福"字，然后吩咐下人把这些"福"字贴在了库房和王府的大门上。可是有些人不识字，就把"福"字倒着贴了。结果，恭亲王知道后特别生气，大管家能说会道，跪在地上说："奴才经常听人说，恭亲王您是大福大寿，如今大福真的到（倒）了，乃是吉庆的兆头。"恭亲王的福晋听后心想，难怪路过的行人都说恭亲王府福到（倒）了，吉利的语说得多了，金银增万贯，十分高兴。

后来，管家和那个贴倒福的人不但没有受到惩罚，还得到了重赏。就这样，倒贴"福"字这样一个习俗传遍了千家万户。至今，我们都还保留着贴倒"福"的习俗。

451. 为什么北方多麦而南方多稻？

中国是世界上国土面积第三大的国家，疆域辽阔，南北方跨越的维度也大，地理气候差异很大。长久以来，人们在生产生活的实践中，因地制宜，根据不同地域的气候和地理特征，种植当地适宜的作物品种。南方河网密布，水量充沛，适合水稻的种植；北方干旱寒冷，人们就种植小麦等，这就形成了北麦南稻的不同谷物种植带。不同的地理物产也直接影响着人们的饮食习惯。

452. 为老人祝寿为何要送"寿桃"呢？

人们给老人祝寿时，都会送寿桃，表示对老人的一种生日的祝福，祝福老人福如东海，寿比南山。为什么给老人祝寿要送寿桃呢？这要从古代孙膑的故事说起。

传说，孙膑18岁时就离开家乡，到千里之外的异地拜鬼谷子为师，潜心学习兵法。在学习期间，孙膑废寝忘食，非常刻苦，很快12年过去了。在学习期间，孙膑没有回过一次家。五月初五那天，孙膑突然发现是自己母亲的生日，而他的母亲已经80多岁了，思儿心切，天天盼望着儿子回来，12年都没有见过儿子了，不知道儿子都长成什么样了。

孙膑的母亲生日那天，家里面的人为这位老母亲摆酒宴庆贺，但是就是少了孙膑一人，老母亲就难过地哭了起来。一家人都劝慰老母亲，就在这时孙膑回来了。孙膑看到了老母亲是如此地苍老，心里伤心极了。他从口袋中拿出师父送给自己的桃捧在手里对母亲说："今日告假回来，师父送我一个桃孝敬您。"孙膑的母亲自从吃了这个桃子之后，变得比以前健康年轻了。人们就模仿孙膑的做法，在他们母亲生日的时候也送一个寿桃，表示衷心的祝福。自此，给老人过生日送寿桃就成为了一种风俗。

453. "闹洞房"这一习俗是怎么来的？

古往今来，闹洞房这个习俗一直深受人们喜爱。因为闹洞房时，喜家高兴的同时，亲朋好友也可以借机闹腾一番，想出各种整人的招数，让新郎新娘"坐困愁城"哭笑不得。

闹洞房这一习俗的来历，我国民间有两种说法。

第一种说法是可以驱邪避灾。相传，很早以前紫微星下凡来到人间，在路上他发现一伙迎亲队伍的后面跟着一个披麻戴孝的女子，他看出这个女子是一个想趁机作恶的魔鬼，于是就跟踪到新郎家，发现那女人已经躲进了洞房。新郎和新娘拜完天地之后，正要进入洞房时，紫微星站在门口那儿不让他们进去，并告诉他们里面藏着魔鬼。众人问他怎么办，他建议道："魔鬼最怕人多，人一多，魔鬼就会害怕不敢做坏事了。"于是，新郎就把客人们邀请到了洞房里嬉笑打闹，打算用笑声吓走魔鬼，到了五更时分，魔鬼果然逃走了。由此可见，闹洞房从一开始就具有驱邪避灾的含义。

第二种说法是闹洞房最开始出现在北方，且开始时主要是和新郎有关。北方人主要以狩猎和游牧生涯为主，这样的生活习性使得男子十分剽悍和勇健，新婚时忍受棒打则可以验证这个男人是一位合格的丈夫。

454. 为什么会有"南船北马"一说？

在现代的交通工具出现以前，我国南北方的交通可以形象地称为"南船北马"。意思就是南方交通主要用的是船，走水路；北方则靠马拉车作为人们的代步工具。这种不同的交通运输方式，也体现并适应着南北方不同的地理景观特征。

在地理上，以秦岭淮河为线把中国大陆分为了南北方。北方有辽阔的草原，盛产马匹。平坦的华北平原，纵横千里，气候上干燥少雨，这些自然条件决定了北方适宜用马匹拉车的方式来交通运输。我国南方则有江南水乡的美称，降水丰沛，地表径流也多，可谓河网密布，纵横交错，小桥流水，杨柳依依，稻花飘香，蛙声阵阵。这样的地理地形特点天然地适合行船。自古以来，聪明勤劳的人们就懂得因地制宜，利用工具来为自己服务，南方以舟楫为便，北方则以马车为利。这就是"南船北马"。

455. "压岁钱"是给谁的？

压岁钱有两种，一种是给老人的，另一种是给小孩子的。小孩的是"压崇钱"，而老人的才是真正意义的"压岁钱"，意思是不让老人的年龄继续增长，能够幸福长寿。

关于"压岁钱"的由来共有三个传说，其中比较可信的传说是一个名叫"祟"的小妖的故事。这个小妖每逢腊月三十的时候就会出来作祟，他会溜进别人的家里专门摸熟睡小孩子的脑袋。据说被他摸到的小孩会发高烧说梦话，即使烧退了也会变成傻子。

据说嘉兴有一户人家，老年得子非常疼爱，年三十的晚上，为了防止"祟"这个小妖骚扰孩子，给了孩子八枚铜钱。孩子把它们包了拆，拆了包，睡后，包着的八枚铜钱被孩子放在了枕边。半夜里，"祟"这个小妖果然来摸孩子的头，但是刚一碰到，孩子枕边突然迸出了一道金光，"祟"这个小妖尖叫着逃跑了。于是，这件事传到了其他人的耳中，大家争先效仿，每逢大年夜就会用红纸包上钱给孩子，祟以后就再没有出现过。所以，人们就把这种钱叫"压祟钱"，"祟"是"岁"的谐音，逐渐就被称为"压岁钱"了。

456. 古代对不同年龄的人是如何称谓的？

日常生活中，人们遇到婚丧嫁娶、寿诞喜宴时，在贺联、挽联中多用年龄的尊称。中国古代文人创制了各式各样的年龄称谓，其中的很多称谓至今仍被沿用。

呱呱坠地的叫婴儿，抱在怀中已会发笑的叫孩提（多只两三岁的儿童），不满周岁的叫襁褓；三四岁到八九岁之间的儿童叫垂髫（髫是古时候儿童头上下垂的的短发）；八九岁到十一二岁之间的少年叫总角（古代儿童将头发分作左右两半，在头顶各扎成一个结，形如两个羊角，故称"总角"）；十三四岁称豆蔻（豆蔻是一种初夏开花的植物，初夏还不是盛夏，比喻人还未成年，故称未成年的少年时代为"豆蔻年华"）；十五岁的男子叫束发（束发是男子到了十五岁，要把原先的总角解散，扎成一束）；女子十五岁叫及笄（笄本来是指古代束发用的簪子，古代女子一般到十五岁以后，就把头发盘起来，并用簪子绾住，表示已经成年）；十六到三十岁之间，男子和女子的年龄称谓有所不同，女子十六岁称作碧玉年华（古语俗称的小家碧玉即是如此），二十岁叫桃李年华，二十四岁称花信年华；男子二十岁叫弱冠（古时男子二十岁行冠礼，表示已经成年，但还没有达到壮年，故称"弱冠"）；三十岁叫而立（俗话说的"三十而立"即源于此），四十岁称不惑，"不惑之年"指的就是四十岁，五十岁为知命（知命，即知晓天命之意），六十岁称耳顺或花甲，七十岁为古稀之年，杜甫有诗曰："酒债寻常行处有，人生七十古来稀。"八十岁称杖朝，八十到九十称耄耋，一百岁为期颐。

457. 春节为何要"放鞭炮"？

逢年过节，家家户户都会放鞭炮。尤其是春节，鞭炮声此起彼伏，给节日增添了喜庆的气氛。早在 2000 多年前，人们就已经用燃放鞭炮的形式来庆祝新春了。

鞭炮最开始的名字是爆竹，爆竹是指燃竹而爆，之所以叫作爆竹是因为竹子焚烧会发出噼噼叭叭的声音。那么，人们为什么要在春节时燃烧爆竹呢？这就要从一个有趣的传说开始说起。据《神异经》上记载："西方山中有焉，长尺余，一足，性不畏人。犯之令人寒热，名曰山魈惊惮，后人遂象其形，以火药为之。"这个记载是有关爆竹来源的最早记载。意思是说刚开始人们燃烧爆竹的目的不是为了烘托节日的喜庆气氛，而是为了吓跑危害人们的山魈。因为山魈对火光和响声十分恐惧，所以为了能吓跑山魈，每到除夕之时，人们就会燃烧爆竹，使其发出噼里啪啦的响声。就这样日久天长，人们就形成了过年放鞭炮的习俗。

458. "守岁"这一习俗的来历

守岁，俗名"熬夜"，就是说在旧年的最后一天不睡觉直到新年的到来，因为那天是除夕，所以也叫除夕守岁。这个习俗是怎么来的呢？据说源于民间一个有趣的故事：

太古时期，深山中生存着一种名叫"年"的怪兽，这种怪兽形貌狰狞，生性凶残，专吃飞禽走兽、鳞介虫豸，每天变换不同的口味，从磕头虫一直吃到大活人，人们真是谈"年"色变。后来，人们对"年"的活动规律已经非常熟悉，总结出它是每隔三百六一五天必到人群生活的地方尝鲜，一般都是在天黑以后出现，鸡鸣破晓时，它们就会回到山林中去了。

人们知道了"年"肆虐的时间，便把一年的最后一天视为可怕的一天，并且想了很多方法来对付"年"这头怪兽。每到那天晚上人们就会提前做好晚饭，然后再拴好鸡圈和牛栏，宅院的前后门都会被封好。把门关好后，一家人在屋里面吃年夜饭，因为这一顿年夜饭不知道是吉是凶，所以做得很丰盛，不但一家老小坐在餐桌前吃年夜饭，还要在吃饭前供祭祖先，祈求祖先能够保佑一家人平安地度过一年的最后一夜，吃完饭后，谁都不敢睡觉，坐在一起聊天闲谈，人多就能壮胆。后来，就逐渐有了守岁的习惯，成为了春节的一种风俗。

459. 为什么北方人多吃面食？

我国北方盛产小麦，人们的饮食以面食为主。面食通常是指小麦磨成的粉，也就是面粉做成的食品。小麦是我国的主要粮食作物，北方各省份的人们吃面食的历史悠久，制作的面食也是种类繁多，花样各异。像面条、馒头、烧饼、包子、饺子等。这种分法只是粗略的大致分类，就拿面条来说吧，富有地方特色且广为人们喜爱的就有很多。按原料不同，有小麦面、荞面、豆面、高粱面等；按照不同的地域，有北京炸酱面、河南烩面、山西刀削面、兰州拉面、新疆拉条子等。

据说在山西，仅面食就有 280 多种，真是让人叹为观止。除了广为流传的刀削面，山西还有很多别具特色的面食，像捻鱼、河洛面、一根面、太谷饼、烙饼，等等。可以这么说，面食已经在山西人手中发展成了一门艺术，因此有这么一个说法"世界面食在中国，中国面食在山西"，山西可以称得上是面食之乡。

就全世界的范围来说，小麦是全球产量第二大的粮食作物，玉米虽然是产量第一，但是很大的一部分不是人们使用的，所以实际上人吃得最多的就是小麦。而盛产小麦的北方地区，自然以面食为主了。

460. 古代"斋戒"不能吃什么？

"斋戒"就是指中国人在祭祀或者是行大礼之前，一定要沐浴更衣，不能吃荤，不能喝酒，禁欲，还应该减少娱乐性的活动，以此来表示自己诚心的敬意。比如《廉颇蔺相如列传》中就有："于是赵王乃斋戒五日。"

中国古代人进行"斋戒"时不吃荤这一条中，"荤"我们现代人理解的就是肉类，比如鸡肉、鱼肉、猪肉、牛肉等。但是在古代并不是专指肉类，"斋戒"中的不吃荤，并不是说只吃一些素食，而不吃肉食，而是说不吃那些有刺激性气味的食物，比如一些食物中加入了葱、蒜、姜、韭等，这些在斋戒的时候就不能吃。为什么不能吃这些食物呢？那是因为这些食物的气味比较难闻，人们害怕在祭祀的时候被神灵闻到，人们觉得这样是对神灵或者祖先的不尊敬。所以人们就选择不吃这些食物，来表示自己诚心祭祀神灵或者祖先。这就是我国古代的"斋戒"。

461. 古代的新娘为何要蒙"红盖头"？

古代的人们举行婚礼时，出嫁新娘的头上都蒙有一块大红绸缎，这块大红绸缎就是人们常说的红盖头。这块盖头只有新娘行完礼被送入洞房后，才能由新郎揭开，是民间迎亲途中的礼仪之一。

关于新娘头上蒙一块红盖头有一个神话传说。据说，在远古时期，百姓一不小心触怒了天帝，于是，天帝就下达旨意，命令风伯和雨师用呼啸洪灾的方式使人类灭亡。天神知道了这件事后，不忍心看着勤劳善良的伏羲和女娲兄妹二人受难，于是送给了他们一只竹篮，让他们把这只竹篮作为船避过灾难。经过洪荒，人类灭亡了，只有他们两兄妹生存了下来，为了人类的繁衍生息，兄妹二人决定结为夫妻。为了遮羞，女娲"乃结草为扇，以障其面，今时人娶妇执扇，象其事也"。

后来就把这个风俗传承了下来，用来躲避邪恶、祈求平安。因为新娘的身份发生了改变，容易被邪魔乘虚而入。盖上红盖头具有象征性的意义，即把新娘从旧身份、旧生活中分离出来。

462. 为什么中国人喜欢吃饺子呢？

我国民间有句俗语"好吃不过饺子，舒服不过躺着"，细想一下，说得还真有道理。躺着比站着、坐着都舒服这很容易理解，但"好吃不过饺子"怎么理解？这倒不是说饺子就一定是这世间最好吃的珍馐美味，但饺子的确是好吃的美食，而且具有美好的文化意义，这也是人们喜爱饺子的重要原因吧。

春节是我国最盛大的传统节日，春节吃饺子是节日的重要习俗，冬至节也有吃饺子的传统。饺子的外形很像金元宝，让人喜爱；饺子的皮是圆形的，象征着团圆美满；饺子的谐音"叫子"，也寓意着子孙归来，全家团聚。从饺子本身来说，传统上以牛、羊、猪肉做陷儿，配以萝卜、白菜等蔬菜。这样的混合本身就符合中国人的哲学价值观，像在中国并存的儒、释、道三教一样，相辅相成，和而不同，和谐共存。

实际上这种蔬菜和肉食的混合也是科学的，既补充了我们东方饮食中蛋白质的不足，又有蔬菜提供的丰富维生素，可谓是一举两得，完美的搭配。按今天科学的观点看，肉类偏酸，是酸性食物；蔬菜类是碱性食物，酸碱搭配，维持平衡，而身体酸碱度的平衡偏碱性是最健康的，这可真是个科学健康的养生搭配。

中医讲持中守一才不会生病，就是说身体要保持在一个平衡中和自然的状态。古人不懂得什么酸碱平衡，但是实际的生活感受告诉他们：单一地只吃青菜或者肉食，身体都不是很健康，而当两者搭配一起吃的时候，对身体就很好，身体就会保持健康。今天再看，饺子也是一个不但味美而且营养丰富的食物。这么说来，"说好吃不过饺子"也真的是名副其实啊。

463. 古人佩戴宝剑的习惯是缘何而来？

剑这种古老的兵器在古代被广泛使用，有着"百兵之君"的美称。在古代，剑不只是一种征战沙场的武器，并不是只有军队将士才能佩配，帝王将相、文人墨客同样可以佩戴宝剑。

把宝剑作为钟爱的配饰携带始于周朝，从一国之君到文武百官，全部在腰间佩戴宝剑。文人学者也不例外，据说大教育家孔子在周游列国时就随身佩戴一种名叫"紫薇剑"的文人剑以示和平。

在古代，佩剑有两种含义：其一是身份地位的象征，代表着礼仪的一种。《隋书·礼仪志》说道："一品，玉具剑，佩山玄玉。二品，金装剑，佩水苍玉。三品及开国子男，五等散品名号侯虽四，五品，并银装剑，佩水苍玉，侍中已下，通直郎已上，陪位则象剑。"说明当时民众佩剑的不同直接显示出社会地位的不同。佩剑的第二个作用就是来防身健体。战国时期，剑术在社会上兴起，舞剑、击剑在民众中广泛普及。不仅仅是男子，女子也可以舞剑。

《吴越春秋》里就有"越女舞剑的记录"。越女自幼独钟剑术，对剑术有着极高的悟性和造诣，以至于得到了范蠡的赏识和重用。金庸的小说《越女剑》就是依此改编。

到了隋唐时期，文人雅士更是把剑作为饰物来佩戴，李白在《与韩荆州书》一诗中说道："十五好剑术，遍干诸侯。"意思就是十五岁就已经习练剑术，并且拜访了许多著名官员。"杜甫在《夜宴左氏庄》中也载道："检书烧烛短，看剑引杯长。"辛弃疾也有"醉里挑灯看剑，梦回吹角连营"的佳句被后人所传颂。由此可以看出，唐朝社会并不把剑单单看作一种战争的武器了。以至于到了后来的宋代和明清时期，部队将领也习惯把剑作为领导地位或装饰来佩戴。

464. 古人起名的禁忌有哪些？

古代礼法制度众多，古人在起名时并不像现代人一样自由，各种忌讳更是让老百姓不敢逾越半步，稍微一个不留神，脑袋就可能会搬家。

远古的氏族社会思想认为，姓名也是一个人身份的象征，是具有神秘力量的符号。他们认为，自己的名字被其他人知道后，对方就会得到他的一部分力量，这就是姓名避讳产生的根源。由此可见，原始社会发展落后，人们对本身和自然没有完全的了解，姓名的避讳就在这种情况下产生了。在接下来的历史发展中，姓名的避讳主要有以下几种：

家讳，针对家族内而言的忌讳，规定要避父祖名，也称私讳，家族里的人说话办事，文章写作时都要避开和祖名相关的事物。家讳其实是"国讳"的一种延伸，都不同程度地体现了当时的伦理观念和封建等级。《礼记·曲记》上说"入门而问讳"，就是说到别人家做客之前一定要知道主人有什么避讳的，如果不小心犯了主人的忌讳，好心也可能会招来恶果的。

东汉有个叫毛贤的人，他的父亲名叫溪，某日他去拜访好友李名甫，刚好碰见他的儿子李栾在庭院练武，就近前问道："你的武艺和甫公比起来谁更技高一筹啊？"李栾因他触犯了家讳，冷言回敬道："我与家父相比，犹如以溪论海。"毛贤听罢灰脸而退。

圣人讳，指对贤者圣人名字的避讳，与家讳、国讳不用。圣人讳没有那么严格和广泛，封建社会时除了朝廷有相关规定的圣人讳外，百姓也会自发地为圣贤避讳。史料记载，宋朝因避孔子讳就曾经把瑕丘县为瑕县，龚丘县为龚县。

个人讳，即指对自己名字的避讳，分为两种情况：一是一些封建官僚仗恃自身位高权重，令其手下避其名讳，这叫自讳其名。人们常常说的"只许州官放火，不许百姓点灯"，说的便是宋朝有位名叫田登的州官，自讳其名，下令州境之内把灯叫做火，正月十五元宵节放灯，令手下人公告与市曰："本州岛依例，放火三日。"而不说"放灯三日"，当时人们便讥讽说："只许州官放火，不许百姓点灯。"

465. 为什么儿童要佩戴"长命锁"？

"长命锁"也叫"寄名锁"。明清时期，"长命锁"作为一种装饰物挂在儿童的脖子上。当时人们迷信地认为，儿童只要佩戴上这种饰物，就能辟灾去邪，"锁"住生命，所以许多儿童刚出生不久就戴上了这种饰物，一直到他们成年才摘下来。

汉代，就已经有了佩戴长命缕的习俗。在《荆楚岁时记》中就有相关的记载，在汉代，每到五月初五端午节的时候，人们就会在自家的门楣上挂上五色丝绳，以避不祥。魏晋南北朝时期，妇女臂上就开始佩戴这种五色丝绳了，逐渐就成为了妇女和儿童的一种臂饰。这除了用于端午，还用于夏至。当时，战争频繁，又出现了瘟疫，灾荒不断。广大人民为了祈求平安，所以就把五色彩丝编成了绳索，然后缠绕在妇女和儿童的手臂上，祈求辟邪去灾，祛病延年。

宋代，这种风俗依然存在。除了在民间比较流行之外，还传入宫廷，除妇女儿童之外，男子也可以佩戴它。端午节前夕，皇帝亲自把续命缕赐给文武百官，以便他们在节日佩戴。宋代把这种五彩丝绳编结物叫作"珠儿结"、"彩线结"，足见其外形已经比较复杂，不但有丝绳、彩线，还有珍珠等物，当时京城就有不少人靠卖这些饰品生存。到了明代，风俗改变了，成年男女很少有人佩戴长命缕，一般都是儿童佩戴，主要作为一种颈饰。随着历史的发展，逐渐就演变成了长命锁。

466. 将丈夫叫作"金龟婿"这一习俗是怎么来的？

金龟婿这个称呼来源于唐代诗人李商隐的《为有》一诗："为有云屏无限娇，凤城寒尽怕春宵。无端嫁得金龟婿，辜负香衾事早朝。"这几句诗的意思是说一贵族女子埋怨自己身居高官的丈夫，在冬去春来这样美好的时候，因为要赶早朝，辜负了一刻千金的春宵。

那么为什么要把丈夫叫作"金龟婿"呢，这就要说到唐代官员的佩饰。根据《旧唐书·职官志》、《新唐书·车服志》记载，唐朝初期，五品以上的官员都佩鱼符、鱼袋。鱼符是用不同的材料做成的，"亲王以金，庶官以铜，皆题其位、姓名"。装鱼符的鱼袋也是"三品以上饰以金，五品以上饰以银"。

到了武后天授元年（公元690年），内外官佩戴的鱼符被改作了龟符，与此同时，鱼袋也被改作了龟袋。还重新规定了三品以上官员的龟袋用金饰，四品以上的官员龟袋用银饰，五品以上官员的龟袋用铜饰。由此可见，金龟代表的全是亲王或者是三品以上的官员。所以，人们就用金龟婿指代身份比较高贵的女婿。但在现代汉语中，"富"的含义正在不断增强，而"贵"的含义在不断减弱。这就是金龟婿的由来，即为什么把自己的丈夫叫作金龟婿。

467. 二月二"龙抬头"的说法是怎么来的？

俗语常说："二月二，龙抬头。"农历二月初二前后是二十四节气之一的惊蛰。据说经过冬眠的龙，到这一天被隆隆的春雷惊醒，便抬头而起。所以古人称农历二月初二为春龙节，又叫龙头节或青龙节，在南方叫踏青节、挑菜节。

龙在中国自古就被认定是吉祥之物，是主管降雨的尊神。农历的二月二处在"雨水"、"惊蛰"和"春分"之间，全国各地大都已经进入了雨季，于现在来说这是一种正常的自然规律。但在古代，老百姓认为这天是龙欲升天的日子，普降甘霖、滋养万物是"龙"的功劳。久而久之，龙在中国人的心目中的地位有增无减，所以才有"二月二，龙抬头"之说。事实上，在"龙抬头"这天，经过冬眠的百虫开始苏醒，正所谓"二月二，龙抬头，蝎子、蝈蜙都露头"。人们在当天有理发的习俗，与"龙抬头"之意讨个喜庆吉利的兆头。

我国明朝时期对这个礼俗就有相关记载。明沈榜《宛署杂记》中说道："宛人呼二月二为龙抬头。乡民用灰自门外委婉布入宅厨，旋绕水缸，呼为引龙回。"明朝的于奕正、刘侗《帝京景物略》卷二，春场中记载："二月二曰龙抬头，煎元旦祭余饼，熏床炕，曰熏虫儿，谓引龙，虫不出也。"龙是天子的象征，在中国人的心中有着崇高的地位，龙抬头之时，是春季来临，万物复苏之时，所以"二月二，龙抬头"这句谚语预示一年的农事活动即将开始。

"二月二，龙抬头"在古代还有天文学方面的解释。中国古代用二十八宿来表示日月星辰在天空的位置，并依此来判断季节更替。二十八宿中的角、亢、氐、房、心、尾、箕七宿组成一个完整的龙形星座，其中角宿恰似龙的角。每到二月春风以后，黄昏时"龙角星（即角宿一星和角宿二星）"就从东方地平线上出现，这时整个苍龙的身子还隐没在地平线以下，只是角宿初露，故称"龙抬头"。

468. "舞狮子"这一习俗是怎么产生的？

舞狮子这种民间艺术在我国已经有一千多年的历史了。每到元宵节或者一些集会庆典上面，民间都会表演狮舞来增添热闹的气氛。

关于舞狮子的来历有两种说法：有些学者认为舞狮子最早是从西域传入中国的。因为文殊菩萨的坐骑就是狮子，随着佛教传入中国，舞狮子这种艺术也随之传到了中国；还有一些学者认为舞狮子这种活动是在公元5世纪时从刘宋的军队中产生的，逐渐传入了民间。这两种说法都有一定的根据，现在很难去考证哪种说法是正确的。

唐代时期，舞狮子这种活动在宫廷、民间、军旅中都是非常盛行的，这是有历史记载的，是毋庸置疑的。在唐段安节的《乐府杂录》中就记载："戏有五方狮子，高丈余，各衣五色，每一狮子，有十二人，戴红抹额，衣画衣，执红拂子，谓之狮子郎，舞太平乐曲。"另有白居易《西凉伎》中也有生动描绘舞狮子的情景，如"西凉伎，假面胡人假狮子。刻木为头丝作尾，金镀眼睛银帖齿。奋迅毛衣摆双耳，如从流沙来万里。"可见当时唐朝是非常盛行舞狮子这种活动的。

经过历史的发展，狮舞形成了南北两种表演形式。北派主要表演"武狮"。小狮比较容易，由一个人来舞。而大狮则需要两个人来舞，一个人站立舞狮头，另一个人弯腰舞狮身和狮尾。人们不能辨认出舞狮人的模样，因为舞狮人的着装和狮子非常像，全身都穿着狮被，下身穿着绿狮裤和金爪蹄靴。男派狮舞也是两个人武狮，不同的是舞狮人下身穿的是灯笼裤，上面就有一件彩色的狮被。

469. 中国的关帝庙是为纪念谁而修建的？

我国很多地方都有关帝庙，在中国境内，东起我国的最先看到太阳的乌苏里江，西到我国的西部边陲伊犁，北起冰雪塞外的蒙古高原，南至四季飘香的椰岛天涯，都建有关帝庙。关帝庙里面供奉的就是"武圣"关羽。

"武圣"只是关羽的一个称号，这个尊号是人们后来给加上去的，但是人们为什么这么尊敬、崇拜关羽呢？日常生活中我们也时常看到旅馆、酒店、公司的大厅里或是供有关公的神龛，或是立着一位手拿青龙偃月刀、枣面美髯、英武逼人的关羽塑像，人们为什么这么对他顶礼膜拜呢？

简单地说，关羽是勇武、忠贞、正直的化身，在封建的伦理道德里，关羽代表着"仁、义、忠、勇、信"。这些美好的品质正是儒家极力推崇和孜孜追求的，也是佛道两教所遵从的精神，同时，也是上至统治阶级的皇帝小到市井走卒都尊尚的。这些品质上可用来教化万民，巩固统治，下可修身齐家，所以，关羽从一个和张飞、赵云差不多的武将慢慢地被抬到了至高的"关帝"上了，历代不断地建庙祭拜，以示尊崇。受中华文化影响深远的周边国家也建有很多的关帝庙，如首尔、河内，还有日本的很多地方都有。随着人们移居北美，海外的华人也把关帝庙建到了美国，东南亚的缅甸、马来西亚、新加坡、泰国等也都建有关帝庙，而且建筑得都很气派，富丽堂皇，供人们拜谒。

关羽的一生的确是重情重义的，他武艺高强，智勇兼备，白天征战、夜读《春秋》，纵横沙场，建功立业。坚毅守信，仁义忠贞，为寻结义的大哥刘备，携两位皇嫂千里走单骑，亲冒锋镝，过五关斩六将，所向披靡，终于找到刘备，帮助他东征西讨，南征北战，为蜀汉政权立下赫赫大功。为报答曹操在许昌时的厚爱，在华容道仁义地放走曹操，可谓义薄云天。受伤时刮骨疗毒，不用麻药。

关羽用其一生的所为给人们树立了做人的榜样，其德行也被万世后人所敬仰，人们不但把他奉为"武圣"，和孔子齐名，更把他当作"关帝"，被很多的行业奉为正义的保护神。在商业界，更是被尊奉为"财神爷"，而且是众文武财神之首。

一座座的关帝庙本身即是中华文明和思想文化的综合体现，象征着中国人民的精神追求和寄托，体现着我们民族追求崇尚忠诚、信义、勇武、仁爱的善良美好的民族品质。

470. 为什么元宵节有挂大红灯笼的习俗？

灯笼又称为灯彩，灯笼象征着团圆。每年的元宵节前后，人们就会挂起红红的大灯笼，给整个节日增添了浓浓的喜庆。

关于打灯笼的由来说法很多，民间比较有趣的一个说法是：传说，很久以前有很多凶禽以及猛兽，它们经常出来危害人类和动物，人们就组织起来去打它们。有一次，一位猎人不小心错伤了一只神鸟。天帝知道了这个消息之后，非常恼怒，于是就下达指令，吩咐天兵天将在正月十五日那天到人间放火，一定要烧光人间的所有人、所有牲畜以及财产。天帝有一个心地善良的女儿，她不忍心看百姓无辜受难，就瞒着自己的父亲偷偷来到人间，把这个消息告诉了人类。

人间有一个人比较聪明的人，他想出了一个解决的办法。这个方法就是大家要在家中连续三天张灯结彩、燃放烟火以及点响爆竹，这三天是正月十四、正月十五以及正月十六。这样，天帝就会误以为是天兵在人间放火。正月十五那天晚上，天帝往下一看，果然发觉人间响声震天，一片红光，而且连续 3 个夜晚都是这样子的，就认为是大火燃烧的火焰，于是就不再追究此事。为了纪念这天，每到正月十五，人们就会挂起红红的大灯笼，元宵佳节挂灯笼逐渐就形成了一种风俗。

471. "抓周"是一种什么样的习俗呢？

抓周是小孩子在周岁时举行的一种仪式，这种仪式可以对孩子的未来的发展和性格特点进行判断。抓周这种仪式也是对孩子生日纪念日的一种庆祝。这种仪式和产儿报喜、满月礼以及百日礼都属于传统的诞生礼之一。

抓周是一种美好的祝愿，它预示着生命的顺利诞生、延续以及兴旺，深刻地反映了父母对孩子那份浓浓的爱，是一种信仰风俗。随着生活水平的不断提高，这种习俗也越来越受到人们的重视，不少地方甚至举行集体的抓周活动来庆祝宝宝的生日。

节日那天，人们要在吃中午那顿"长寿面"之前举行抓周的仪式。抓周时，大人抱着小孩，让他端坐在板凳上，不给孩子任何的提示，让他随意抓东西，通过孩子抓的东西来判断他的未来前途、志趣以及将来要从事的行业，等等。

抓周是长辈们对小孩子的一种厚望和祝愿，通过抓周可以客观地反映出长辈对小孩子的一种思想启蒙教育。所以，有些家长并不迷信，但是还是会为孩子举行抓周的仪式。这也是抓周这个习俗在民间流传时间之久的一个原因。

472. 你知道门画上的画像都有谁吗？

过年贴门神也是我国的传统民俗之一，但是你会发现，门神里面的人物不是确定的那两个人，事实上能作为门神的古代历史人物的确很多。

我国春节贴门神的民俗由来已久，根据史料的记载，从先秦时期开始，这个习俗就已经在我国广泛地流行，上至达官贵人，下至平民百姓。人们最初的张贴门神可能也是出自一种原始的自然图腾崇拜，这是一种生活的需要，因为人们要同恶劣的自然作斗争，驱鬼辟邪。所以最早的门神画像不是今天我们常见到的那些后来的著名历史人物，最初的门画上画的两个人叫神荼和郁垒，还要画上老虎。这种人虎并在的形象代表着人披坚执锐、虎吞噬鬼邪，两雄并立，虎视眈眈，坚守门户，以保平安。这种象征保护安康同时也寄托了人们追求美好生活的习俗就一直流传了下来。

哲学上说一切事物都是变化运动的，门画中的人物画像也是不固定的。随着时代的变更，唐朝的时候钟馗作为捉鬼镇妖的门神出现了，以后又陆续地出现了以多个著名的历史人物为门神的现象。各个地区的传统喜好有所不同，总的说来，像唐朝的著名武将秦叔宝和尉迟敬德；三国时期的蜀汉大将关羽、张飞、赵云、马超；北宋的抗辽名将杨继业、呼延赞、杨延昭、杨宗保；南宋的抗金英雄岳飞等都是人们普遍喜欢的。

其实在我国的漫长历史长河中，华夏这块广袤富饶的土地上曾孕育出了数不清的杰出人物，在各个不同的时代、不同的领域里登峰造极，各领风骚数百年。所以理论上很多优秀的人物都是有资格、有条件作为门神的，实际上也是如此，除了上面提到的，主要的还有很多：战国名将孙膑和庞涓师兄弟、秦国大将王翦和赵国李牧、明朝的徐达和常遇春等。除此之外，像佛教的四大天王、道家的青龙白虎等宗教人物也常被当作门神。

最后值得一提的是，到了我国的明朝以后，门神的内容和意义就更加丰富多彩了。门神不仅仅有传统上的驱邪避灾，同时被赋予了更加丰富和现实的意义。人们在门神画上增添了更多的吉祥符号，有象征财富的"聚宝盆"、象征功名利禄的爵、象征长寿的鹿等，不断地增强了门神的吉祥和祈福意义。

473. 人们为什么要过"生日"呢？

对于生日文化，人们有不同的说法。其实，早在先秦《礼记·内则》中就有相关记载："子生：男子设弧于门左，女子设帨于门右。"其中，"弧"意思是弓，"帨"意思是帕子，意思就是说生下的是男孩，就在家门的左边挂一张弓；生下的是女孩，就在门的右边挂上手绢。自此，人们每年都要庆祝今天，俗称"过生日"。那么，人们为什么要过生日呢？

民间对于为什么过生日这个问题说法不一。其中有一种是说过生日可以消灾驱邪。据说，曾经有一个少年，家庭非常贫困，只和自己70多岁的老母亲艰难度日。有一次，少年生了一场怪病，家里根本就没有钱帮他看病，少年的生命危在旦夕。就在这时，有人告诉他某月某日八仙将路过此地，只要他备上酒水求八仙帮忙就能治好他的病。少年按照那个人说的做了，结果真的见到了八仙，八仙帮少年治好了怪病，临走时还告诉他："今日是你再生之日，以后每年今日予以庆祝，就能长寿。"消息一经传开，人们每逢过生日就会置酒请客，慢慢就形成了一种习俗。虽然这只是一个传说，但足以看出在很多人的眼中过生日具有消除疾病、祈求平安的意思。

474. "裹足"这一习俗从何而来？

裹足又称缠足，就是女孩子用布将自己的脚裹住，使自己的脚骨变成畸形。裹足是中国古代的一种陋习。

据考证，古代女子裹足是由南唐后主李煜引起来的。这位皇帝不善治理国事，和妃子以及宫女待在一起玩乐，等着自己王朝的灭亡。宫中的妃子们为了争宠，使出浑身解数。其中有一位妃子想出了一个很特别的方法，就是将自己的脚用布紧紧地缠好，缠好后看起来像一个三寸金莲，走路一摇一摆的，紧皱双眉，这是因为脚被缠得很疼，当她见到皇上时，还要勉强地露出微笑。

这种场景被李煜看到，很心疼这个妃子，对她宠爱有加。这件事情传开了，宫中其他的女子也都学着她的模样裹起脚来。后来裹脚就成为了一种风尚，凡是大脚的女子就认为是难看的妇人，以至于全国的女子都开始裹脚。宋、元、明清时期，历朝历代都推崇小脚。到了五四新文化运动时，经过以陈独秀、胡适、鲁迅等人的强烈批判后，这个陋习才慢慢消失乃至绝迹。

475. 春节为什么要"贴春联"呢？

过大年，贴春联，这一句句对仗工整的春联，表达了人们对生活的赞美和热爱。同时对联作为一种独具魅力的艺术形式，不但显示着其独特的艺术美感，更是中华文化中独有的一种艺术形式。

春联在日常的生活中还有很多的叫法，也叫对子、对联、门对、春帖等。在中国的传统节日春节期间，贴春联是必不可少的习俗，红红的纸上写着漂亮的汉字，张贴在门框的两侧，字数一样、词义相对、节律相同，雅俗共赏。表面看左右对称，透漏着工整的对称之美。从内容看，对联文字精练，短短数字，却气象万千，被称为"诗中之诗"。作为我国传统文化中的特色和精华，我们还是要多了解学习的，不但继承发扬了民族文学，也提高了自己的文学素养。下面把我们春节联欢晚会的春联奉献给大家，这可是精华中的精华，堪称对联中的经典了。我们按照上联、下联、横批的顺序来品赏。

2007 年春节联欢晚会上的春联：

第一副是有关和谐的：

上联：党心、民心、万众一心，科学发展春风起

下联：国运、家运、宏图大运，社会和谐旭日升

横批：万象更新

第二副根据内容可称作和美：

上联：天和、地和、人和，和融华夏

下联：歌美、舞美、花美，美在今宵

横批：新春大吉

第三副是对联中有和睦两字的：

上联是：二十四时节气，乾坤竞秀

下联是：五十六朵奇葩，和睦同春

横批：天人合一

第四副也是讲和顺的：

上联：和和顺顺千家乐

下联：月月年年百姓福

横批：国泰民安

下面的就按照上、下联及最后横批的顺序写了。

一干二净除旧习，五讲四美树新风，横批：辞旧迎新

一帆风顺吉星到，万事如意福临门，横批：财源广进

一帆风顺年年好，万事如意步步高，横批：吉星高照

一年四季行好运，八方财宝进家门，横批：家和业兴

一年好运随春到，四季彩云滚滚来，横批：万事如意

一年四季春常在，万紫千红花永开，横批：喜迎新春

后来的几届春晚都有春联，写得都很不错，值得一读，喜欢的可以自己细细品读。

476. 古代人的贞操观是什么样子的？

古代对女人坚守贞操的自觉要求始于西周初年。《周易》说道："恒其德，贞，妇人吉，夫子凶。"就是说，男女相处，女人做到恒久就会福佑荫德，而男人对女人恒久，就会招致灾祸。这在本意上就是要求女人要自觉坚守贞操。东周早期的《易传》更是对此做了明确的表述："女人贞，吉，从一而终也。"对女人守贞的基本要求就是永远要追随丈夫，一直到丈夫寿终。

贞操观包括婚前贞操、婚后贞操、寡妇节操和妻妾殉葬制度等。其中婚前贞操，指女子在出嫁前必须是处女，否则就要受严酷的惩罚。婚后贞操，

指妻子不能和其他男子发生私通行为。寡妇节操是指丈夫死后，寡妇要"守节"。在古代，寡妇守节，不但本身可以记其事迹，赐于祠祀、树坊表，表彰节妇烈妇，而且可以免除本家的差役。哪个女子能不守节，哪个本家能不劝导寡妇守节？一时守节反盛，空前绝后。

妻子妾殉葬制度是指丈夫去世后，强迫妻妾殉葬，这种制度萌芽于氏族社会末期。进入奴隶社会后，女奴隶和男奴隶一样被大量杀殉或生殉。殷墟卜辞中有杀殉女奴的记载。妇女殉葬者中也有墓主的妻妾，《西京杂记》卷六记载："幽王（周幽王）冢甚高壮，羡门既开，皆是石垩，拔除丈余深，乃得云母深尺余。见百余尸纵横相藉，皆不朽。唯一男子，余皆女子，或坐或卧，亦犹有立者，衣服形色不异生人。"

古人的贞操观是封建夫权社会的产物，这种封建的伦理道德禁锢了妇女的心灵、限制妇女的权利，是一种摧残人心的道德教条。历史上，无数女子的青春、灵魂被这种观念所吞噬，上演了一幕幕真实的人间悲剧。作为一种"一偏的贞操论"、"忍心害理、男子专制的贞操论"，单面要求妇女守节是极不公平、极无道德的。

477. 为什么小孩出生后要穿"百家衣"呢？

"百家衣"就是古人从邻里乡亲那里讨取零碎布帛，缝制成适合婴儿穿的衣服，为的是图个吉利。为什么出生的儿童要穿百家衣呢？

民间有一种说法，认为婴儿穿上百家衣，可以长命百岁。每当婴儿出生时，尤其是那些历代单传的家庭非常高兴，孩子的爷爷奶奶就会高兴地告诉他们的左邻右舍，然后向他们要来一些零碎的布料，为孩子缝制衣服穿。特别是从那些姓氏为"刘"、"陈"的人家要来的碎布，因为谐音分别为"留"和"成"，老人们都将这看成是吉利的东西，这些对于孩子的成长有着非常重要的作用。所以，很小的一块布老人们都很珍惜。

对于布料的颜色没有太大的讲究，但是蓝颜色的布料是最好的，因为蓝的谐音是"拦"。只要做好的百家衣上面有蓝的布料，那么人们认为孩子就不会被那些妖魔鬼怪带走。还有的地方认为，穿百家衣的孩子不会被病魔缠身。穿百家衣的这样一个习俗在河南、河北、山东、山西、陕西等地非常流行，南方的某些地区也有这样的习俗。

478. 什么时候人们要吃"春饼"?

春饼是中国的一种传统美食,春饼又叫荷叶饼或薄饼。现在,吃春饼时人们常备上小菜或各式炒菜,美味十足。立春吃春饼有喜迎春季、祈盼丰收之意。立春吃春饼是中国一种古老的风俗,形象地称之为"咬春"。

最早的春饼又称为"春盘"。在周处的《风土记》中就有春盘的记载:"正无日俗人拜寿,上五辛盘。五辛者,所以发五脏气也。"这里五辛盘就是说的春盘。在古代,民间不但有立春日吃春饼的习俗,当时在宫中,皇帝也常将春饼作为一种季节性的食品赐给近臣。在《岁时广记》中就曾记载:"立春前一日,大内出春饼,并酒以赐近臣。"由此可见,吃春饼在古代也深受人们的喜爱。

479. 春节前夕为何要"扫尘"?

中国人春节前夕扫尘这个风俗由来已久,为什么要扫尘呢?这里面是有一定的说法的。

每年春节举行过灶祭后,就要正式地为迎接新年做准备。扫尘就是把室外屋内、房前屋后彻底地打扫一遍,使家中有一个特别干净的环境,欢欢乐乐地迎接新春佳节的到来。在春节时打扫房子是中国人素有的习俗,这个习俗在北方叫作"扫房",在南方叫作"掸尘"。

扫尘这一习俗由来已久。据《吕氏春秋》中记载,尧舜时代,中国就已经有了春节扫尘这样的风俗。民间对于扫尘这个习俗有一定的说法,即"尘"和"陈"是谐音,在春节扫房子有"除尘布新"的含义,就是说扫一下房子就能把一整年的"穷运"、"晦气"等一扫而光,这样一个风俗寄托着人们一种辞旧迎新的愿望以及对自己美好未来的向往之情。

480. 为什么人们春节要相互"拜年"?

大年初一那天,人们一大早就起来了,穿戴整齐,出门访友,相互拜年,祝福大家新的一年大吉大利。

说到拜年，第一个就会想到拜年的形式。拜年有很多的方式，有的地方是同族带领若干人挨家挨户地拜年；有的是几个同事一起去拜年；还有的是大家在一块儿相互拜年，互相祝贺，称作"团拜"。因为上门拜年很费力，后来人们就开始用"贺年片"相互拜年。说到拜年，第二个想到的就是压岁钱。春节拜年时，晚辈要给长辈拜年，祝福自己的长辈幸福安康，健康长寿。拜年时，长辈已经事先准备好了压岁钱。

为什么要给压岁钱呢？据说，压岁钱可以压住邪祟，"祟"和"岁"是谐音，"祟"指的是名为"祟"的小妖，得到压岁钱的晚辈就可以在新的一年平平安安，事事如意。压岁钱有两种，一种是最常见的，就是家长用红纸将钱包起来分给孩子。另一种是用彩绳穿线编作龙形，放在床脚，在《燕京岁时记》里面有相关记载。压岁钱既可以当众赏给，也可以在孩子睡着时，父母悄悄地放在孩子的枕头下面。至今，春节大家相互拜年的习俗依然盛行。

481. "相亲"是一种什么样的习俗呢？

相亲也称相门户、对看。古时候的相亲，男女双方并没有见过面，而由父母长亲包办，是通过红娘将素未谋面的两个男女约到一起，通过相亲的形式寻找结婚的对象。

到了相亲那一天，男女双方都格外注意自己的形象，都想着要给对方留下美好的印象。如果是男方去女方家相亲，一定要梳洗整容，衣帽一新，那些不懂得人情世故的男子们，父母或家长还要教他到女家后如何向长辈敬烟敬酒，怎样称呼长辈，怎样端饭待人等，然后通过媒人和父母的引领前往女方家，第一次见面男方的举止一般情况下都有点呆板，不够大方。

相亲那一天，女方家也特别地重视，把自己家的卫生彻底地打扫一遍，使自己的家看起来窗明几净，分外整洁。女孩子也要好好地梳洗打扮一番，另外还要叫来自己的七大姑、八大姨等作陪，让亲戚们为自己参谋参谋，看一看相亲的对象怎么样。同时，备好饭热情款待。就算是相亲，男女双方也不能坐下来长谈，只是各人留神，互相偷看几眼而已。等吃完饭后，双方父母或家长就要给男女双方赠送钱或礼物，一般情况下当时就收下了。相亲的结果最后由媒人传话，告诉双方，这就是古代的相亲。

482. "说媒"这一习俗从何而来？

说媒又叫做媒，就是借助媒人从中说合，使男女双方互结连理。在封建社会，由于受到了男女"授受不亲"等思想观念的影响，男女双方的婚事一般就靠中间的媒人说合完成。

古代就有"天上无云不下雨，地上无媒不成亲"和"父母之命，媒妁之言"的说辞，其中的"媒妁"指的就是媒人。一般情况下，请媒是男方的事，如果女方同意结婚，也可以双方派人互访。有时候，女方家的条件比较好，也有委托媒人介绍，最后男方要通过"入赘"到女方家，俗称"倒插门"。

当时，媒人还被称为"月老"、"红娘"。据唐人小说记载，有个读书人，名字叫韦固。他夜行经过来城，路上看见一位老人正倚着一个大口袋看书，然后就走上前去问老人的口袋里面装的什么东西，老人就回答说："装的是红绳，只要将男女双方的脚系在这一根红绳上，就算他们有深仇大恨，或者是相距千里的异乡人，最后也会结成夫妻。"后来便有了"千里姻缘一线牵"的说法。

另外，唐代才子元稹的《莺莺传》中就有"红娘"一词的最早记载。经长期流传，"红娘"成了尽人皆知的人物。所以，把媒人叫作"红娘"的说法就更加盛行了。这种说法还带有对媒人的赞扬、重视以及友好之情。

483. 为什么新娘要"回门"呢？

回门就是指女儿带着女婿回女家认门拜亲。回门的时间各地都有不同，古时有的是满月回门，有的是结婚第三日、第六日或第七、八、九日。春秋时期，回门之俗就已经出现了，后来沿袭至今。又因为"回门"是新婚夫妇一起回门，故称"双回门"，有成双成对的吉祥含意。

回门时，旧俗有一些规定，即新娘走在前面；返回男家时，新郎走在前面。又因为回门是女儿新嫁后第一次回娘家，又称"走头趟"。在"双回门"后，一般是不允许在娘家过夜的，必须在当天就返回男家，因为在古代有新婚开头的第一个月内不能空房的风俗。

回门具有一定的风俗意义。迎娶那天，男女双方都要装饰一下门户，比如在院门和房门贴上喜联，在窗户上贴上大红双喜字和一些名为"喜鹊登枝"、"鸳鸯戏水"的吉祥剪纸，还可以在大门口悬挂红布彩绸，张贴大红双喜。新郎和新娘以及主持婚礼的人身上要披着红绸，胸佩红花。新娘不但要穿红衣红裤，还要盖上红盖头。

参加婚礼的男女老幼三天内没有长幼之分，"戏公公、婆婆"、"戏大伯子"、"闹洞房"把气氛渲染得喜庆热闹，精彩纷呈。拜堂之后，新郎、新娘挽着"同心结"的彩带就进入了洞房，象征一对新人结为一体，相亲相爱，白头到老。忻州等地，一种吃"合欢饭"的习俗，就是指新娘在婆家吃的第一口饭要经新郎口含过，表示两人生活有一个美好的开端。因此，回门具有祈求吉祥如意的含义。

484. "赘婚"是一种什么样的婚姻？

赘婚，又称"入赘"、"招赘"，通俗地讲就是"倒插门"。赘婚是一种旧式婚姻，即男嫁女娶，夫以妻居。

旧社会"不孝有三，无后为大"的传统思想对男丁有很大的影响。所以，强调要靠男丁来传宗接代。如果某家只生姑娘，就是指后继无人。为了传宗接代，就会通过亲戚朋友的帮忙，招外村他姓的一个男子和自家的女儿结婚，男的进入女家，就变成女家的儿子而不是现在我们说的女婿，这就是"入赘"的婚姻形式。那么，女家的那位姑娘，有两种身份，既是女儿，又是媳妇。自此，入赘过来的男子要永住女家，并改用女家之姓并写入族谱之中。

为什么会有这样的婚姻形式，因素不一。其中，有的是因为女方有种种困难，乏人照料，故招婿以服役者；有的是因女不舍得离开父母，故招婿以入赘者；还有的是因为女家境况困窘，家口以单，所以招婿为了防穷养老；还有一些是因为家中有女无子，害怕无后，所以招婿用于接嗣传代等诸多原因。

入赘的婚姻仪式一般较为简单，比如先让入赘的男子到家中居住，而女儿就要到外祖母家居住。等到婚娶有吉利的日子，同样用花轿到外祖母家去迎亲，依然有担嫁妆和鼓乐伴行，然后鼓乐喧天、炮声震地，宴请亲友和宾客，场面无不热闹。"入赘"这样的婚姻形式可以让女儿亲自挑选要入赘的男子，这一点比那些听从父母之言的包办婚姻的女子更有幸福感。

485. "土葬" 这一习俗从何而来?

土葬, 又称埋葬, 是葬礼的一种, 具体来讲就是处理死人遗体的一种方法, 这种葬法在世界各地都比较盛行。

原始社会我国就已经有了土葬这一风俗, 比如半坡文明、后来的夏朝以及殷等朝代都是采用土葬的形式。虽然在不同的历史时期, 我国各民族的土葬的形式和特点有所不同, 但是基本的思想观念都是一样的, 即认为死去的人就应该保留有一个完整的尸体, 并且他们认为人死了然后埋在地下就是人的必然归宿。在《周礼》中就有相关的记载, "众生必死, 死必归土"。在《礼运》中也有关于土葬的相关记载: "魂气归于天, 形魄归于地。" 所以可以看出, 古人认为人死了, 只有将形体埋入地下, 才能够使脱离形体的魂魄到达天上。

另外, 土葬与鬼魂观念也有着密切的关系。不管是旧石器时代, 还是现在人们在埋葬死者的时候, 都会在墓中放置大量的物品, 其中有各种用具、衣服、装饰品等, 也就是我们常说的陪葬品。人们这样做的目的就是让死的人能够在另一个世界过得好, 是对他们的一种美好祝愿。这就是中国土葬的由来。

486. "作揖" 是一种什么样的礼节?

作揖, 就是指中国人见面时的一种礼仪形式, 同握手礼相比, 作揖礼具有更加卫生、方便、优美、自主四大优点。

第一, 作揖礼更加卫生。人们见面握手时, 容易传播某些细菌病毒。如果在握手时双方的手都带有泥水, 握手的话就会给对方带来不舒服的感觉。而作揖, 见面的双方身体没有任何的接触, 就算去医院慰问一大群病人也不用回家反复地洗手。

二、作揖礼更加方便。现代人交际非常多, 会见一个人还好, 如果一下子同几位客人见面, 每一个人都握手的话, 是需要一些耐心的, 如果有更多的人见面, 那更需要握上一阵子。时间是很宝贵的, 如果利用作揖的形式, 只需要很短的时间就能完成, 还能表达你对客人的亲切。

三、作揖礼更加优美。人们在和他人握手时, 如果握手双方的身高差距比较悬殊, 那握手更加不美观。作揖礼就没有这种担心, 你大可挺胸抬头,气宇轩昂地同对方握手，充分展示自己的形体美和气度美。

四、作揖礼更加自主。握手时，容易出现尴尬的局面。比如有一方已经伸出了手，但另一方因为某些原因没有看见或者假装没看见，另一方伸出的手是停在空中还是缩回去，不知如何是好，使其非常尴尬。就算是对方看见了进行及时地补救并紧紧地和另一方握手，怠慢对方的那一方心中也会留下歉意。这就暴露了握手的弊端，即必须双方好好配合，才能完成。作揖礼就比握手礼简单得多，完全出于自主，对方的眼神和目光不会影响行作揖礼人的心情。

487. 行握手礼时应该注意些什么？

握手是我们社会交往的一种礼仪，小到个人之间，大到国与国之间的交往都会用到这个动作、这个礼节。握手礼节的产生应该很早了，估计原始社会就有了。不同部落的人狩猎时在野外相遇，放下标枪棍棒，相互拉手表示友好，安全，不攻击对方，这应该是最早的握手了。

可见，握手从产生的那一刻起，就带着我们人类表示友好、善意的初衷，这和现在的握手也基本上是一样的。握手通常都是一种善意、礼貌的动作，通过这种身体语言的交流，拉近彼此的距离，增加相互的好感，同时表达感谢、热情、尊敬等多种丰富的感情。但是，礼节要运用得恰如其分，否则就起不到应有的作用了，你知道正确的握手礼节吗？

一般说来，根据我们的文化礼节传统，在宴会或者别的社交场合，握手的顺序应该是这样的，首先同主人握手，下面依次是长辈、上司等，不要主动和女士握手，除非她们主动伸出手。握手时还要注意，不要过紧或者过松，时间也不宜过长。和职务高者认识，根据情况，如果职务高者点头示意，职务低的和年龄轻的就应该也回以点头礼，不要主动找人家握手。和长辈握手时，略微地欠身，表示尊敬。总的来说，还是那句古话"礼多人不怪"。

488. "男左女右"源于何时？

一说到男左女右，我们就会想到很多事情都遵循着这样的一个习俗。比如上公共厕所的时候，是遵循男左女右习俗的；结婚时戴的戒指也是按照男左女右这样一个习俗的；一些重要的场合中也是这样。那么这个习俗是什么时候形成的呢？

传说，日月星辰、江河湖泊、四极五岳以及万物生灵都是中华民族的始祖盘古身体的各个器官变成的。虽然这个传说具有神话的色彩，但是也给我们提供了一定的参考资料。在《五运历年记》中有相关记载：盘古氏的双眼变成了中华民族的日神和月神，盘古氏的左眼变成可日神，右眼变成了月神，民间流传的男左女右的习俗就是这样形成的。

489. 古人"避席"的原因是什么？

避席也称为辟席，它是东亚一种传统的交往礼节。以前，东亚人习惯席地而坐，当时人们为了表达自己的谦虚以及表示对客人的一种敬意，都要离开坐席伏于地，这就是避席。

关于避席这样一个礼节，有一个特别有名的故事，那就是"曾子避席"的故事。据《孝经》中记载，曾子是孔子的弟子。据说，有一次他在老师孔子那里侍坐，孔子就问他："之前的圣贤们都有着至高无上的德行，奥妙精辟的理论，用来教导天下之人，人们就能和平友好地相处，君王和臣下之间也没有什么矛盾，你知道它们是什么吗？"曾子听过之后，意识到了老师孔子是要给自己讲解最深刻的道理，于是马上从席子上站起来，急忙走到席子外面，毕恭毕敬地回答道："我愚钝，怎么能知道，还请老师把这些道理教给我。"

在这里，曾子赶忙离开席子就是避席，是一种十分礼貌的行为。当时，曾子听到老师要向他传授知识和道理的时候，他立刻站起身来，走到席子外想听从孔子的请教，这是对老师一种非常尊敬的做法，也是出于一种礼貌的做法。最后，避席这个礼节也就逐渐流传了下来。

490. "叩指礼"是怎样得来的？

饮酒的乐趣除了和酒质的好坏有关系，还和饮酒时的气氛和场面有一定的关系，因此，文明饮酒的重要性就凸显出来了。当主人向自己斟酒表达一种祝福和祝愿的时候，客人可行"叩指礼"，以表对主人斟酒的谢意。

"叩指礼"就是指客人把食指、中指并在一起，用指头在桌上轻轻叩几下。这个礼仪还是从古时中国的叩头礼演变过来的，其实，叩指就代表叩头。据说乾隆帝有一次微服南巡时，来到一家茶楼喝茶，这件事情传到了当地知府的耳朵里，这个知府无论如何也得去护驾，生怕皇上遇到什么不测。于是这个知府也穿着便衣来到这家茶楼，保护皇上的安危。

到了茶楼，这位知府就坐在了皇上对面末座的位置上。皇帝知道了知府的身份，但是并没有当面揭穿，于是就装作不知情。当皇上给这位知府倒茶的时候，这位知府迫于形势也不好当时就跪在地上给皇上行礼，这时，这位知府想到了一个主意，他就弯起自己的食指、中指在桌面上轻叩了三下，就当作向皇上行了三跪九叩的大礼。

这位知府知道敬茶是一般人都会做的事情，并且可以假装自己没有认出皇上，皇上给自己敬茶，那样在桌上叩几下，也不费功夫，以防后患。后来，这个叩指礼就成为了饮酒时的一种礼节。

491. 古人结婚时为何要喝"交杯酒"呢？

交杯酒又称为"合卺"，"卺"是古代用来盛酒的一种瓢。"合卺"的意思就是把一个匏瓜分成两个瓢瓜，新郎新娘各拿一个。交杯酒是古代婚礼程序中的一种礼仪形式。

先秦时期，就已经出现了婚礼上喝交杯酒的习俗。到了唐代，不仅有瓢这样的酒器，还可以用杯子来盛酒。宋代，新婚夫妇就已经使用两个杯子来喝交杯酒了，夫妻双方将自己酒杯中的酒喝掉一半时，互换酒杯，然后一起将酒喝完，喝完酒后就将杯子按照一正一反的顺序放到床下面，这样做表达了对新婚后的感情寄托了美好的心愿。到了清朝末年，喝交杯酒这个习俗已经有了"交杯"、"攥金钱"、"合卺"三个部分。

现在的婚礼中已经没有了把酒杯放到床下的礼节，而"掷纸花"代替了之前的"攥金钱"，"交杯酒"这个礼节依然还存在，并十分盛行，比如绍兴地区新婚夫妇就要喝交杯酒，在喝酒之前，还有吃汤圆的习俗，吃完后喝交杯酒。喝完交杯酒新郎新娘就会在大门外撒很多喜糖，在场的人都会争先恐后地抢喜糖吃。总之，交杯酒是婚礼程序中一个重要的礼仪形式。

492. 如何文明地使用筷子？

筷子是亚洲人最主要的进餐用具，可见筷子在我们的生活中扮演了很重要的角色。我们不要小看了这双筷子，其实，使用筷子有很多的学问，以下是为大家总结的一些使用筷子时要注意的一些礼节。

第一，用餐时不能将筷子插入一碗米或一碗饭中，应把它轻放在筷子架上。

第二，如果在餐馆用餐时，筷子因放在杯子或盘子上不小心被碰掉了，可以请服务员重新换一双新的。

第三，在用餐的过程中，如果你已经举起筷子，但不知吃哪道菜好，这时不能在每个菜碟中来回移动或者将筷子举在空中游荡而又不夹菜；如果你夹到了不喜欢吃的菜也不能再放回盘子中，因为那会影响别人的食欲，也是一种不礼貌的行为。

第四，不能用筷子叉取食物来吃，也不能用嘴去舔筷子上面的附着物，更不能用筷子推动或者敲打碗、盘以及杯子。

第五，不能把筷子当作玩具在空中随意地挥舞，也不能用筷子指着对方，也不能将筷子含在口中，这样既不礼貌也不卫生。

总之，使用筷子的礼节还有很多，这就需要以后我们在书籍中以及日常生活中去学习、发现和总结。

493. 古人见面问好的方式有哪些？

见面问好的方式有很多种，比如有的挥手示好，有的就握一下手表示问好，有的拥抱，有的亲吻，有的碰鼻子。那么中国古人见面是如何问好的呢？

古人问好称为"请安"。在古代，人们特别讲究礼仪方面的东西，尤其是尊老爱幼、长幼有别。"请安"也就是问安。问安就是晚辈对长辈的生活起居的问候。在当时，晚辈要早晚两次向长辈请安，在离别家乡或者从异地回来之时，请安的礼仪更加正式隆重。

古人请安时要做"长揖"，这种礼节是长幼都能使用的一种问好方式。除了这样的请安方式，还有几种请安的礼节，比如"拜"。"拜"就是指长跪，然后弯腰，双手做垂直状，在"拜"时，头要低垂到地上，并停留一会儿。这还称为"稽首"或者"叩首"，即"磕头"。

官场之中，请安的规矩比较多。宋朝时期，下属官员向上级官员问好时要在堂上列拜，还有一种"趋庭"礼仪，那就是快步地走过庭院，为了表示对上级的敬意。而上级是不用给予回拜的。同等级别的官员相见时要行对拜礼。明代时，官员相见仅行揖拜礼就可以了。

老百姓之间的请安，就没有那么多的礼数。一般是幼者向长者行礼，比如学生见到老师、子孙弟等见到尊长，行揖礼；长时间没有见面的行四拜礼；对经常见面的行揖礼，对于久别的亲戚行二拜礼。

494. 何谓"三从四德"？

"三从四德"是儒家礼教对古代妇女的一种要求规范，即她们在道德、行为以及修养等方面都要遵循一定的规范，这样做是为了实现家庭稳定，维护父权及夫权家庭（族）的利益。

"三从"一词最早出现在周、汉儒家经典《仪礼·丧服·子夏传》中，所谓的"三从"指的是未嫁从父，既嫁从夫，夫死从子。意思是说在没有出嫁前，女孩子一定要听从家长的教诲，不能随意反驳长辈的训导，因为长辈们的社会见识比较多，有很强的指导意义；出嫁之后要同丈夫一起操持家业、孝敬长辈、教育孩子；如果夫君遇到不测比自己早去世，就必须做好自己的本分，尽自己最大的努力扶养小孩长大成人，子女长大后要尊重他们的生活理念。

"四德"一词出现在《周礼·天官·九嫔》中，所谓的"四德"是指：德、容、言、功，就是说作为女子，"德"是立身之本，就是说一定要有良好的品德；"容"，即相貌，指女子一定要注意自己的妆容，出入要端庄、稳重、有礼，不能轻浮随便；"言"，是指与人交谈要能理解别人说的话，并且知道自己如何应付；"功"，即治家之道，其内容包含相夫教子、勤俭节约、尊老爱幼等生活方面的细节。

495. 你知道古代的"一夫多妻制"吗？

现代人难免对古人的"一夫多妻制"产生疑问和不解，一夫多妻于情于理都不能说得通，难道古代法律也允许这个制度吗？

在说这个问题之前，我们需要搞清楚妻和妾的区别。妻是通过相关嫁娶礼节明媒正娶的女子，《汉语词典》对于妾的解释为"旧时男人娶的小老婆"，可见明媒正娶和小老婆肯定不是同一概念，俗话说"娶妻纳妾"，夫与妾并非合法配偶，所以说中国古代其实是"一夫一妻多妾制"。

早在氏族社会，妾只是氏族首领女儿出嫁时的陪嫁，通俗地说属于女奴的一种，后来穷苦家庭出身的女子为生活所迫为妾的比较多。妾在家庭中身份比较卑微，虽然也为家庭男子生儿育女，但却永远不能享受"妻"的待遇。原因何在？其实很简单，为"妻"的女子家庭出身都是比较高的，为妾的女子都是可望而不可即的。由此可见妾在当时家庭中的地位是非常低下的，更有甚者，把妾只被作为战败国奉献的礼品。《谷梁传》载道"毋为妾为妻"，指的就是为妾的女子没有资格扶正为妻，若妻子去世了，男子即便有再多的姬妾也属于无妻者，要另寻嫡妻。

妾在当时社会只是一个代表和称号而已，对于当朝天子、皇亲国戚这些权位显赫之人来说，"伎"、"婢"、"姬"，无一不是妾的灰色缩影，每个华贵高尚的名目背后都有一群在痛苦中挣扎的女子。

496. 传统婚礼中的"婚聘六礼"是什么呢？

华夏传统婚礼中的六礼婚制从周代一直沿用至今。你知道六礼指的是哪六礼吗？六礼即婚嫁六礼依次为纳彩、问名、纳吉、纳征、请期、亲迎。

纳彩就是商议婚事或者说媒，由媒人到女方家说媒，问一下女孩的意思，看一看这门亲事能不能成功。媒人到女方家提亲时，一般都是将活雁送礼，意味着忠贞不贰。

问名就是合八字，由媒人拿着女孩的生辰八字到男方家，男方家将女孩的生辰八字放到祖先案上等候观察，如果几天之后，家中无大碍，男方家就会将男孩的生辰八字送到女方家。女方在接受男方八字后，要连续每天早晚烧香拜佛。如果几日内，男女双方家中任何一家出现偷盗、物品损坏或者家中有人得病的不吉利的事情，这桩婚事就达成不了。

纳吉又称小定或文定。即订婚。订婚后倘若碰到有吉祥的兆头，男方就会请媒人到女方家送礼，并请女方家尽快决定这门亲事，另外，男方家还要选择一个吉利的日子到女方家，送给新娘一枚金戒子。

纳征就是指的大聘或完聘，即男女双方选定吉日后，举行订婚大礼。订婚大礼一般安排在婚礼举行前的十天或一个月内举行。男方除了准备聘金之外，还要准备六件或十二件礼物，聘礼的数量都是双数，这样表示成双成对的含义，预示着吉祥。

请期就是说的择日。首先男家经过筛选，选出一个特别适宜结婚的日子，然后再征求女方家的同意。

亲迎就是指的正式举行婚礼。吉日选定，男女双方都同意后，就会举行婚礼，准备迎亲。

497. 古人应该如何行"孝悌"？

《弟子规》开篇就说道："首孝悌"，"次谨信"，全篇内容更是以"入则孝"、"出则悌"作为点题而引出下文，那么何为孝悌？

儒家思想认为，孝悌是一个人应该懂得的基本准则，一个人如果连孝悌都不懂，就不配去做学问。孝悌并不是生搬硬套强加给人的现成的条例，生活中提倡的孝悌都是人性本真的体现，传承着中华民族的优良传统。

孝，就是孝顺父母，孝敬长辈，这是为人立世的本分。生活中所提倡的"尊老爱幼"、"尊师敬贤"并不是全部意义上的孝顺，俗话说："身体发肤，受之父母，挖肉刮骨亦不能报答其生养之恩。"做到真正的孝就应该从心里爱父母，从对父母的一言一行开始做起，时刻要感恩于父母，明白父母"养儿"、"育儿"的不易和艰辛。

"百善孝为先"。当今社会生活水平提高了，对父母的"孝"也换一种方式了，很多人认为所谓的"孝"就是送幢房子给老人，给老人请保姆。其实老人看重的不是这些，而是期待多和子女相处的时刻，物质可以解决温饱，但却无法给予父母心理上的安慰。财富可以改善生活条件，却不能解决只有通过心灵的交融才能给予老人情感上的慰藉。

悌，善兄弟也。(《说文》)悌，弟爱兄谓之悌。(贾谊《道术》)汉字构成是很有讲究的，悌字从心从弟，心指用心、关心，弟指兄弟、兄长，是悌敬，是兄弟姊妹之间的，就是兄弟友爱，相互帮助。作弟妹的要做到尊敬兄姊，哥哥姐姐以身作则友爱弟妹，兄弟姐妹能和睦相处，一家人其乐融融，父母自然就会欢喜，这样的状态下，孝道就不表而显了。

498. 何谓"三纲五常"?

孔子最早提出"三纲五常"的思想，而且在儒家文化中，"三纲五常"对儒家文化的传播发展起到了构架式的作用。《论语·为政》中说："殷因于夏礼，所损益可知也。"集解："马融曰：'所因，谓三纲五常也。'"孟子在此基础上提出了"夫妇有别，父子有亲，长幼有序，君臣有义"的"五伦"规范。西汉思想家董仲舒结合儒家"五伦"的思想在其所著的《春秋繁露》一书中也提出了三纲五常论，但它的主要核心是为了维护封建等级制度的存在和发展。

"三纲"是指"君为臣纲，父为子纲，夫为妻纲"，即为臣者必须服从于君，为子者必须服从于父，为妻者必须服从于夫，君、父、夫又要为臣、子、妻作出表率。它的实质反映出在封建社会中君臣、父子、夫妇之间的一种特殊的道德关系。

"五常"就是仁、义、礼、智、信，常就是不变的意思，这里指日常基本准则。五常即五条准则，也叫"五伦"。五常的内容，古时有两种主流思想。一是指君臣、父子、兄弟、夫妇、朋友之间所规定的关系；二说是仁、义、礼、智、信等人与人之间的道德标准。它和"三纲"常被连起来说，即"三纲五常"。

499. 古代的帝王为何要"封禅"?

经常在古代电视剧中看到帝王将相在泰山举行封禅大典，其宏大的场面可以说不亚于太子登基继帝时的盛况。

"封"为"祭天",指天子登上泰山筑坛祭天,"禅"为"祭地",指在泰山下的小丘除地祭地。封禅一词最早出现于《管子·封禅篇》,司马迁在《史记·封禅书》中曾引用《管子·封禅篇》中的内容,并对其内容加以演释。唐朝的张守节在对史记进行注解时把封禅定义为"君王在泰山上筑圆坛来报答上天的功德,在泰山脚下筑方坛感谢大地的福佑"。即是对《史记·封禅书》中的"登封报天,降禅除地"的诠释。

在古代,封禅就是君王祭祀天地的一种礼仪。古人认为泰山是群山之中最高的山,尊为"天下第一山",世间的君王只有到泰山祭过天地之后,才算是受命于天。早在夏、商、周的远古时代,已有君王登山封禅的传说。《史记·封禅书》中关于齐相管仲论桓公封禅的记载,意思是齐桓公取得霸业后想进行封禅,管仲劝说其打消这个念头,认为历朝历代封泰山、禅梁父的共有十二位帝王,如三皇五帝和尧、舜、禹等。

这些圣贤君主的封禅仪式都是顺民意、得民心的,顺应天地常理,祥瑞之兆不召而至。齐桓公知道自己的修为不够,就打消了封禅的念头。根据《史记》上记载,继舜帝和禹帝之后举行过封禅仪式帝王的只有两个人,即秦始皇和汉武帝。

500. "借光"这一礼貌用语从何而来?

"借光"是一个礼貌用语,原是指分沾他人的好处或荣耀,现在常用作询问他人或请他人给予方便。那么,"借光"一词究竟是怎么来的呢?

"借光"一词源于《战国策·秦策》,在其中就有相关记载,齐国使者苏代在出使战国时,战国的将军甘茂给他讲了一个故事:当时有一个姑娘家境非常贫寒,连买蜡烛的钱都没有,因为她要做针线活,必须要有光照着。在她家附近有一条江,江两岸住了很多的人家。所以每天晚上她就和别的姑娘一起做针线活。时间一长,别的姑娘就说她喜欢贪小便宜,不想让她来。这位姑娘告诉她们说:"虽然我买不起蜡烛,但是每天晚上都来得很早,将屋子打扫得干干净净,坐席也铺得很整齐。大家来了就能舒服地工作了。你们就省去了很多麻烦。就算我不来,你们的灯同样是要点的,借给我一点光对你们来说不会有任何的损失。"姑娘们觉得她说得很有道理,于是就同意和她一起做针线活。后来,这个故事就引申出了"借光"一词,沿用至今。